KB068584

조현기 변호사의
쉽게 이해하는

위기탈출

부동산
투자·거래
해설집

조현기 변호사의
쉽게 이해하는

위기탈출
부동산
투자·거래
해설집

초판 1쇄 발행   2022. 8. 22.

지은이   조현기
펴낸이   김병호
펴낸곳   주식회사 바른북스

편집진행   김수현
디자인   최유리

등록   2019년 4월 3일 제2019-000040호
주소   서울시 성동구 연무장5길 9-16, 301호 (성수동2가, 블루스톤타워)
대표전화   070-7857-9719 | **경영지원**   02-3409-9719 | **팩스**   070-7610-9820

•바른북스는 여러분의 다양한 아이디어와 원고 투고를 설레는 마음으로 기다리고 있습니다.

이메일   barunbooks21@naver.com | **원고투고**   barunbooks21@naver.com
홈페이지   www.barunbooks.com | **공식 블로그**   blog.naver.com/barunbooks7
공식 포스트   post.naver.com/barunbooks7 | **페이스북**   facebook.com/barunbooks7

ⓒ 조현기, 2022
ISBN 979-11-6545-838-6 03360

조현기 변호사의
쉽게 이해하는

위기탈출

조현기 지음

부동산
투자·거래
해설집

★★★

부동산 투자, 거래
하기 전 반드시
알아야 할 사항

" 부동산 투자 및 거래 어떻게 해야 할까? "

부동산 투자 및 거래에 관한 알짜지식을
간결하고 쉽게 이해할 수 있게 기재하였다.

바른북스

부동산 투자, 거래(매매, 분양, 임차 등)하기 전 반드시 알아야 할 사항

필자는 부동산 전문 변호사로 현재 다수의 부동산 관련 자문 및 소송을 진행하고 있다. 무엇보다 필자의 전문영역인 부동산에 관하여 다수의 사건을 진행하며 많은 분들이 질의해 주고 상담을 요청해 주는 것에 대해 진심으로 감사하게 생각한다.

그러나, 아쉽게도 필자는 많은 분들로부터 부동산 거래 및 투자에 관해서 여러 방법으로 질의를 받지만 시간 · 공간상의 제약으로 모두 답변을 드리지 못하고 있다. 이에 필자는 다수의 질의자분들께 모두 답변을 하지 못하는 미안함과 죄송함에 블로그(blog.naver.com/helplaw119) 등의 운영을 통해 관련 내용을 전달하려고 노력하고 있으며 하루에 다수의 방문상담을 진행하는 등 필자만의 노력을 계속해서 하고 있다.

부동산 거래 및 투자에 있어서 체계적으로 이해하고 필수적인 내용을 전달하기에 그 내용이 방대하고 필자에게 온라인 또는 오프라인으로 상담을 요청하는 분들의 수가 너무 많아 혼자서 모두 응대하기에 한계가 있다. 이에 필자가 부동산 투자 및 거래에 관해 꼭 알려드리고 싶은 중요한 지식을 기재한 본서를 출간하기로 하였다.

대한민국에서 부동산은 단순한 자산 그 이상의 의미를 가지며 많은 사람의 관심 대상이기도 하다. 최근 과도한 부동산 투자 열기로 인해서 정부에서 너무나 많은 부동산 정책들이 발표되고, 발표된 정책들이 갑작스레 변경·폐기되고 있어 제아무리 부동산 전문 변호사라고 하더라도 매일 같이 부동산 정책에 관한 공부를 하지 않으면 그 흐름조차 따라가기 어려운 상황이다.

이러한 상황에서 대한민국에서 부동산 거래 및 투자에 있어서 유의해야 하는 사항이 정말 많은데도 불구하고, 고액의 부동산을 거래하면서도 아무런 공부나 준비 없이 엄청난 위험을 부담하면서 부동산 거래·투자하는 경우가 많다.

부동산에 관해 다양한 실무 및 송무 경험 그리고 오랜 공부를 통해서 알수 있는 지식 및 유의해야 할 사항 모두를 본서에 기재하는 것은 현실적으로 불가능하다고 본다. 이에 필자는 본서에 부동산 거래 및 투자에 있어서 반드시 알아야만 하는 사항을 최대한 간략하고 쉽게 이해할 수 있게 기재하려고 노력했다. 본서에 기재된 대강의 내용만이라도 알고 부동산 거래 및 투자에 임하기를 권한다.

필자가 상담하고 진행하는 다수의 부동산 사건 중에는 부동산 관련 지식을 조금만 알았더라면 엄청난 손해를 방지할 수 있었고, 소송까지 하지 않아도 될 수 있었던 사례가 많았다. 본서의 발간으로 위와 같은 손해방지에 조금이라도 기여했으면 한다.

2022. 6.

부동산 전문
변호사 조현기 드림

본서에 오류가 있거나 질의하실 내용이 있다면 저희 사무실 이메일 주소를 남겨드리니 이메일로 주시기 바랍니다. 이메일을 사용하지 않는 분들은 아래 연락처로 주시면 됩니다. 최대한 성실히 답변을 드리도록 하겠습니다.

-법률사무소 현인-
사무실 이메일 주소 : helplaw911@hanmail.net
지역주택조합 블로그 : blog.naver.com/helplaw119
카카오톡, 메시지 수신 전화 : 010 7483 9625

목차

제4장

부동산 투자·거래 시 알아 두어야 할 필수지식

제5장 부동산 사기를 방지하는 방법

제6장 주택의 투자 및 거래에서 알아 두면 유용한 지식들

상가의 투자 및 거래에서
알아 두면 유용한 지식들

제7장

부동산에 관한 분쟁 예방과 대책

제8장

재개발·재건축 물건 투자 및 거래

제9장

제10장 지역주택조합 물건 투자 및 거래

제11장 | 글을 마치며

제12장 | 참고자료

제1장

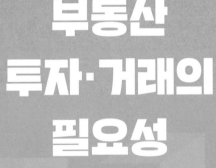

부동산
투자 · 거래의
필요성

생활필수 요소인 부동산

· · · · · ·

당연한 말이지만 인간이 살아가는 데 있어 부동산은 필수품이라 할 것이다. 나와 내 가족이 거주할 공간이 필요하고, 나와 동료들이 일할 공간이 필요하고, 사회구성원들이 누릴 문화적 공간도 필요하다.

그러나, 대한민국의 인구가 적지 않은 상황에서 영토는 한정되어 있다. 이에 더하여 대한민국의 많은 사람은 문화·환경적으로 잘 조성되고 발달한 서울 및 수도권 중심의 대도시에서 거주하기를 원하며 실제 서울 및 수도권을 중심으로 대한민국 전체 인구의 절반가량이 거주하고 있다.

인구에 비해 상대적으로 영토가 크지 않은 대한민국 내에서 특정된 공간에 다수인이 밀집해서 살아가고 있는 상황에서 부동산이 단순한 거주 공간을 넘어서 투자재의 성격이 강하다는 점을 생각한다면 대한민국에서 살아가면서 부동산 투자 · 거래는 필수적이라 할 것이다.

또한, 후술하는 바와 같이 지역마다 차이가 있을 수 있으나 서울을 중심으로 한 부동산 가격이 일시적으로 하락한다고 하더라도, 길게 보면 계속해서 상승할 가능성이 높다면 개개인에게도 부동산에 대한 투자 · 거래의 중요성은 더 말할 필요가 없을 것이며 본서를 통해서 부동산에 관한 기초지식을 쌓아야 하는 이유이기도 할 것이다.

2.
부동산 가격은 항상 오를까?

· · · · · · ·

필자는 부동산 전문 변호사로 활동하면 다수의 부동산 자문 및 소송을 수행하고 있다. 필자에게는 부동산과 관련된 분쟁 외에 많은 분이 집값은 언제 정상으로 돌아오는 것이냐, 2022년 올해에는 집값이 떨어지기는 하는 것이냐 등을 물어보는 경우가 많다.

집값을 포함한 부동산 가격상승에 관해서 필자가 정확한 답을 제시하기가 어렵고 결국엔 필자의 주관적인 의견을 말씀드려야 하는 부분이다. 어쩌면 부동산 가격의 상승 및 하락은 신도 예측할 수 없는 영역이라고 볼 수 있으며 결국 정부와 개인의 대응 영역이라 생각되어 되도록 집값을 포함한 부동산 가격에 대한 예측 질문에는 답변을 피하는 편이다.

하지만, 결국엔 경제가 발전함에 따라 물가상승률 이상으로 주택을 포함한 부동산 가격은 계속해서 상승할 가능성이 높을 것이고 이는 우리가 부동산에 계속해서 관심을 가지고 투자 및 거래해야 한다는 점을 알려 준다.

필자가 이야기하는 부동산 가격이 계속해서 상승할 가능성이 높다는 말은 어떻게 보면 단순히 부동산값이 상승한다는 뜻보다는 계속해서 물가가 상승하고 이에 따라 집값을 포함한 부동산의 가격이 계속 오를 가능성이 높다는 이야기이다.

간단한 예를 들어보겠다. 1980년대에 중국집에 짜장면 가격이 얼마였는지 기억해 보자. 2022년 현재 50대 이상의 분들은 아마 기억하실 수 있을 것 같은데, 1980년대에 짜장면 한 그릇의 가격은 약 800원에서 1,000원 정도였다. 그렇다면 2022년 지금은 어떠한가? 지역마다 다를 수 있으나 대략 5,000~7,000원 정도이다. 약 40년 전에 비해서 짜장면의 가격이 5~7배 정도 올랐다.

비단 짜장면의 가격뿐만 아니라 다른 생필품이나 물품의 가격을 떠올려 보더라도 계속해서 물가가 상승하고 있다는 것을 알 수 있다. 그렇다면 다른 물건의 가격이 상승하는데, 부동산 가격만 변동 없이 항상성을 유지할 수 있을까? 답은 쉽고 간단하다.

물가가 상승하면 부동산 가격도 대체적으로 상승할 수밖에 없다. 과거에도 그랬고 현재에도 계속해서 물가는 오르고 있다. 물가의 상승은 여러 가지 요인으로 인한 것인데, 본서에서 물가의 상승요인까지 구체적으로 언급하기보다는 계속해서 물가가 상승하고 있으며 앞으로도 물가는 대체로 상승할 것이라는 사실만 언급하도록 하겠다.

다만, 대한민국에서 현재까지 물가가 상승했고 앞으로도 대체로 상승할 것이며 이에 부동산 가격도 현재까지 계속해서 올랐다고 하더라도, 앞으로도 과거와 같이 거의 모든 부동산의 가격이 오른다고 볼 수 없고 지역마다 큰 차이가 있을 수 있다는 점을 반드시 유의해야 한다.

3.
모든 부동산 가격이 오를까?

. . . .

대한민국은 이미 인구감소 국가이고 출산율은 세계에서 가장 낮은 국가 중의 하나이다. 또한, 서울 및 수도권, 일부 광역시를 제외하고는 인구가 유출되는 지역이 많아 멀지 않은 미래에 소멸될 위험성을 가진 지역이 적지 않다.

위와 같은 상황에서 현재까지 계속해서 물가가 상승했고 이에 부동산이 가격이 대체적으로 상승해 왔다고 하더라도 앞으로도 모든 부동산 가격이 상승한다고 보기는 어렵다. 인구가 감소하는 지역에는 상황에 따라 부동산 가격이 폭락하는 경우가 발생할 수 있다.

그렇기 때문에 아무 부동산이나 언젠가는 가격이 상승할 것이라고 생각하고 무턱대고 거래하거나 투자를 해서는 안 된다. 이는 인간의 심리와도 연관되어 있는데, 누구나 일자리가 많고 문화·편의시설이 집중되어 있고 직장에서 출퇴근이 편리하며 첨단시설이 갖춰져 있고, 깔끔하고 이전의 주택의 단점을 보완한 새집, 새 아파트에서 거주하고 싶은 욕망이 있기 때문에 서울을 중심으로 한 수도권 대도시를 중심으로 계속해서 인구가 유입되며 발전하고 상대적으로 발전이 덜한 소도시를 중심으로 계속해서 인구유출이 발생할 가능성이 높다.

모든 부동산을 예로 들어 설명하기는 어려워 아파트를 예로 들어 설명해보겠다. 누구나 알고 있듯이 편의시설이 잘 갖춰지고 교통이 편리한 도심지의 새 아파트는 항상 인기가 있고 청약 경쟁률이 수백, 수천 대일을 넘는 경우도 많다. 그러나 다수의 사람이 원하는 지역에 새집을 무한정 지을 수는 없다. 특히 서울의 경우 더 이상 택지를 조성하여 주택을 지을 곳이 거의 없고 새집을 짓기 위해서는 재개발, 재건축을 통해 기존의 주택을 철거하는 방법이 거의 유일한 상황이다.

그러나, 재개발, 재건축은 주택시장에 특히 집값에 상당한 영향을 미치기 때문에 집값이 지나치게 상승하는 기간에는 정부에서는 부동산 규제를 할 수밖에 없다. 정부에서 부동산 규제를 했음에도 집값이 안정화 되지 않으면 더욱 강력한 규제를 하게 된다. 문재인 정부에서의 다주택자에 대한 양도세 및 취득세의 중과, 대출규제 등이 대표적인 규제정책이라고 할 것이다.

즉, 부동산 중 아파트를 기준으로 살펴본다면 많은 사람이 대도시에 위치하여 교통이 편리하고, 편의시설이 잘 갖춰져 있고 교육시설이 좋은 최근에 지어진 새 아파트를 선호하기 때문에 위와 같은 아파트를 중심으로 한 아파트 가격이 계속해서 상승할 가능성이 높다. 이는 대한민국의 인구가 줄어든다고 하더라도 위와 같은 아파트의 가격은 계속해서 상승할 가능성이 높다.

이에 반해서 교통이 불편하고 편의시설이 잘 갖춰지지 않은 곳에서의 아파트는 매수하고자 하는 사람이 거의 없어 아파트 가격이 상승하기는 어렵다고 할 것이다. 특히 대한민국의 인구가 줄어들고 있는 상황에서 위와 같은 아파트 가격의 하락은 피하기 어렵다고 할 수 있다. 지방에 빈집이 많이 발생할 수 있는 이유가 바로 여기에 있다.

물론, 정부에서 지방 소도시에 위치한 부동산 가격의 하락을 피하기 위해 다양한 정책을 펼칠 수도 있겠으나, 위와 같은 정책만으로 어느 정도 부동산 가격의 하락을 방지할 수 있을지는 미지수라고 할 것이다. 왜냐하면 부동산 시장은 수요와 공급이라는 큰 원칙에 따라 움직이기 때문이다.

결국, 앞으로는 부동산 거래를 하고자 할 때는 기존의 인구가 유출되지 않고 인구유입이 계속되어 발전할 가능성이 있는 곳의 부동산에 투자 및 거래해야 하며, 위와 같은 곳에서 부동산 투자 및 거래한 경우에는 추후 해당 부동산에 관한 매수 수요가 항상 있어 필요하다면 언제든지 처분할 수 있다고 할 것이다.

4.
부동산 공부의 필요성

· · · · · · · ·

　지금까지 우리가 대한민국에서 살면서 부동산에 관한 거래·투자를 피할 수 없다는 사실과 부동산 가격이 대체적으로 상승할 것이나 그렇다고 하여 모든 부동산의 가격이 상승하는 것은 아니기 때문에 선별하여 부동산을 거래·투자해야 한다는 사실을 알아보았다.

　부동산 거래·투자를 하려면 부동산에 관한 경제적, 법률적, 실무적 기초적인 지식이 있어야 한다. 부동산에 관한 기초적인 지식이 없이 공인중개사의 말이나 분양회사의 광고만 믿고 부동산을 거래·투자하다가는 전혀 예상하지 못한 결과를 초래할 수 있다.

　부동산에 관한 기초지식은 법적인 지식도 필요하겠지만, 대략적이라도 대한민국의 부동산 역사에 관해서 알고 있는 것이 좋다. 지금까지 여러 정권이 바뀌는 동안 여러 가지 부동산 정책이 시행되었고 그중에는 부동산 경기를 부양하는 정책과 부동산 시장을 규제하는 정책들이 다양하게 있었다.

　본서를 읽는 독자들은 후술하는 대한민국 부동산의 역사를 읽어 보고 지금까지 여러 정권이 교체되면서 정권마다 어떠한 부동산 정책이 시행되었는지 간략하게라도 훑어보고, 어느 경우에 부동산에 관한 부양정책 또는 부동산 규제정책을 사용하게 되며, 현재 정부에서는 부동산에 관한 부양정책을 쓰고 있는지 아니면 규제정책을 쓰고 있는지 스스로 알고, 어느 시기에 부동산 거래 · 투자를 해야 하는지에 관해 스스로 고민해야 할 것이다.

수학능력시험, 각종 고시 등 수험공부를 하는 자들은 기출문제를 분석한다. 한 번 출제된 문제가 반복되는 경향이 있기 때문이다. 부동산 시장도 마찬가지로 과거에 연출된 상황이 시간이 지나 비슷한 상황이 전개되기도 한다.

대한민국에서의 부동산 과거 역사를 알면 앞으로 진행될 부동산 시장의 상황을 예측하는 데 도움이 될 것이다. 다음 장에서는 대한민국에서의 부동산의 과거 역사를 알아보도록 하겠다.

제2장

대한민국 부동산 시장의 역사

부동산 정책과 집값

· · · · · ·

　정부에서 강력한 부동산 규제정책을 펼치기 시작하면 부동산 시장은 경직될 수밖에 없고, 부동산 규제정책 중 특히 매수자의 자금력을 제한하는 대출규제를 하게 되면 부동산에 관한 수요가 억제되기 때문에 집값은 하락할 수밖에 없다.

　2022. 1. 기준으로 한 부동산 시장이 어떠한가? 문재인 정권에서 다수의 부동산 규제정책을 시행하였고 이에 서울 및 경기도에서 아파트 거래가 많이 위축되어 있고 일부 지역에서 집값이 하락한다는 기사를 쉽게 찾아볼 수 있다. 특히 지방에서는 미분양 아파트가 많이 발생하고 있다는 기사를 쉽게 찾아볼 수 있다.

　그동안 문재인 정부에서는 선택할 수 있는 거의 모든 강력한 부동산 규제정책을 시행했고 이에 앞으로 당분간 부동산의 시장은 침체될 수밖에 없을 것이다. 다만, 부동산 규제정책은 국가 경제 전반에 상당한 영향을 미치기 때문에 오랜 기간 유지되기는 어렵다. 결국, 언젠가는 부동산 규제완화 정책을 할 수밖에 없는 상황이 오게 된다.

특히, 앞으로 문재인 정권에 이어 윤석열 정권에서 문재인 정권의 부동산 정책을 유지할 것인지, 유지하지 않는다면 어떠한 부동산 정책을 펼칠 것인지에 따라 부동산 시장이 활성화될 것인지 아니면 침체될 것인지를 결정짓게 될 것으로 보인다.

다수의 사람이 윤석열 정권은 문재인 정권의 부동산 정책과 반대되는 정책을 쓸 것이라 예상하고 있으나, 필자는 현재 부동산 시장이 너무 과열되어 있고 아파트의 가격이 너무 상승해 있어 새 정부에서 부동산 정책의 변화가 있을 것이나, 기존 정부에서 시행했던 부동산 규제정책 중 상당수를 이어나갈 것으로 조심스럽게 예상한다.

부동산 시장을 제대로 이해하기 위해서는 대한민국의 부동산 역사를 아는 것이 중요하다. 이에 본서에서는 1998. 2. 25. 취임한 김대중 정권부터 2013. 2. 25. 취임한 박근혜 정권까지의 부동산 정책의 변화, 부동산 시장의 변화 등에 대해서 알아보겠다.

2.
김대중 정권의 부동산 시장
· · · · · ·

　김대중 대통령은 1998. 2. 25. 제15대 대통령으로 취임하였다. 김대중 대통령이 취임하기 전 초유의 IMF 시대가 시작되었고 김대중 대통령이 취임한 당시에는 IMF 외환위기로 인해 부동산 경기가 매우 위축된 상태였다. 대한민국에서의 IMF 외환위기 사태로 부도가 나는 기업이 부지기수로 많았고 이에 실직하는 사람이 매우 많았기 때문에 부동산을 매수할 수 있는 사람이 적었기 때문에 부동산에 관한 수요 자체가 매우 적었다.

　김대중 정권에서는 이렇게 위축된 부동산 시장에 활기를 넣기 위해 '분양권 전매를 허용' '취등록세 감면' '청약자격의 완화' '양도세 한시적으로 면제' 등의 부동산 시장 활성화 정책을 펼쳤다. 부동산 시장 과열을 막기 위해 각종 규제정책이 발표된 2022. 1. 지금의 상황에서는 도저히 상상할 수 없는 이야기이다.

3.
노무현 정권의 부동산 시장
· · · · · ·

　노무현 대통령은 2003. 2. 25. 제16대 대통령으로 취임하였다. 김대중 정권에서 위와 같이 부동산 시장을 활성화하기 위해 노력했고, 이로 인해 조금씩 부동산 경기가 살아나기 시작했다. 위 노무현 대통령이 취임하는 시기에는 부동산 시장이 과열되어 각종 규제정책을 내놓기 시작했다.

노무현 정권에서 시행했던 대표적인 부동산 규제정책이 바로 '실래가 신고제도' '종부세 제도'가 있으며, 수도권을 투기과열지구로 지정하여 분양권 전매를 금지하고, 재건축 안전진단 기준을 대폭 강화하기로 하였다.

나아가, 도시 및 주거환경정비법에서 "투기과열지구 내 재건축조합의 경우 조합설립인가 후에 조합원 지위를 양도할 수 없다."고 정하여 투기과열지구 내 재건축 조합의 조합원들이 조합원 지위를 일정한 시점 이후 양도할 수 없게 하고, 만약 양도할 경우 양수인은 현금청산이 되게 하였다. 위 규정은 현재에도 계속해서 유지되고 있다.

노무현 정권에서는 위와 같은 부동산 규제정책 외에도 임기가 마칠 때까지 계속해서 부동산 규제정책을 펼쳤으나, 다른 정권에 비해서 부동산 시장 가격의 상승률이 높았다. 특히, 2005년부터 2006년 사이에는 아파트 등 주택의 가격이 이례적으로 상승하였다.

4.
이명박 정권의 부동산 시장
· · · · · · ·

이명박 대통령은 2008. 2. 25. 제17대 대통령으로 취임하였다. 노무현 정권에서는 계속해서 상승하는 부동산 가격을 잡기 위해서 각종 규제정책을 펼쳤으나 큰 효과를 보지 못했다.

그러나, 이명박 정권이 시작되고 2008년 글로벌 금융위기가 발생했다. 강력한 부동산 규제에도 잡히지 않던 부동산 가격은 떨어지기 시작했다. 당시에는 아파트 대출금보다 아파트의 시세가 떨어져 '하우스 푸어'라는 말이 유행할 정도로 집값이 하락하기 시작했고 주택담보대출의 이자부담으로 인해 고통받는 사람이 많았다.

설상가상으로 위 이자부담에서 벗어나기 위해 집을 팔려고 해도 부동산 경기가 침체되어 매수 수요 자체가 적어 집을 팔기가 어려웠고 이로 인해 대출금 상환에 어려움을 겪는 사람이 많았다. 위 시기에는 아파트를 사는 것이 어리석은 행동으로 생각했고 월세나 전세를 사는 것이 안전하다는 생각이 많았다.

참고로, 부동산 가격이 급격히 떨어지기 전에는 누구도 글로벌 금융위기가 발생할 것이고 이로 인해서 부동산 시장이 침체될 것이라고 생각하지 못했다. 과거 노무현 정권 시기 중 특히 2005~2006년 사이에 부동산 가격이 급격히 상승하자 무리해서라도 대출을 받아 부동산을 구매해야 한다는 인식이 팽배했었다.

이명박 정권 시절(2008. 2.~2013. 2.)에는 부동산 시장이 일시적으로 상승세가 있었던 시기도 있었으나 대체로 침체되어 있었다. 간단하게 말해서 노무현 정권에서 부동산 가격이 상승한 만큼까지 하락했다고 보기는 어렵지만, 이명박 정권에서는 부동산 가격이 대체로 하락했다.

5.
박근혜 정권의 부동산 시장

박근혜 대통령은 2013. 2. 25. 제18대 대통령으로 취임하였다. 전술한 바와 같이 이명박 정권에서 부동산 경기가 침체되어 부동산 경기를 살리기 위한 각종 정책을 펼쳤다.

아래 〈표〉와 같이 박근혜 대통령의 국제과제 중 하나로 부동산 경기를 살리는 것으로 정했다는 것을 보면 얼마나 박근혜 정부에서 부동산 경기를 살리기 위해서 노력했는지를 잘 알 수 있다.

〈박근혜 정부의 국정과제 중 37호〉

37	부동산 시장 안정화		
주관부처	국토교통부	협업부처	기재부, 안행부

가. 과제 개요

□ 집값 하락, 주택거래 위축 등 부동산 경기 침체가 실물경제에 부담을 주지 않도록 주택·부동산 시장 안정화 추진

나. 주요 추진계획

1 주택 공급물량 조정

○ 공공분양주택 공급물량 축소, 기 추진 중인 개발지구의 사업 계획 조정 등 추진

○ 민간주택 착공시기를 탄력 조정하고, 원룸형 도시형생활주택 공급도 적정수준으로 조정

2 세제·금융·청약제도 개선을 통한 유효수요 창출

○ 생애최초 주택구입자 취득세 한시면제, 양도세 한시감면 등을 통해 주택거래시 과도한 稅 부담 완화

○ 생애최초구입자 등 실수요자에 대한 구입자금지원 강화, 청약 가점제 적용 축소(85㎡초과 폐지), 민영주택 채권입찰제 폐지 등

○ 토지임대부 임대주택, 주택임대관리업, 준공공임대주택 등 도입을 통해 민간임대시장을 활성화

○ 주택정비사업 조합원 2주택 공급 허용, 리모델링 수직증축 허용방안 강구

　

박근혜 정부의 대표적인 부동산 정책으로 '생애최초주택구입자의 주택 취득세 면제' '취득세율 영구 인하' '주택담보대출 규제완화' '양도세 면제 또는 완화' 등을 들 수 있다.

위와 같은 박근혜 정부의 부동산 경기를 살리기 위한 정책은 해당 정책 시행으로 바로 효과가 나타나지는 않았고, 2016년경부터 서서히 부동산 경기가 살아나기 시작한다. 위와 같은 박근혜 정부의 부동산 경기를 살리기 위한 정책의 효과는 이후 출범한 문재인 정권에서 효과를 발휘한다.

언론과 많은 부동산 전문가들이 문재인 정권에서의 부동산 정책에 대해서 비판하고 있다. 물론, 문재인 정권에서 실행한 부동산 정책에 아쉬운 점이 존재하는 것은 사실이나, 문재인 정권에서 부동산 가격이 폭등한 것은 이전 정부의 박근혜 정부에서의 부동산 경기를 살리기 위한 여러 정책의 효과가 문재인 정권에 이르러서 나타난 측면도 있다고 할 것이다.

6.
부동산 시장에 대한
이해의 필요성

· · · · · ·

필자가 결론적으로 말하고 싶은 것은 대한민국에서의 부동산 시장은 매우 유동적이기 때문에 특정 기간에 정부의 부동산 규제정책, 국내외 경제 상황 등에 따라서 일시적으로 하락하거나 경우에 따라 폭락할 수도 있다는 것이다.

최근 들어 2020~2021년 사이에 부동산 가격 특히 주택의 가격이 전례 없이 많이 상승하면서 대다수 사람이 부동산은 주식과 달리 절대 하락할 일이 없다고 생각하는 경우가 있고 그중 일부는 위와 같은 잘못된 신념하에 무리하게 부동산 투자를 하는 경우가 있는데 자금적 여유가 없이 무리하게 부동산 투자를 하는 경우 자칫 잘못하다가는 큰 손해를 입을 수 있어 주의할 필요가 있다.

부동산 시장은 항상 변하기 때문에 시장 상황을 항상 주의 깊게 봐야 한다. 또한, 부동산 시장의 상황에 따라 정부의 정책은 계속해서 변경되게 되고 정책의 변화는 부동산 시장에 상당한 영향을 미치게 되므로 정부에서의 부동산 정책의 변화에 대해서 유의 깊게 살펴보아야 한다.

특히 앞서 김대중 정권, 노무현 정권, 이명박 정권, 박근혜 정권에서 살펴보았듯이 진보적인 성향의 정권이라고 부동산 규제정책을 사용하고, 보수적인 정권이라고 하여 부동산 부양정책을 사용하는 것은 아니다. 집권 당시 부동산 시장이 어떠한가에 따라서 부동산 시장이 과열되어 있다면 규제정책을, 부동산 시장이 침체되어 있다면 부양정책을 사용하게 된다는 점을 알아 두어야 한다.

부동산 시장에서는 "정부의 정책은 시장을 이길 수 없다."는 말이 있고 이를 맹신하는 사람들도 많다. 그러나, 위 말대로 정부의 정책이 수요와 공급에 의해 운영되는 부동산 시장을 종국적으로 이길 수 없다고 하더라도 부동산 시장에 상당한 영향을 미친다는 것은 부인할 수 없다. 이에 자금력이 충분하지 않은 개인의 경우 정부 정책과 반대되는 부동산 투자 및 거래로 큰 낭패를 볼 수 있기 때문에 부동산 시장에 항상 관심을 가지고 공부할 필요가 있다.

나아가, 부동산 시장이 침체되거나 기존에 형성된 가격이 하락될 수 있는 여러 요인이 있다. 후술하는 부동산 시장의 상황 및 가격하락을 예측할 수 있는 요인들, 상황에 맞게 대응하는 방법 등을 본서를 통하여 공부해 두도록 하자.

7.
부동산 거래 및 투자를
자제해야 할 시점

· · · · · ·

전술한 바와 같이, 정부의 부동산 정책에 따라서 부동산의 가격은 상당한 영향을 받게 된다. 정부는 단기적으로 부동산의 가격을 올릴 수도 있고 내릴 수도 있는 강력한 정책을 실행할 수 있는 능력이 있다.

만약, 정부에서 아래 〈표〉에 기재된 다양한 부동산 규제정책 중 다수의 정책을 시행한다면 되도록 부동산 투자·거래를 자제하는 것이 좋다. 위와 같은 부동산 규제정책을 펼치고 있는 것은 정부에서 부동산의 가격을 하락시킬 의도가 명백하다고 할 것이며 자금력이 충분하지 않은 개인이 무리하게 부동산 투자·거래했다가 큰 낭패를 볼 수도 있는 것이다.

-다양한 부동산 규제정책들-

- 분양권 전매 금지, 청약자격 강화, 재당첨 제한 등의 규제정책
- 다주택자 양도소득세 및 취등록세 강화 등 각종 세제정책의 강화
- 초과이익환수제, 안전진단 기준의 강화 등 재건축 정비사업의 규제강화
- 주택담보대출, 신용대출을 포함한 금융권의 각종 대출규제
- 투지과열지구 지정 및 토지거래허가구역의 확대
- 신도시 개발계획, 신규택지 공급계획 등 각종 공급대책 발표

참고로, 2022. 1.을 기준으로 하여 위 〈표〉에 기재된 각종 부동산 규제정책이 대부분이 시행 중에 있다. 문재인 정권에서 부동산의 가격을 잡겠다는 의지가 매우 강하며 이에 자금력이 충분하지 않은 개인은 현시점에서의 부동산 투자 및 거래에 매우 신중하고 되도록 보수적으로 접근해야 한다.

부동산 거래 및 투자는 적절한 시기가 있는 것이다. 자금적인 여유가 있고 자금을 보유하고 있으면 손해라는 생각으로 적절한 시기를 고려하지 않고 무리하게 부동산 거래 및 투자를 하는 것은 어리석은 행동이다. 부동산 거래 및 투자도 쉬어 가면서 부동산 시장의 흐름을 봐야 하는 때가 있는 것이다.

제3장

부동산 시장의
분석과 대응방법

1.
부동산 시장의 분석

・・・・・・

가. 부동산 가격에 영향을 미치는 요소

대한민국의 부동산 가격은 1960년대부터 현재까지 대체적으로 상승해 왔다. 단순히 1960년대 부동산 가격과 현재의 부동산 가격을 살펴보면 물가상승률 이상으로 오른 것을 쉽게 확인할 수 있다. 대한민국의 경제가 발전하고 물가 또한 계속해서 상승하기 때문에 앞으로도 부동산의 가격은 대체적으로 상승할 가능성이 높다.

그러나, 과거 갑작스럽게 찾아온 1997년 IMF 외환위기, 2008년 외환위기 등에 있어서는 부동산 가격이 하락 또는 조정을 거치는 등 부분적으로 하락기 또는 조정기가 있었으며 무리하게 부동산에 투자했다가 위와 같은 하락 또는 조정 기간을 만나게 되면 단기적인 경제적 손실을 입을 뿐만 아니라 가정경제가 파탄 날 수도 있어 부동산 하락 또는 조정기가 찾아올 수 있는 요소들을 알아 두어야 한다.

나. 기준금리

기준금리는 금리체계의 기준이 되는 중심금리로 중앙은행의 금융통화
위원회에서 결정하는 것으로 금융 시장에서 각종 금리에 엄청난 영향을 미
치게 된다. 대체적으로 물가상승률이 높거나 미국의 금리가 인상되면 이에
대응하기 위해 금리를 인상하게 되며, 반대로 경기 침체 시에 경기를 부양
하기 위해 금리를 인하하여 시중에 통화량을 늘리게 된다.

기준금리를 인상하게 되면 예금, 대출금리도 인상하게 되며 이에 자금이
예금, 채권 등으로 몰리게 되고 높은 대출금리 등으로 인해 부동산 시장은
상대적으로 침체될 가능성이 높다. 반대로 기준금리를 인하하게 되면 시중
에 자금이 많이 유통되어 부동산 시장은 활기를 띠게 된다.

참고로, 대한민국에서 2020년, 2021년은 유례없이 아파트 가격이 많이
상승하였다. 많은 분이 정부의 부동산 정책 실패에서 그 이유를 찾는 경우
가 많은데, 위와 같은 부동산 정책의 실패를 차지하고서라도 2016년경부터
저금리의 기조가 계속되었다. 특히 2020년의 경우 기준금리가 0.5~0.75%
수준이었고, 2021년에도 기준금리가 1%로 초저금리 상태가 지속되었다.
이로 인해 많은 자금이 부동산 시장에 유입되었고 이로 인해 부동산 가격
은 예측할 수 없을 만큼 상승하였다.

변경일자		기준금리
2022	05월 26일	1.75
2022	04월 14일	1.50
2022	01월 14일	1.25
2021	11월 25일	1.00
2021	08월 26일	0.75
2020	05월 28일	0.50
2020	03월 17일	0.75
2019	10월 16일	1.25
2019	07월 18일	1.50
2018	11월 30일	1.75
2017	11월 30일	1.50
2016	06월 09일	1.25

출처 : 한국은행

※ 자주 하는 질문

많은 분이 기준금리와 부동산 가격에 어느 정도 상관관계가 있냐고 물어보는데, 기준금리가 낮다고 하여 반드시 부동산 가격이 상승한다고 볼 수는 없다. 위 기준금리는 부동산 시장에 어느 정도 자금이 유입되는지를 확인할 수 있는 척도로 부동산 가격에 영향을 주는 요소 중 하나라고 이해하는 게 맞다고 생각한다.

다. 부동산 정책

진보, 보수 성향을 불문하고 모든 정부는 부동산 시장이 안정화 되기를 원한다. 이는 부동산 시장이 혼란스러우면 정권에 대한 지지도가 떨어질 수밖에 없기 때문이다. 그렇기 때문에 정부에서는 부동산 시장이 과열되면 규제정책을 펼치게 되고 반대로 부동산 시장이 침체되면 부동산 경기를 부양하는 정책을 펼치게 된다.

정부의 부동산 정책은 부동산 가격에 상당한 영향을 미친다. 부동산 시장에서는 "정책은 시장을 이길 수 없다."라는 말이 통용되며 길게 보면 부동산 시장이 공급과 수요의 원칙에 따라 움직이기 때문에 결국에는 정책이 부동산 시장을 이길 수 없다고 하더라도, 부동산 정책이 부동산 가격에 미치는 영향은 한시적이라고 할지라도 상당하다고 할 것이다.

위와 같이 정부의 부동산 정책이 부동산 가격에 미치는 영향은 한시적으로 상당하기 때문에 자금력이 풍부한 것이 아니라며, 정부에서 부동산 규제정책을 시행하는데도 불구하고 무리하게 부동산 투자 및 거래를 하게 되면 낭패를 볼 수 있다.

물론, 정부에서 부동산 규제정책을 펼쳐서 부동산 경기가 침체되면 다시 부동산 경기를 활성화하기 위한 정책을 펼치기 때문에 위와 같은 정책이 변화할 때까지 기다릴 수 있으면 상관없겠으나, 위와 같은 정부의 부동산 정책변화에는 5~10년가량이 소요된다. 위와 같은 이유 때문에 5~10년간 버틸 수 있는 충분한 자금력이 없다면 정부의 부동산 정책에 관심을 가져야 한다.

라. 부동산의 공급

(1) 부동산 공급의 특징

2020. 3.경 누구도 예상하지 못한 코로나 바이러스가 확산되면서 갑작스럽게 마스크 대란이 생겼다. 정부에서는 코로나 바이러스의 확산 방지에 마스크 착용이 효율적이라는 사실이 알려지자 국민들에게 마스크를 착용할 것을 요구했다. 이로 인해 많은 사람이 한꺼번에 마스크를 구입하면서 약국에 줄을 서서 마스크를 구입을 기다리는 장면이 연출되었다. 그러나,

위와 같이 마스크 부족 사태가 발생하자 마스크 공급에 박차를 가했고 얼마 가지 않아 위와 같은 마스크 대란은 점차 사라졌다.

부동산은 위 마스크와는 크게 다르다. 부동산 중 특히 주택은 필요한 시기에 필요한 만큼 만들어 신속하게 공급하기가 어렵다. 신도시 또는 신규택지를 지정해서 아파트를 건설하려면 최소한 5년에서 길게는 10년 이상도 걸린다. 이는 '공공주택 특별법' 등의 형식으로 토지를 수용하는 방식으로 빠르게 진행한다고 하더라도 마찬가지라고 할 것이다.

부동산 공급에 관련해서는 그동안 진행되었던 노태우 정권에서 진행한 1기 신도시, 노무현 정권에서 진행한 2기 신도시, 그리고 문재인 정권에서 계획한 3시 신도시에 관해서 알아보는 것이 좋다. 위 신도시 사업에 대해서 대략적으로 알아보고 부동산 공급과 부동산 시장의 연관 관계에 대해서도 알아보도록 하겠다.

(2) 1기 신도시

노태우 정부에서는 1989년 1기 신도시 사업으로 일산, 분당, 산본, 중동, 평촌을 신도시로 지정하여 개발하기 시작했다. 당시에는 1988년 서울 올림픽 유치로 인해서 많은 외국자본이 국내에 유입되어 부동산 가격이 가파르게 상승하였다. 국민들의 생활 수준 향상으로 인한 아파트에 대한 선호도가 높아져 서울을 포함한 수도권의 아파트 공급 부족이 심각했다. 이에 대응하기 위해서 노태우 정부에서 약 27만 호를 공급하는 1기 신도시 사업을 시작하게 된 것이다.

이후, 1990년 중반에 이르러 위 신도시들에 많은 사람이 입주하게 되었고 약 10년 동안에는 서울 및 수도권의 아파트 가격이 안정세를 보였다. 위 1기 신도시 사업의 성공을 살펴보면 부동산 시장의 안정을 위해서는 공급만큼 중요한 게 없다는 사실을 알 수 있다. 위와 같은 1기 신도시 사업의 성공은 이후 많은 정부가 참고하는 부동산 정책이 되었다.

(3) 2기 신도시

2003. 2. 25. 취임한 노무현 정권에서는 부동산 가격을 잡기 위해 각종 부동산 규제정책을 펼쳤다. 그 과정에서 대폭적인 주택공급을 위해 2기 신도시(경기 김포, 인천 검단, 화성 동탄, 평택 고덕, 수원 광교, 성남 판교 등)를 지정 및 개발하여 약 60만호를 공급하는 것을 목표로 사업이 시작되었다. 위 60만호라는 수치는 서울 및 수도권에 매년에 필요한 주택이 약 13~15만호로 추정된다는 점을 고려해 보면 엄청난 공급량인 것이다.

그러나, 위 2기 신도시 사업은 성공했다고 보기가 어렵다. 우선, 1기 신도시와 달리 2기 신도시의 경우 서울에서 거리가 멀어 서울 주택시장의 안정화에 주는 긍정적인 영향이 상대적으로 적었다. 또한, 위 2기 신도시의 입주 시기인 2009년경에는 2008년 외환위기 이후로 부동산 시장이 침체되기 시작한 시점이었다.

위 2기 신도시 사업을 보면, 정부에서 부동산 시장이 상승세인 상황에서 아파트 수요를 충족하기 위해 부동산 공급을 위해 신도시 사업을 진행한다고 하더라도 해당 지역을 수용하여 토지작업을 하고 이후 아파트를 건설하는데 상당한 시간이 필요하다. 위와 같은 이유 때문에 적절한 시기에 공급이 이루어지는 것이 상당히 어렵다는 사실을 알 수 있다.

특히, 신도시 사업을 진행하는 시점에 국내외의 다른 변수가 발생하여 부동산 시장이 침체되기라도 하면 진행하고 있던 신도시 사업 중 일부가 중단되거나 경우에 따라서는 신도시 사업 전체가 좌초될 가능성도 있는 것이다.

(4) 3기 신도시

문재인 정부에서는 주택가격의 안정화를 위해 대규모 주택공급계획을 발표했다. 그 구체적인 내용은 남양주 왕숙, 하남 교산, 인천 계양, 고양 창릉, 부천 대장에 아래〈표〉와 같이 330만㎡ 이상의 신도시를 건설하고, 과천, 안산 장상, 인천 구월, 화성 봉담에 100만㎡ 이상의 대규모 택지를 조성하는 것이다.

〈3기 신도시〉

지구명	면적	호수
남양주 왕숙	855만㎡	5만 4천호
남양주 왕숙2	239만㎡	1만 4천호
하남 교산	631만㎡	3만 3천호
인천 계양	333만㎡	1만 7천호
고양 창릉	789만㎡	3만 8천호

지구명	면적	호수
부천 대장	342만㎡	2만호
광명 시흥	1,271만㎡	7만호
의왕 · 군포 · 안산	586만㎡	4만 1천호
화성 진안	452만㎡	2만 9천호
합계	5,498만㎡	31만 6천호

〈대규모 택지〉

지구명	면적	호수
과천 과천	169만㎡	7천호
안산 장상	221만㎡	1만 5천호
인천 구월2	220만㎡	1만 8천호
화성 봉담3	229만㎡	1만7 천호
합계	839만㎡	4만 7천호

위 〈표〉만 확인하더라도 수도권에 약 35만호 이상의 아파트가 건설될 예정에 있으며 추가로 서울 및 수도권에 지정된 중소택지까지 포함하면 약 60만호 이상이 공급될 것으로 예상된다. 한해 서울 및 수도권에서 필요한 입주 물량이 13~15만호 정도라는 점을 고려해 보면 엄청난 물량이 공급되는 것이다.

위와 같이 엄청난 물량의 공급이 앞으로 주택시장에 얼마나 파급력을 미칠지는 지켜봐야 하겠으나, 상당 기간 주택가격의 안정화에 도움이 될 것으로 조심스럽게 예상된다. 즉, 위와 같이 엄청난 공급이 예정되어 있는 상황에서 무리하게 아파트를 구입하는 것은 지양해야 하고 보수적으로 판단할 필요가 있다.

마. 심리적인 요소

(1) 부동산 가격의 특징

부동산 시장이 경제적인 측면에서 수요와 공급 등에 의해서 작동되는 면이 있으나, 의외로 사람들의 심리적인 면이 부동산 시장에 미치는 부분이 상당하다. 부동산 시장이 사람들의 심리적인 요소에 얼마나 큰 영향을 받고 있는지를 확인하면 신기할 정도이다.

대한민국의 부동산 가격에 관해 몇 가지 눈에 띄는 특징이 있는데 그중하나는 쉽게 떨어지지 않는 '하방 경직성'의 특징이고 나머지 하나는 한번오르기 시작하면 짧은 기간에 급격하게 오르는 특징이 있다. 이는 모두 심리적인 측면이 반영된 것이라 볼 수 있다.

(2) 하방 경직성 - 한 번 오르면 잘 떨어지지 않는 부동산 가격

부동산 가격이 잘 떨어지지 않는 것은 사람들의 심리와도 크게 관련이있다. 부동산을 매수한 자들은 누구나 자신이 매입한 가격 이하로는 절대매도하지 않아 손해를 피하겠다는 심리가 있다. 특히, 매입한 부동산이 주택인 경우 부동산 시장이 침체되어 전반적인 부동산 가격이 하락한다고 하더라도 자신이 해당 주택에 살면 된다는 생각으로 매도하지 않기 때문에 한 번 오른 주택의 가격은 쉽게 떨어지지 않게 되는 것이다.

위와 같은 심리로 인해 정부에서 부동산에 대한 규제정책을 펼치면서 대규모 주택공급계획을 발표하고, 이에 더해서 기준금리가 올라 대출이자에 대한 부담이 늘어가는 상황에서도 주택의 가격은 쉽게 떨어지지 않는 것이다. 천만다행으로 주택의 가격이 떨어진다고 하더라도 상승기에 상승했던 만큼 잘 떨어지지 않는다. 위와 같이 한번 오른 부동산의 가격이 잘 떨어지지 않는다는 것을 부동산 시장에서는 부동산 가격의 '하방 경직성'이라고 표현하기도 한다.

(3) 부동산 시세의 형성 – 처음이 어려울 뿐이다

당연한 말이지만 주차금지 구역에는 주차하면 안 되며 이에 정부에서는 주차금지를 표시하기 위해서 황색의 실선을 그어 놓았고 주차금지라는 푯말로 주차금지를 알린다. 그러나, 위와 같은 주차금지의 구역도 한 사람, 두 사람이 불법주차를 하게 되면 금세 다수의 사람이 불법주차를 해 버리게 된다. 처음이 어려운 것이지 두 명, 세 명이 하게 되면 나머지 사람들은 별다른 죄의식 없이 불법주차를 하게 되는 것이다.

부동산 시세도 비슷하다. 처음에는 기존에 8억 하던 아파트를 10억 원에 매수하는 사람이 있다면 다수인은 기존에 8억 했던 저 아파트를 10억이나 주고 사는 게 말이 되냐며 어리석은 행동을 한 사람으로 생각한다. 그러나 두 번째, 세 번째도 비슷한 아파트를 10억 원에 매수하게 되면 그 아파트의 시세는 금세 10억이 되고 이후에는 10억을 주더라도 매수하지 못하는 상황이 발생하게 된다.

위와 같은 사람들의 심리형성이 부동산 가격을 더 상승하게 하고, 한번 상승기에 든 부동산 가격에 더 오를 수도 있다는 불안한 심리까지 더해져 부동산의 가격은 폭발적으로 상승하게 된다. 정부에서 각종 규제정책과 주택공급 정책을 발표하더라도 당장 별다른 효과를 보지 못하는 것은 위와 같은 사람들의 심리와도 관련이 있다.

2.
부동산 시장에 대한 대응방법

· · · · · ·

필자가 부동산 가격에 미치는 다수의 요인을 설명한 것은 위와 같은 요인들을 알고 현명하게 부동산에 투자, 매입해야 한다는 사실을 알려 주고 싶어서이다. 앞서 설명한 부동산 가격에 미치는 기본적인 요인조차 모르고 무턱대고 부동산 거래 및 투자를 하다가는 대체적인 부동산 상승기가 아니고서야 큰 낭패를 피하기 어렵다고 할 것이다.

물론, 지역마다 차이가 있을 수 있으나 서울을 중심으로 한 부동산의 경우 앞으로도 계속해서 상승할 가능성이 높아 충분한 자금력이 있어 부동산 가격의 일시적 상승과 하락에 관계 없이 오랜 시간을 기다릴 수 있다면 큰 문제가 없을 것이다.

그러나, 다수의 사람은 부동산 투자, 매입에 있어서 상당 금액을 대출에 의존하고 있어 위와 같이 매입한 부동산 가격이 일시적으로라도 하락하고 대출금리가 오르게 되면 가정경제에 엄청난 악영향을 받을 수 있다.

결론적으로, 자금이 충분한 사람이 아니라면 정부에서 각종 부동산 규제 정책을 펼치고 있으며 한편으로는 대규모 주택공급계획을 발표하고 있고, 기준금리가 올라 대출금리가 오르는 상황이라면 부동산 투자, 매입에 매우 조심해야 한다.

위와 같은 시기에는 부동산을 매입하게 되면 급하게 돈이 필요해서 부동산을 처분한다고 하더라도 처분 자체가 어려울 수 있다. 처분하더라도 매입한 가격보다 매우 낮은 가격으로 매도해야 하는 상황이 발생할 수 있다. 이에 위 상황에서 부동산에 투자하더라도 자신의 경제 상황을 보수적으로 보고 차후 매입한 부동산이 단기간에 매도되지 않을 수 있다는 가정하에 움직여야 하는 것이다.

-부동산 시장에 대한 대응방법 포인트-

- 부동산 시장에 영향을 주는 여러 요인을 알고 있어야 한다.
- 부동산 시장에 관해 관심을 가지고 계속 공부해야 한다.
- 부동산 시장이 대체적인 상승기가 아니라면 부동산에 관한 투자 및 거래는 보수적으로 판단해야 한다.

제4장

부동산 투자·거래 시
알아 두어야 할
필수지식

1.
고가의 자산인 부동산
- 손해가 발생하면 엄청난 부동산

· · · · · · ·

대한민국의 구성원으로서 사회생활을 하면서 가장 비싼 물건을 사는 것은 무엇일까? 대부분의 사람들이 자동차, 가전제품, 명품 가방 등을 떠올릴 것이다. 위 품목들이 수천만 원에서 수억 원에 이르는 고가의 물품일 수 있으나, 부동산에 비하면 상대적으로 큰 금액이라고 볼 수 없다.

부동산의 경우 적게는 수억 원에서 많게는 수백, 수천억 원에 이를 만큼 고가이다. 고가의 자동차를 샀는데 사고가 나서 이를 수습하는 비용과 발생하는 손해액과 부동산 거래를 했는데 사고가 발생하여 이를 수습하는 비용과 발생하는 손해액은 차원이 다르다고 할 것이다.

필자가 부동산에 대한 지식을 계속해서 강조하는 이유가 바로 여기에 있다. 부동산 거래를 잘못해서 손해가 발생하면 그 금액이 어떤 거래와 비교해도 고액일 뿐만 아니라, 잘못하면 개인 및 가정의 경제생활의 파탄에 이를 정도인 경우가 있을 수 있다.

이에 필자가 부동산 전문 변호사로서 활동하면서 경험한 것을 바탕으로 부동산 투자·거래에 있어 반드시 알아야 할 내용, 유의해야 할 점 등을 중심으로 본서를 구성하기로 하였다. 부동산에 투자·거래를 하기 전에 반드시 한번 읽어 볼 것을 권한다.

2.
계약서의 중요성
- 부동산 거래에서 가장 중요한 계약서

. . . . . .

가. 부동산 거래에서 가장 중요한 '계약서 작성'

대한민국 국민 중 조금이라도 재테크에 관심이 있다면 부동산 및 주식을 통해 재테크를 하고 있고 대부분의 가정에서 부동산이 가장 큰 재산일 것이다. 제아무리 고가의 자동차나 명품 가방이라고 할지라도 2022년 서울 및 수도권 아파트의 가격에 비교하면 결코 큰 금액이라고 하기 어렵다.

이렇게 고가의 부동산에 투자·거래에서 가장 중요한 것은 '계약서'를 잘 쓰는 것이다. 계약서를 법적인 용어로 '처분문서'라고 한다. 처분문서가 존재하는 부동산 분쟁에 있어서 법원에서 원칙적으로 처분문서에 기재된 내용을 중심으로 판단하게 된다. 필자가 수없이 계약서의 작성의 중요함을 강조하는 이유가 바로 여기에 있다.

대법원에서는 아래 〈표〉에서와 같이 계약서 등 처분문서를 해석함에 있어서 특별한 사정이 없는 한 해당 문서에 기재된 문언에 따라 당사자의 의사표시가 있었던 것으로 해석해야 한다고 판단하고 있다. 위 대법원 판결을 통해 계약서에 기재된 내용이 얼마나 중요한지 알 수 있다.

-대법원 2003. 4. 8. 선고 2001다38593 판결 [손해배상(기)]-

법원이 진정성립이 인정되는 처분문서를 해석함에 있어서는 특별한 사정이 없는 한 그 처분문서에 기재되어 있는 문언에 따라 당사자의 의사표시가 있었던 것으로 해석하여야 하는 것이나, 그 처분문서의 기재 내용과 다른 특별한 명시적, 묵시적 약정이 있는 사실이 인정될 경우에 그 기재 내용의 일부를 달리 인정하거나 작성자의 법률행위를 해석함에 있어서 경험칙과 논리법칙에 어긋나지 아니하는 범위 내에서 자유로운 심증으로 판단할 수 있다.

※ 쉬어 가는 상식 - 처분문서

처분문서란 처분문서에 의해서 증명하려고 하는 법률상 행위가 그 문서에 이루어진 것을 의미한다. 부동산 매매계약서는 대표적인 처분문서로 매매계약서상 매도인은 해당 계약서의 기재된 부동산을 매수인으로부터 매매대금을 지급받고 매수인에게 소유권을 넘겨 준다는 법률행위가, 매수인은 해당 계약서에 기재된 매매대금을 지급하는 법률상 행위가 위 매매계약서에 의해 이루어진다고 볼 수 있다.

나. 계약서 작성 왜 중요한가?

앞서 살펴보았듯이 계약서에 관해서 법적으로 처분문서의 성격을 가진다. 대법원은 처분문서에 관해서 아래 〈표〉와 같이 처분문서가 증거로 제출되면 해당 문서상의 내용대로 법률행위를 한 것으로 직접 증명이 된다고 보고 있다.

-대법원 1988. 9. 27. 선고 87다카422(본소),423(반소) 판결-

처분문서란 그에 의하여 증명하려고 하는 법률상의 행위가 그 문서에 의하여 이루어진 것을 의미하는 것이므로 어느 문서가 처분문서인가의 여부는 입증사항이나 취지여하에 달려있는 것이고 실제로 처분문서라고 인정되고 그것의 진정성립이 인정되면 작성자가 거기에 기재된 법률상의 행위를 한 것이 직접 증명된다 하겠으나 그때에도 당시에 능력이나 의사의 흠결이 없었다거나 그의 행위를 어떻게 해석할 것인가 하는 것 등은 별도의 판단문제로서 작성자의 행위를 석명함에 있어서는 경험칙과 논리칙에 반하지 않는 범위 내에서 자유로운 심증으로 판단하여야 한다.

위 대법원 판결에서는 처분문서의 진정성립이 인정된다면 작성자가 기재된 법률상 행위를 한 것으로 직접 증명이 된다고 할 것이나, 법원은 자유로운 심증으로 위 처분문서를 판단할 수 있다고 판단하고 있다.

실무적으로 계약서에 기재된 내용은 특별한 사정이 없는 한 법원에서 해당 내용대로 해석하게 된다. 이는 계약서의 작성이 얼마나 중요하며, 계약서에서의 단어의 선택, 문장의 구성에 매우 신중해야 함을 알려 준다.

예를 들어, 매도인과 매수인이 부동산 매매계약을 작성하였고 매수인이 매매계약을 체결한 날 저녁에 계약금을 지급하겠다고 하여 위 매매계약서 작성 당시에 계약금을 지급받지 않았음에도 불구하고 매도인이 매수인으로부터 계약금을 지급받았다고 기재했다고 가정해 보자.

만약, 위 부동산 계약금 지급 여부에 관하여 문제가 발생했고 이에 관해서 법원에서 재판을 한다면 담당 판사는 특별한 사정이 없는 한 매매계약서에 기재된 대로 매도인이 매수인으로부터 계약금을 지급받았다고 판단할 것이다.

물론, 실제 매수인이 매도인에게 계약금을 지급하지 않았기 때문에 매도인은 계약금을 지급받지 않았다. 매수인이 당일 계약금을 지급할 것으로 믿고 계약서에 계약금을 지급받은 것으로 기재했다며 계약서에 기재된 내용과 다른 특별한 사정이 있다고 주장할 것이다. 그러나 매수인이 계좌이체가 아닌 현금으로 지급했다는 거짓된 주장 등을 한다면 매도인은 매우 곤란한 상황에 처할 수 있다.

위 사례에서 매도인이 특별한 사정을 입증하지 않으면 해당 재판부에서는 계약서에 기재된 대로 매수인이 매도인에게 계약금을 지급한 사실을 전제로 판단할 가능성이 매우 높다.

다. 계약서 작성 시 구두약정을 해도 되는 걸까?

많은 사람이 구두약정도 약정이며 계약의 성립으로서 효력이 있다고 알고 있다. 위와 같은 생각이 틀렸다고 볼 수 없으나, 실무상 위와 같은 생각으로 구두상 약정을 하게 되면 곤란한 상황을 겪게 된다. 경우에 따라서는 큰 금액의 손해가 발생할 수도 있다.

특히, 부동산 매매계약서를 작성하면서 중요한 내용을 계약서에 기재되지 않고 구두로 약정하는 경우가 있어 주의를 요한다. 부동산 거래에서 종종 발생하는 아래 〈표〉의 예시를 살펴보자.

> 가령, 매도인 '갑'이 매수인 '을'에게 아파트를 매매하면서 매매계약서상에는 2022. 3. 1. 잔금 10억 원을 지급받고 같은 날 아파트를 비워 주겠다고 정한다. 계약서상 의무를 위반하는 자는 계약금 2억 원을 위약금으로 지급하겠다고 정하면서 구두상으로는 매도인 '갑'이 새로 이사할 곳을 구하고 있으니 2022. 3. 1.까지 아파트를 비워 주지 않더라도 1~2주가량은 매수인 '을'이 양해하기로 정했다. 이후 매도인 '갑'이 위 아파트를 계약서상 인도일인 2022. 3. 1.까지 비우지 않았다고 가정해 보자.

위 〈표〉와 같은 사안에서 매도인 '갑'이 2022. 3. 1.까지 아파트를 비우지 않아도 되는 걸까? 만약 매수인 '을'이 매도인 '갑'이 위 날짜까지 아파트를 비우지 않았다는 이유로 매도인의 의무위반을 이유로 위약금 2억 원을 소송상 청구하면 어떻게 될까?

위 사건을 담당하는 판사는 매매계약서에 기재된 내용을 중심으로 사건을 보게 된다. 따라서, 담당 판사는 일단 매도인 '갑'이 2022. 3. 1.까지 아파트를 비운다고 정했는데도 불구하고 이를 이행하지 않았기 때문에 매수인 '을'의 위약금 청구가 정당하다고 생각할 것이다.

위와 같은 상황에서 매도인 '갑'은 위약금 청구를 면하기 위해서는 2022. 3. 1. 이후 1~2주가량은 더 거주해도 된다는 구두약정을 했다는 사실을 입증해야 한다. 해당 매매계약서 작성일에 녹취한 것이 있다면 해당 녹취록을 제출하거나 공인중개사가 있었다면 공인중개사를 증인으로 부를 수도 있을 것이다.

그러나, 부동산 매매계약을 체결하면서 위와 같은 일이 발생할 것에 대비해서 녹취를 하는 사람이 몇 명이나 되고, 할 일이 많은 공인중개사가 매도인을 위해 법원에 출석해서 매도인이 원하는 진술해 준다고 장담할 수도 없는 일이다. 나아가, 매수인이 2억 원의 이익을 볼 수도 있는 상황에서 매수인이 구두약정이 있음에도 이를 인정하지 않는다고 하여 비난할 수 있을까?

참고로, 거액이 걸린 부동산 분쟁이 발생해서 매도인, 매수인 양측이 부동산 전문 변호사를 선임하여 다투기 시작하면 실제 구두약정이 있었는지를 불문하고 변호사들의 조언에 따라 자신에게 유리한 진술만 하고, 불리한 진술의 경우는 회피하거나 기억이 나지 않는다고 말하는 경우도 있다.

위 사례에서 매도인 '갑'이 구두약정에 관해서 입증 책임을 부담하고 이를 입증하지 못하면 2억 원의 위약금을 부담해야 하는 상황이 발생할 수 있다. 위와 같은 매도인 '갑'이 입증을 제대로 하지 못해 울며 겨자먹기식으로 2억 원의 부담을 피하기 위해 매도인 '갑'과 매수인 '을'이 법원에서 조정이라는 절차를 통해 합의를 하기도 한다. 2억 원의 지급은 아니라고 하더라도 억대의 금액을 위약금으로 조정을 하는 경우가 있다.

라. 중요한 약정은 반드시 계약서에 기재할 것

전술한 바와 같이 계약서에 계약의 중요한 사항에 관해서 기재하는 것은 매우 중요하다. 물론 매매계약의 당사자가 구두약정을 하고 이후 법적인 분쟁이 되어 필요한 경우 위 구두약정이 있었다는 사실을 입증해서 위기를 모면할 수도 있다고 할 것이다.

그러나, 처음부터 구두약정을 하지 않고 계약서에 구두약정하려고 했던 사항을 기재하였다면 위와 같은 위험을 부담하지 않아도 되고 소송 진행에 따른 시간·비용적 부담을 하지 않아도 될 것이다.

만약, 소송이 진행되면 해당 소송에서 이기고 소송비용도 상대방에게 청구하면 되지 않느냐고 생각할 수도 있다. 위 구두약정을 입증해서 해당 소송에서 승소한다고 하더라도 그동안 지출한 비용, 소비한 시간, 감당해야 할 정신적 스트레스 등을 고려해 보면 소송을 하지 않는 편이 몇 배는 나을 것이다.

필자가 부동산 매매계약 등에 관해 자문을 구하는 분들에게 제발 중요한 내용은 구두로 약정하지 말고 번거롭고 귀찮다고 하더라도 매매계약서에 명기하라고 권하는 이유가 바로 여기에 있다. 고액의 부동산을 거래할수록 매매계약서 작성에 유의하고 매매계약서 등을 포함한 부동산 계약서 작성 전에는 반드시 필자를 포함한 부동산 전문가에게 상의할 것을 권한다.

-부동산 매매계약서 관련 포인트-

• 구두약정도 그 효력은 인정된다. 다만, 구두약정은 입증하기가 쉽지 않다.
• 만약, 재판에서 구두약정의 존재 및 내용을 입증하지 못하면 해당 사실은 없는 것이나 마찬가지다.
• 부동산 거래 시 중요한 사항은 반드시 '계약서'에 명시적으로 기재해야 한다.
• 고액의 부동산 거래일수록 부동산 전문가에게 미리 자문을 구하고 신중하게 매매계약서를 작성할 것을 권한다.

3.
가계약금 지급해도 되는 걸까?

· · · · · ·

가. 부동산 거래에서의 가계약금

인기 있는 아파트 호실, 급매물과 인기 있는 역세권 1층 상가 등을 매매하는 경우 다수의 경쟁 관계에 있는 매수인들이 존재하는 경우가 많다. 다수의 매수인 가운데서 독점적인 지위를 얻기 위해서 가계약을 체결하고 매도인에게 수백만 원~수억 원의 가계약금을 지급하는 경우가 있다.

물론 매수인이 매도인에 대한 관계에서 매수인으로서의 독점적인 지위를 확보하기 위해서 자발적으로 가계약금을 지급하는 경우도 있으나, 공인중개사, 매도인 등이 해당 물건을 잡기 위해 가계약금을 지급할 것을 요구하는 경우가 많다. 즉, 일부 매도인, 공인중개사가 가계약금을 악용하는 경우가 있다.

그러나, 가계약금을 지급한 후 매수인이 변심하거나 예상하지 못한 사정이 생겨 해당 물건을 매수하지 않게 된다면, 매수인은 가계약금을 돌려받지 못하는 경우가 많다. 이는 필자가 반드시 매수할 물건이며 매매대금 확보에 문제가 없다고 확신하는 경우가 아니라면 가계약금을 지급하지 말라고 권하는 이유이기도 하다.

나. '가계약'이라는 용어에 관하여

부동산 거래에서 실무적으로 '가계약'이라는 말을 많이 사용하고 있지만, 민법전이나 기타 법에서 가계약이라는 용어는 없다. 위 가계약이라는 단어는 부동산 거래에서 관행적으로 사용하는 용어일 뿐이다.

민법에서는 당사자 의사가 합치된다면 계약은 성립하는 것으로 보기 때문에 가계약에서 당사자의 의사가 합치되었다면 정식계약이 체결된 것으로 보아야 한다. 이에 가계약과 정식계약을 그 효력의 측면에서 구분하기는 어렵다. 다만, 본서에서는 독자들의 이해 편의를 돕기 위해 '가계약'이라는 단어를 사용하도록 하겠다.

다. 가계약은 효력이 있는 걸까?

부동산 매매에서 자주 발생하는 가계약서의 유효성에 관해서는 대법원에서 아래 〈표〉와 같이 매도인과 매수인 사이에 매매목적물과 매매대금 등이 특정되고 중도금 지급방법에 관한 합의가 있었다면 그 가계약서에 잔금 지급 시기가 기재되지 않았고 후에 정식계약서가 작성되지 않았다 하더라도 매매계약은 성립하였다고 판단하였다.

즉, 대법원은 가계약서를 작성했다고 하더라도 매매계약에 관한 주요 내용인 매매목적물과 매매대금 등이 특정되고 중도금 지급 방법에 관해 합의가 있었다면 정식계약서가 작성되지 않았다고 하더라도 매매계약을 성립된 것으로 판단하여 가계약의 내용에 따라 그 효력을 인정하고 있다.

-대법원 2006. 11. 24. 선고 2005다39594 판결 [소유권이전등기]-

원심은 그 채용 증거들을 종합하여 그 판시와 같은 사실을 인정한 다음, 비록 이 사건 가계약서에 잔금 지급 시기가 기재되지 않았고 후에 그 정식계약서가 작성되지 않았다 하더라도, 위 가계약서 작성 당시 매매계약의 중요 사항인 매매목적물과 매매대금 등이 특정되고 중도금 지급방법에 관한 합의가 있었으므로 원·피고 사이에 이 사건 부동산에 관한 매매계약은 성립되었다고 판단하였다.
앞서 본 법리와 기록에 의하여 살펴보면, 원심의 이러한 사실인정과 판단은 정당하고, 거기에 상고이유로서 주장하는 바와 같은 채증법칙 위배로 인한 사실오인이나 계약성립에 관한 법리오해, 처분문서의 효력에 관한 법리오해 등의 위법이 없다.

위 대법원 판결문을 보면 원심(2심)에서 가계약의 성립을 인정한 판단에 관하여 사실인정과 판단이 정당하다고 판단하고 있어 대법원도 원심판단과 동일하다는 것을 알 수 있다.

라. 구두로 한 가계약도 계약이다?

앞서 소개한 대법원 판결에서는 가계약서가 작성된 사실을 전제로 하고 있다. 그러나, 실제 부동산 거래에서 가계약서가 작성되는 경우보다는 구두로 가계약을 약정하고 가계약금을 지급하는 경우가 많기 때문에 위 대법원 판결이 그대로 적용된다고 보기는 어렵다.

다만, 민법상 계약의 성립에 있어 반드시 서면의 작성을 요구하지 않고 있어 구두약정도 당사자 간의 의사 합치가 이뤄지면 서면 없이도 계약이 성립되었다고 보아야 한다. 따라서 당사자 간에 구두로라도 가계약을 체결하면서 매매목적물, 매매대금 등이 특정되고 중도금 지급방법에 관한 합의가 있었다면 매매계약은 성립되었다고 보아야 한다.

참고로, 구두로 성립된 가계약에 관해서 소송이 진행되는 경우 해당 가계약의 성립을 주장하는 자가 위 가계약이 성립되었다는 사실에 관해서 입증할 책임이 있다고 할 것이다. 이에 위 가계약의 성립을 입증하기 위해 녹취, 증인 등을 미리 확보해 두는 것이 좋다.

위와 같은 녹취, 증인을 확보한다고 하더라도 대부분의 가계약금이 상대적으로 소액이라는 점에 비추어볼 때 이를 청구하기 위해 변호사 등을 선임하여 소송하는 것은 쉽지 않아 위 금원을 반환받는 것을 포기하는 경우도 종종 생긴다.

당사자가 특정 장소에 만나 가계약서를 따로 작성하는 것이 번거롭고 현실적으로 쉽지 않다고 하더라도 가계약서를 작성해 두는 것이 큰 분쟁을 방지할 수 있고 시간과 비용을 절약하는 최선의 방법이라 할 것이다.

-가계약 관련 포인트-

- 민법전에 가계약이라는 용어는 없다. 다만, 가계약이라고 하더라도 법적 효력은 정식계약과 같다.
- 매매계약서 작성 전에 지급한 가계약금은 돌려받기 쉽지 않다. 되도록 매매계약서를 작성하고 일정한 조건하에서는 계약금을 돌려받을 수 있다고 정하고 계약금을 지급하는 것이 좋다.
- 가계약을 해야 하는 상황이라면, 번거롭다고 하더라도 가계약서를 작성하는 것이 좋다.

4.
신탁된 부동산 거래 시 유의점
· · · · · ·

가. 신탁의 의미

신탁이라는 말의 사전적인 의미는 신뢰할 수 있는 자에게 재산의 소유권을 이전하여 관리를 맡기는 것이다. 이때 재산의 소유권을 위탁하는 자를

'위탁자'라고 하며 재산의 소유권을 이전받아 관리하는 자를 '수탁자'라고 한다.

신탁의 경우 위탁자가 수탁자와의 관계에서 소유자이며 신탁계약의 내용에 따라 신탁계약을 해지하고 소유권을 회복할 수 있는 권리를 가지고 있는 경우도 있다. 그러나 신탁 관계가 유지되고 있고 수탁자가 소유권이 전등기를 경료한 상태에서 거래의 상대방은 수탁자가 소유권자라고 생각하고 매우 신중하게 거래해야 한다.

한편, 부동산 신탁의 종류는 후술하는 바와 같이 '부동산 개발신탁' '부동산 담보신탁' '부동산 관리신탁' '부동산 처분신탁' 등이 있다. 위와 같이 부동산 신탁에는 여러 가지 종류가 있으며, 이에 따라 부동산 거래 · 매매 시 주의해야 할 점이 다르다고 할 것이다.

다만, 본서에서는 분량상 위 부동산 신탁 종류에 관해서 간단히 알아 보고, '부동산 담보신탁'의 경우를 중심으로 부동산 거래 시 유의해야 할 점을 살펴보도록 하겠다. 또한, 일반인들이 부동산 신탁에 관해서 잘 알지 못한다는 점을 악용하여 부동산 사기 사건이 많이 발생하고 있어, 위 사기 사건의 사례도 살펴보도록 하겠다.

나. 부동산 신탁의 종류

(1) 부동산 개발신탁

부동산 개발신탁은 신탁사가 토지에 건축물을 건설하여 일정 기간 임대해 발생하는 수익금을 신탁계약에 따라 해당 부동산 소유자에게 주거나,

공동주택을 건설하여 분양하여 발생하는 수익금을 신탁계약에 따라 소유자에게 지급하는 것을 말한다.

(2) 부동산 담보신탁

부동산 담보신탁은 부동산 소유자가 해당 부동산의 소유권을 신탁사에게 이전하고, 신탁사로부터 수익권 증서를 받아 그 증서를 담보로 하여 금융기관에 대출을 받은 것을 말한다. 대출해 준 금융기관은 신탁계약서 우선수익자 등으로 등재된다.

(3) 부동산 관리신탁

부동산 관리신탁은 신탁사가 신탁된 부동산을 종합적으로 관리 및 운영하여 이로 인해 발생하는 수익을 신탁계약에 따라 신탁자 등에게 지급하는 것을 말한다.

(4) 부동산 처분신탁

부동산 처분신탁은 위탁자가 부동산을 처분하려고 할 때 신탁사가 신탁부동산을 관리하면서 처분하는 신탁 업무를 수행하고, 처분되었을 경우 처분대금을 신탁계약의 내용에 따라 부동산 소유자인 위탁자 또는 수익자에게 지급하는 것을 말한다.

다. 신탁된 부동산인지 여부를 확인하는 방법

필자는 부동산 투자 · 거래에 있어서 '등기사항전부증명서'를 확인해야 한다는 점은 수없이 많이 강조하였다. 이는 부동산 투자 및 거래에 있어서 기본 중의 기본인 것이다. 신탁된 부동산인지 여부를 확인하는 것도 위 등기사항전부증명서 중 '갑구'를 확인함으로써 가능하다.

[갑구] (소유권에 관한 사항)				
순위 번호	등기 목적	접수	등기 원인	권리자 및 기타사항
2	소유권이전 신탁	2022. 3. 1. 제11111호	2022. 2. 28. 신탁	수탁자 OO부동 산신탁주식회사 신탁원부 제2022-1111호

신탁된 부동산의 등기사항전부증명서에는 위 〈표〉와 같이 2022. 2. 28.자 신탁을 원인으로 수탁자 OO부동산신탁주식회사에게 소유권이전되었다고 표시된다. 또한, 위와 같이 신탁된 부동산을 거래하기 위해서는 '권리자 및 기타사항'에 기재되어 있는 신탁원부 제2022-1111호를 반드시 확인해야 한다.

라. 신탁과 관련된 부동산 사기 사례

(1) 위탁자가 처분·임대할 권한이 있다고 가장하는 경우

위와 같이 부동산의 신탁 여부는 등기사항전부증명서를 통해서 누구나 쉽게 확인할 수 있기 때문에 신탁 여부 그 자체에 대해 기망하는 경우는 잘 없다. 그러나, 위와 같은 신탁 관계에도 불구하고 위탁자가 소유권이 있다거나 임대할 권한이 있는 것처럼 가장하여 매매대금이나 임대차 보증금을 수령하는 경우가 있다.

신탁 관계에 있어서 위탁자가 부동산을 처분 또는 임대할 권한을 가지는 경우는 잘 없다. 물론 신탁된 부동산에 관해 임대는 신탁계약의 내용에 따라 수탁자의 동의가 있는 경우에 한하여 인정되는 경우도 있으나, 위와 같은 수탁자의 동의가 없는 경우 위탁자와 체결한 임대차계약은 수탁자에게 그 효력을 주장할 수 없다는 점을 유의해야 한다.

예를 들어, 담보신탁된 부동산에 관하여 임대차계약을 체결한다고 가정해 보자. 대개의 부동산담보신탁계약서에서는 아래 〈표〉와 같이 위탁자가 신탁계약체결일 이후에 신탁부동산에 대하여 임대차계약을 체결하는 행위를 하고자 하는 경우 수탁자 및 수익자의 사전 서면 동의를 얻어야 한다고 정하고 있다.

-부동산담보신탁계약서 (예시)-

제10조(신탁부동산의 관리 등)

① 위탁자는 신탁부동산의 보존·유지·수선 등 관리에 필요한 모든 조치를 다하고 세금과 공과금 등 이에 필요한 비용을 부담한다.

② 이 신탁계약 체결일 이전에 위탁자가 신탁부동산에 관하여 체결한 임대차계약은 유효하고, 이 신탁계약 체결일 이후에도 위탁자는 신탁부동산을 타인에게 임대하거나 직접 점유 또는 사용할 수 있다.

③ 제2항에도 불구하고 위탁자는 이 신탁계약 체결일 이후 신탁부동산에 대하여 임대차계약의 체결, 저당권설정, 전세권설정

> 등의 처분행위를 하고자 하는 경우에는 수탁자 및 수익자의
> 사전 서면 동의를 받아야 한다. 수탁자의 동의를 얻어 위탁자
> 가 신탁부동산을 타인에게 임대 등의 처분행위를 한 경우에도
> 위탁자는 임차인으로부터 임대차 보증금 및 임대료 등을 직접
> 받는다.

나아가, 위 신탁계약서에는 "위탁자가 임차인으로부터 임대차 보증금 및 임대료 등을 직접받는다."고 정하고 있으나, 다른 신탁계약서에서는 위와 같이 정하고 있지 않는 경우도 있어 주의를 요한다.

만약, 등기부상 공시되는 신탁계약서에 임대차 보증금 및 임대료를 신탁사가 받아서 관리한다고 정하고 있음에도 불구하고 위탁자에게 위 임대차 보증금 및 임대료를 지급했다면, 임차인은 신탁사에게 보증금 임대료 지급을 주장할 수 없고, 신탁사에서는 임차인의 불법점유 등을 주장하며 해당 임대차 목적 부동산에서 퇴거를 요청할 수도 있다.

임차인이 위탁자에게 보증금 및 임대료를 지급했다고 신탁사에 항의한다고 하더라도, 신탁사는 등기부상 공시된 신탁계약을 근거로 하여 위 내용을 확인하지 않은 임차인의 책임이라고 판단하여 별다른 답변을 하지 않는 경우가 대부분이다.

나아가, 대부분의 부동산담보신탁계약서에는 별지로 신탁특약을 포함하고 있는데 위 특약사항이 신탁계약보다 우선하여 적용되기 때문에 반드시

위 특약사항도 함께 확인해야 한다.

-부동산담보신탁계약서 (예시)-

제10조(신탁부동산의 관리 등)

① 본 신탁계약의 체결 시점에 신탁부동산과 관련한 임대차 내역이 존재하는 경우 동 내역에 대한 사실확인은 위탁자 및 우선수익자가 부담하며 수탁자의 임대차 내역 확인은 면책하기로 한다. 다만, 수탁자는 위탁자 및 우선수익자로부터 확인된 임대차내역에 대해 수익권증서에 선순위로 기재할 수 있다.

② 본 신탁계약 체결 이전에 체결된 임대차계약으로 인해 수탁자의 손해가 발생한 경우, 위탁자는 수탁자의 모든 손해에 대한 배상책임을 부담한다.

③ 위탁자는 우선수익자의 동의를 얻어 신탁부동산을 임대할 수 있으며, 신탁부동산에 대한 임대차계약은 위탁자가 우선수익자의 서면동의를 첨부하여 수탁자에게 요청할 경우 위탁자(임대인), 수탁자(임대차 동의자), 임차인 간에 체결하거나 수탁자가 별도의 임대차 동의서를 교부하기로 한다.

④ 우선수익자가 동의한 임대차계약에 대한 의사결정권한은 우선수익자에게 있고, 관리 · 감독 · 처분권한 및 책임(임대차보증금의 액수, 수령인, 수령방법, 납입계좌 결정 및 고지를 포함하고 이에 한정되지 아니한다)도 우선수익자에게 있다. 수탁자는 우선수익자가 동의한 임대차계약에 관하여 임대차보증금을 신탁원본에 편입하거나 수령하는 등의 관리 · 감독책임을 지지 아니한다.

⑤ 임대차계약의 임차보증금에 대한 반환의무는 위탁자가 부담

하며, 위탁자가 임대차보증금의 반환의무를 이행치 아니함으로써 수탁자가 임대차보증금을 임차인에게 대위변제한 경우 대위변제한 수탁자의 구상채권은 기본계약 제22조(처분대금 등 정산방법)에도 불구하고 우선수익자의 채권에 우선함을 확인한다.

⑥ 신탁계약 전후를 불문하고 본조를 위반하여 위탁자가 신탁부동산을 임의로 임대한 경우 위탁자는 이에 대한 민·형사상의 일체의 책임을 부담한다.

⑦ 임대차계약서에 "임차인은 신탁해지 전후를 불문하고 수탁자에게는 임대차보증금반환 청구 등 임대차와 관련된 권리를 할 수 없음을 확인하고 동의하며 이에 대하여 일체 이의를 제기하지 아니한다."라는 문구를 삽입키로 한다.

⑧ 임차인이 수탁자에게 직접 임대차보증금 반환 요구가 가능한 경우 위탁자는 수탁자를 면책시키고 반환요청일로부터 5영업일 이내에 직접 지급의무를 부담하며, 이를 이행하지 않을 경우 수탁자는 신탁부동산을 단독으로 처분하여 임대차보증금을 반환할 수 있다.권설정 등의 처분행위를 하고자 하는 경우에는 수탁자 및 수익자의 사전 서면 동의를 받아야 한다. 수탁자의 동의를 얻어 위탁자가 신탁부동산을 타인에게 임대 등의 처분행위를 한 경우에도 위탁자는 임차인으로부터 임대차 보증금 및 임대료 등을 직접 받는다.

(2) 위탁자가 신탁등기를 말소해 줄 것처럼 가장하는 경우

위탁자가 신탁된 부동산의 소유권을 곧 회복할 것처럼 가장하고 매수인으로부터 매매대금을 편취하는 경우가 있다. 물론, 부동산담보신탁계약서를 살펴보면 대부분 아래 〈표〉와 같이 위탁자와 수익자는 합의하여 언제든지 신탁 관계를 종료할 수 있다고 정하고 있는 경우가 많다.

-부동산담보신탁계약서 (예시)-

제24조(신탁해지 및 책임부담)

① 위탁자와 수익자는 합의하여 언제든지 신탁을 종료할 수 있다. 다만, 위탁자가 존재하지 아니하는 경우에는 그러하지 아니한다.

② 위탁자가 신탁이익의 전부를 누리는 신탁은 위탁자나 그 상속인이 언제든지 종료할 수 있다.

③ 위탁자, 수익자 또는 위탁자의 상속인이 정당한 이유 없이 수탁자에게 불리한 시기에 신탁을 종료한 경우 위탁자, 수익자 또는 위탁자의 상속인은 그 손해를 배상하여야 한다.

④ 제1항부터 제3항까지의 규정에도 불구하고 신탁의 특약으로서 달리 정한 경우에는 그 특약에 따른다.

그러나, 위탁자인 매도인이 매수인으로부터 매매대금을 받고도 신탁등기를 말소하지 않는 경우가 있어 주의를 요한다. 위탁자는 매수인에게 매매대금을 지급받고 위 매매대금으로 신탁등기 등을 말소해 주겠다고 말하기 때문에 매수인의 입장에서 이를 믿고 별다른 조치 없이 매매대금을 지급하는 경우가 있다.

추후, 신탁등기가 말소되지 않는다면 매수인은 매도인을 상대로 손해배상 또는 부당이득반환 청구소송을 진행할 수는 있다고 할 것이나, 매매대금을 지급하기 전에 위탁계약의 해지, 신탁등기 말소에 관한 서류가 준비되었는지, 신탁사와 협의한 사실이 있는지를 미리 알아 본다면 불필요한 소송을 방지할 수 있을 것이다.

-신탁된 부동산 관련 포인트-

- 거래 목적 부동산의 등기사항전부증명서를 확인해서 신탁된 부동산인지를 확인해야 한다.
- 신탁된 부동산이라면 신탁원부 등을 반드시 확인해야 한다.
- 신탁된 부동산에 관한 거래는 일반 부동산의 거래보다 더 신중하고 조심해야 하고 반드시 부동산 전문 변호사와 상의할 필요가 있다.

5.
계약금의 숨겨진 법률효과

· · · · · ·

가. 계약금의 의의

실무상 부동산 매매에서는 계약서를 작성하면서 매수인은 매도인에게 총 매매대금의 10~20%에 해당하는 금액을 지급하는데, 이를 '계약금'이라고 한다. 계약금은 계약의 체결에 대한 증거금으로서의 성격을 가지기도 하며, 계약의 해제권을 유보하는 해약금의 성격도 가진다.

많은 사람이 계약당사자가 계약상의 의무를 이행하지 않으면 계약금을 준 사람의 입장에서는 계약금을 돌려받지 못하고, 계약금을 받은 사람의 입장에서는 계약금의 두 배를 줘야 한다고 간단하게 생각하는 경우가 많다.

위와 같은 생각이 꼭 틀렸다고 할 수는 없으나 안전한 부동산 거래 및 투자를 위해서는 계약금에 관해서 정확히 아는 것이 필요하다. 결론적으로 부동산 매매계약서에 계약금을 '위약금'으로 한다고 정해야만 계약금이 위와 같은 손해배상의 의미인 '위약금의 성격'을 가지고 된다.

매매계약서에 별도의 규정을 두지 않는다고 하더라도 계약금을 지급한 사람은 일정한 시점까지 계약금을 포기하고 계약을 해제할 수 있는 '해약금의 성격'을 가진다.

부동산 거래에서 계약금에 관한 법적인 분쟁이 많이 발생하는데, 본서에서는 위 법적인 분쟁이 가장 많이 발생하는 계약금의 해약금, 위약금의 성격에 관해서 중점적으로 살펴보겠다. 위와 같은 계약금의 해약금, 위약금 성격에 관해서 정확히 알고 부동산 거래를 하는 것과 모르고 하는 것과는 큰 차이가 있다.

또한, 계약금의 의미를 안다면 부동산 계약서를 해석하는 능력을 키울 수 있고 주체적으로 자신의 입장에서 자신의 상황에 맞게 유리한 계약서 조항을 넣을 수도 있다. 이는 필자가 독자들에게 계약금에 관해서 반드시 공부해 둘 것을 권하는 이유이기도 하다.

나. 계약금의 해약금 성격에 관해서

(1) 민법의 규정

민법에서는 아래 〈표〉와 같이 매매의 당사자 일방이 계약 당시에 금전 기타 물건을 계약금 등의 명목으로 상대방에게 교부한 때에는 당사자 간에 다른 약정이 없는 한 당사자의 일방이 이행에 착수할 때까지 교부자는 이를 포기하고 수령자는 그 배액을 상환하여 매매계약을 해제할 수 있다고 정하고 있다.

-민법-

제565조(해약금)

① 매매의 당사자 일방이 계약 당시에 금전 기타 물건을 계약금, 보증금 등의 명목으로 상대방에게 교부한 때에는 당사자 간에 다른 약정이 없는 한 당사자의 일방이 이행에 착수할 때까지 교부자는 이를 포기하고 수령자는 그 배액을 상환하여 매매계약을 해제할 수 있다.

② 제551조의 규정은 전항의 경우에 이를 적용하지 아니한다.

제551조(해지, 해제와 손해배상)

계약의 해지 또는 해제는 손해배상의 청구에 영향을 미치지 아니한다.

※ 쉬어 가는 상식 – '계약금 해제'

위와 같은 해약금에 관해서 계약금을 근거로 계약을 해제하는 것이라고 하여 '계약금 해제'라고 말하기도 한다. 부동산 분쟁에서 '계약금 해제'라는 말이 나오면 계약금을 지급한 매수인이 계약금을 포기하고 계약을 해제하는 상황이거나 매도인이 매수인으로부터 지급받은 계약금의 두 배를 지급하고 계약을 해제하는 상황이라고 생각하면 된다.

(2) 계약을 해제할 수 있는 권리

민법에서는 부동산 매매에 있어 매수인이 매도인에게 계약금을 지급했다는 것은 별도의 약정을 하지 않는 한 '당사자 일방이 이행에 착수'할 때까지 매수인은 계약금을 포기하고 매도인은 계약금의 배액을 상환하면서 계약을 해제할 수 있다고 정하고 있다.

민법에서는 계약금 해제의 시점을 '당사자 일방이 이행에 착수'할 때까지로 제한하고 있는데, 위 민법에서 말하는 '이행의 착수'가 도대체 어느 시점인지 알아 두어야 한다. 이에 관해서는 항을 바꿔서 상세히 알아보도록 하겠다.

(3) '이행의 착수'에 관해

민법에서는 해약금 해제를 당사자 일방이 이행에 착수에 이를 때까지 할 수 있다고 정하고 있는데, 위 이행의 착수에 관해서는 대법원에서 아래 〈표〉와 같이 "객관적으로 외부에서 인식할 수 있는 정도로 채무의 이행행위의 일부를 하거나 또는 이행을 하기 위하여 필요한 전제행위를 하는 경우"라고 판단하고 있다.

이행의 착수의 대표적인 예로 매수인의 중도금 지급을 들 수 있다. 즉,

매수인이 매도인에게 중도금을 지급했다면 이행의 착수에 이른 것에 해당하여 매도인과 매수인은 계약금 해제를 할 수 없게 된다. 위 내용은 본서에서의 중도금의 숨겨진 법률효과와도 관련이 있는데, 자세한 내용은 '6. 중도금의 숨겨진 법률효과'에서 다루도록 하겠다.

-대법원 2002. 11. 26. 선고 2002다46492 판결 [소유권이전등기절차이행]-

매도인이 민법 제565조에 의하여 계약금의 배액을 상환하고 계약을 해제하려면 매수인이 이행에 착수할 때까지 하여야 할 것인바, 여기에서 이행에 착수한다는 것은 객관적으로 외부에서 인식할 수 있는 정도로 채무의 이행행위의 일부를 하거나 또는 이행을 하기 위하여 필요한 전제행위를 하는 경우를 말하는 것으로서, 단순히 이행의 준비를 하는 것만으로는 부족하나 반드시 계약내용에 들어맞는 이행의 제공의 정도에까지 이르러야 하는 것은 아니라 할 것이고, 그와 같은 경우에 이행기의 약정이 있다 하더라도 당사자가 채무의 이행기 전에는 착수하지 아니하기로 하는 특약을 하는 등 특별한 사정이 없는 한 그 이행기 전에 이행에 착수할 수도 있다.

다. 계약금의 위약금 성격에 관해서

(1) 위약금이란?

부동산 매매계약을 포함하여 매매계약이 성립된다고 하더라도 계약상의 의무위반에 관하여 아무런 제재가 없다면 계약상의 의무 이행을 기대하기 어려울 것이다. 또한, 계약의 당사자 일방이 계약상의 의무를 위반한 경우 상대방은 위 계약상 의무위반에 따른 손해배상을 청구할 수 있다고 할 것이다.

그런데, 손해배상을 청구하는 자는 자신에게 손해가 발생했다는 사실, 손해가 발생한 금액, 상대방의 의무불이행과 손해발생 사이의 인과관계 등에 관해 입증 책임을 부담하는데 위와 같은 입증이 쉽지 않은 경우가 많다. 실제 손해배상을 구하는 소송에서는 실제 손해는 발생했으나 해당 손해의 발생 및 금액, 인과관계 등을 입증하지 못해 소송에서 억울하게 패소하는 경우도 종종 발생한다.

위와 같은 상황을 방지하기 위해서 계약당사자 간의 계약이행을 보장하고 의무위반 발생 시 손해배상 금액 산정의 어려움을 해결하기 위해 계약을 위반했을 때 위반한 당사자가 상대방에게 지급해야 하는 일정한 금액 즉 '위약금' 규정을 정하는 경우가 있다.

위와 같이 매매계약 당사자 사이에 위약금을 정하게 되면 계약의무위반으로 인한 손해액을 입증하지 않더라도 위 위약금 금액의 손해가 발생한 것으로 추정되어 손해배상을 청구하는 자는 입증 책임의 부담을 덜 수 있다. 다만, 손해배상을 청구하는 자는 상대방의 계약의무위반 사실에 관해서는 입증할 책임을 부담한다.

위약금으로 정하는 금액은 해당 매매계약의 목적물인 부동산의 종류, 매매대금의 규모 등에 따라 다르기 때문에 일률적으로 말하기 어려우나 통상적으로 매매계약서에 기재된 총 매매대금의 10~20%가량을 계약금으로 정하는 경우가 많다. 매매계약서에 계약금을 위약금으로 한다고 정했다면 위 계약금은 위약금이 된다.

(2) 민법의 규정

민법에서는 아래 〈표〉와 같이 위약금의 약정은 손해배상액의 예정으로 추정한다고 정하고 있다. 민법에서 사용하는 단어가 결코 이해하기 쉽지 않기 때문에 위 조문이 어떤 의미인지, 손해배상예정액은 무슨 뜻인지 선뜻 이해가 가지 않을 수 있다. 그러나, 부동산 투자 · 거래를 하는 자들은 반드시 알아야 하는 내용이다.

제398조(배상액의 예정)

① 당사자는 채무불이행에 관한 손해배상액을 예정할 수 있다.

② 손해배상의 예정액이 부당히 과다한 경우에는 법원은 적당히 감액할 수 있다.

③ 손해배상액의 예정은 이행의 청구나 계약의 해제에 영향을 미치지 아니한다.

④ 위약금의 약정은 손해배상액의 예정으로 추정한다.

(3) 계약서의 기재된 예

위 위약금 조항은 대개 부동산 매매계약서의 특약사항으로 "일방의 계약 해제 또는 계약위반 시 그 손해배상으로 매도인은 계약금으로 두 배를 위약금으로 지급하고, 매수인은 계약금을 위약금으로 지급한다."고 위약금 조항을 정하고 있다.

위와 같은 규정을 두게 되면 당사자 일방이 계약서상 기재한 자신의 의무 (예 : 매수인의 중도금, 잔금지급 지연 등의 의무위반, 매도인의 명도지연, 소유권이전등기 협력의무위반 등)를 위반한 경우 위약금을 지급해야 하는 책임을 부담할 수 있다.

본서 말미에 첨부한 '[별지1]'은 실무상 많이 사용하는 부동산매매계약서 형식인데, 위 매매계약서에는 위약금 조항이 없다. 이에 부동산 매매계약서 작성 시 위약금 조항은 당사자 일방의 요구로 특약사항으로 정하는데, 위약금의 의미를 정확히 알고 특히 특약사항에 위 위약금 규정을 기재하는

지 여부를 유의 깊게 살펴봐야 한다.

만약, 거래 상대방의 의무 이행을 신뢰하기 어려운 반면에 자신의 의무 이행은 문제가 발생할 가능성이 거의 없다면 적극적으로 위약금 조항을 넣는 것을 고려해야 한다. 위와 반대의 상황에서는 위약금 조항을 넣는 것에 신중해야 한다.

부동산 거래에 있어서 공인중개사가 있는 경우 공인중개사가 알아서 매매계약서를 작성할 것이라고 생각하고, 계약서의 기재 내용 자체를 보지 않는 경우가 있는데, 절대 하지 말아야 할 행동이다.

부동산 전문가인 공인중개사는 매매계약서에 위약금 조항을 기재하면 해당 내용을 매도인 또는 매수인에게 알려 주고 설명하는 방법으로 중개사의 책임을 다하게 된다.

당사자가 위약금 조항이 필요하다고 생각된다면 적극적으로 공인중개사에게 위약금 규정을 기재해 줄 것을 요구하거나, 반대로 위약금 조항이 없는 것이 유리하다고 생각된다면 이에 대해 적극적인 의사표현을 해야 한다.

매매계약의 당사자가 위와 같은 공인중개사의 위약금 규정 기재 여부에 관한 설명에도 불구하고 해당 규정의 내용을 이해하지 못하고 추후 계약상 의무위반으로 인해 계약금에 상당하는 위약금을 부담하게 된다고 하더라도 이를 두고 공인중개사에게 위 위약금 규정을 기재한 것에 대한 책임을 물을 수 없다. 따라서, 매매계약의 당사자가 반드시 위약금 조항의 의미를 알고 해당 내용의 기재 여부를 확인해야 한다.

(4) 위약금의 감액

매수인이 아래 〈표〉와 같이 A아파트에 관해 매매대금 10억 원으로 정하고 2022. 5. 1.까지 중도금 4억 원을 지급하는 것으로 매매계약을 했는데, 예상하지 못한 사정이 생겨 중도금 4억 원을 위 날짜까지 지급하지 못했다고 가정해 보자.

> 매도인과 매수인은 2022. 3. 1. A아파트에 관해서 계약금 1억 원, 중도금 4억 원, 잔금 5억 원 총 매매대금 10억 원으로 정하고, 중도금은 2022. 5. 1. 지급하는 것으로 정하였다. 매수인은 중도금을 대출받아 지급할 예정이었으나, 급하게 지출할 내역이 있어 대출받은 금원을 사용하여 2022. 5. 1. 중도금을 지급하지 못했다.

위 사례에서 매도인은 매수인의 중도금 미지급을 이유로 계약을 해제하려고 할 것이고, 이에 따라 위약금으로 정한 계약금 1억은 몰취된다고 할 것이다. 매수인의 입장에서 중도금 지급일을 위반한 것은 잘못이라고 할지라도 1억 원이라는 거액을 몰취당한다는 것이 억울할 수도 있을 것이다.

이에 우리 민법에서는 아래 〈표〉와 같이 위약금(손해배상의 예정액)이 부당히 과다한 경우에는 법원이 적당히 감액할 수 있다고 정하고 있다.

-민법-

제398조(배상액의 예정)

① 당사자는 채무불이행에 관한 손해배상액을 예정할 수 있다.

② 손해배상의 예정액이 부당히 과다한 경우에는 법원은 적당히 감액할 수 있다.

③ 손해배상액의 예정은 이행의 청구나 계약의 해제에 영향을 미치지 아니한다.

④ 위약금의 약정은 손해배상액의 예정으로 추정한다.

다만, 법원에서는 아래 〈표〉와 같이 위약금이 총 매매계금의 10% 정도에 불과하다면 이를 부당하게 과다하다고 보지 않는다. 아래 〈표〉의 대법원 판결은 1991년의 판결로 983,000,000원의 부동산 매매계약에 있어서 위약금으로 90,000,000원으로 정한 것이 부당하게 과다하다고 보지 않고 있다.

현재, 다수의 하급심에서도 매매대금의 5~10% 사이에 정한 위약금을 부당하게 과다하다고 판단하지 않는다. 다만, 부동산 매매계약에서 매매대금의 20% 이상으로 위약금을 정한 경우 재판부에서 다양한 제반 사정을 고려하여 사안에 따라 부당하게 과한 위약금으로 판단하여 감액하는 판결을 하는 경우가 있다.

-대법원 1991. 3. 27. 선고 90다14478 판결 [위약금]-

가. 민법 제398조 제2항에 의하여 법원이 예정액을 감액할 수 있는 "부당히 과다한 경우"라 함은 손해가 없다든가 손해액이 예정액보다 적다는 것만으로는 부족하고, 계약자의 경제적 지위, 계약의 목적, 손해배상액예정의 경위 및 거래관행 기타 제반사정을 고려하여 그와 같은 예정액의 지급이 경제적 약자의 지위에 있는 채무자에게 부당한 압박을 가하여 공정성을 잃는 결과를 초래한다고 인정되는 경우를 뜻하는 것으로 보아야 한다.

나. 대금 983,000,000원의 부동산매매계약에 있어 약정된 손해배상의 예정액 금 90,000,000원이 부당히 과다하다 하여 감액한 원심판결을 그 법리오해와 심리미진의 위법이 있다 하여 파기한 사례

(5) 위약금 작성의 중요성

앞서 살펴본 바와 같이 매매계약서에서 위약금을 정하게 되면 위약금 조항은 계약당사자의 의무 이행을 담보하는 역할을 한다. 그러나, 위약금이 부동산 매매계약 상대방의 의무 이행을 담보하기도 하지만, 반대로 자신이 계약상의 의무를 위반하게 되면 위약금에 해당하는 금액을 지급해야 하기 때문에 자신의 의무를 이행할 수 있는지를 반드시 확인하고 위약금 규정을 작성해야 한다.

-위약금 관련 포인트-

- 부동산 매매계약서에서 계약금을 위약금으로 정한다고 기재해야 계약금은 위약금의 성격을 가지게 된다.
- 위약금은 부동산 거래당사자의 의무 이행을 담보하는 역할을 한다.
- 위약금은 여러 제반 사정을 고려해서 법원에서 감액할 수 있다. 다만, 위약금을 매매대금의 10% 정도로 정했다면 추후 감액되기 어렵다.

6.
중도금의 숨겨진 법률효과

· · · · · ·

가. 중도금이란?

중도금은 계약금과 잔금 사이에 지급하는 금원으로 최근에는 부동산 매매에 있어서 중도금의 지급을 정하지 않고 계약금과 잔금으로 정하는 경우가 있다. 경우에 따라 매도인과 매수인에게 유불리가 다르기 때문에 중도금의 법적인 성격을 반드시 이해하고 필요에 따라 중도금을 정할 것인지 아니면 생략할 것인지를 결정해야 한다.

결론적으로, 부동산 가격이 가파르게 오르는 시기에 매수인의 입장에서 매도인이 중도금을 생략하자고 하여 임의대로 생략했다가는 손해를 입을 수 있다. 후술하는 중도금에 대해서 이해가 잘되지 않는다면 부동산 매매계약서를 작성하기 전에 필자를 포함한 부동산 전문가에게 매매계약서에 중도금을 기재할지 여부에 관해서 반드시 상의를 할 것을 권한다.

나. 중도금의 법적인 의미

매수인이 매도인에게 중도금을 지급한다는 것은 매매계약에서 '이행의 착수'에 이르렀다는 의미이다. 앞서 계약금에서 살펴보았듯이 매수인이 계약금을 포기하거나 매도인이 계약금 배액을 지급하면서 할 수 있는 계약금 해제는 당사자 일방이 '이행의 착수에 이르기 전'까지만 할 수 있는데, 중도금의 지급이 대표적인 '매수인의 이행 착수'에 해당한다.

매수인이 중도금을 지급했다면 특별한 약정이 없는 한 매도인과 매수인은 계약을 해제할 수 없다. 또한, 매도인이 매수인으로부터 중도금을 받았음에도 불구하고 더 많은 매매대금의 지급을 약속하는 다른 매수인과 매매계약을 체결하게 되면 이는 형사상 '배임죄'에 해당하게 된다.

위와 같이 매수인의 중도금 지급은 매도인으로 하여금 매매계약을 해제할 수 없게 하는 효과가 있어 매도인이 기존 매수인이 아닌 다른 매수인과 계약을 체결할 수 없게 하는 강력한 제제의 효과가 있다.

간혹, 매도인이 매수인으로부터 중도금을 지급받았음에도 불구하고 기존의 매수인보다 더 높은 매매대금을 제시하는 새로운 매수인과 매매계약을 체결하고 기존의 매수인에게는 계약금의 두 배를 지급할 테니 매매계약을 해제하자고 제의하는 경우가 있다.

위와 같은 상황에서 매수인이 중도금의 의미를 이해하지 못하고 계약금 상당액의 이익이 발생한다고 생각해 매도인의 제안을 받아들이는 경우도 있다. 매수인은 부동산 가격이 상승하고 있는 시기라면 중도금까지 지급받은 매도인은 매매계약을 해제하기 어렵고 형사상 처벌도 된다는 점을 알고 매매계약을 해제할 수 없다는 의사를 표시해야 한다.

매수인의 중도금 지급은 매도인으로 하여금 계약상 의무의 이행을 강제하는 효과가 있기 때문에 이를 잘 활용할 필요가 있다. 후술하는 바와 같이 부동산 가격이 상승하는 경우와 하락하는 경우를 구분해서 매수인, 매도인 입장에서 중도금 지급 여부의 유불리를 판단할 수 있어야 한다.

※ 자주 하는 질문 – 중도금 지급과 합의해제

필자가 중도금을 지급하게 되면 매매계약의 당사자가 계약금을 포기하거나 계약금의 배액을 제공하더라도 계약의 해제를 할 수 없다고 설명하면 위 매매계약은 절대적으로 해제할 수 없다고 오해하는 경우가 있다. 중도금을 지급한 상황에서라도 매도인과 매수인이 합의로 계약을 해제하는 것은 언제든 가능하다는 점을 유의해야 한다. 위와 같은 해제를 '합의해제'라고 한다.

다. 부동산 가격이 상승하고 있는 경우와 중도금

매도인과 매수인 사이에 매매계약을 체결한 이후에도 부동산 가격이 계속해서 상승하고 있는 경우 매도인의 입장에서는 기존의 매수인보다 더 많은 매매대금을 지급하는 매수인과 매매계약을 체결하고 싶을 것이다.

이에 매도인은 기존의 매수인으로부터 받은 계약금의 두 배에 해당하는 금액을 매수인에게 지급하더라도 새로운 매수인과 매매계약을 체결하는 것이 더 유리하다고 판단한다면 계약금의 배액을 기존의 매수인에게 지급하고 계약을 해제하려고 할 것이다.

가령, 매도인 '갑'과 매수인 '을'이 A아파트에 관해서 매매대금 10억 원, 계약금 1억 원에 2020. 1. 1. 매매계약을 체결했는데, 이후 위 아파트 시세가 계속해서 상승해서 12억 원이 되어 다른 매수인 '병'이 매도인 '갑'에게 12억 원에 매도하라고 제의했다고 가정해 보자. 매도인 '갑'의 입장에서는 매수인 '을'로부터 받은 계약금 1억 원과 자신이 보유하고 있던 1억 원을 지급하고 매수인 '병'과 12억 원에 매매계약을 체결하게 되면 1억 원의 이익이 발생한다.

위 사례에서 매수인은 전략적으로 어떻게 해야 할까? 부동산 가격이 상승하는 상황인 경우 매수인은 매매계약서를 작성할 때 중도금을 지급한다고 정하고 하루빨리 중도금을 지급해서 매도인이 기존의 계약을 해제하고 제3의 매수인과 매매계약을 체결하는 것을 방지해야 한다.

또한, 대법원은 아래 〈표〉와 같이 "중도금의 지급 시기를 정했다고 하더라도 지급 시기 전에 중도금을 지급하지 않기로 정하지 않는 한 지급 시기 전에 지급할 수도 있다."고 정하고 있어 매수인의 입장에서는 매매계약서 상에 중도금의 지급 시기를 정했다고 하더라도 위 지급 시기보다 빨리 중도금을 지급하는 것이 좋다.

-대법원 2002. 11. 26. 선고 2002다46492 판결 [소유권이전등기절차이행]-

매도인이 민법 제565조에 의하여 계약금의 배액을 상환하고 계약을 해제하려면 매수인이 이행에 착수할 때까지 하여야 할 것인바, 여기에서 이행에 착수한다는 것은 객관적으로 외부에서 인식할 수 있는 정도로 채무의 이행행위의 일부를 하거나 또는 이행을 하기 위하여 필요한 전제행위를 하는 경우를 말하는 것으로서, 단순히 이행의 준비를 하는 것만으로는 부족하나 반드시 계약내용에 들어맞는 이행의 제공의 정도에까지 이르러야 하는 것은 아니라 할 것이고, <u>그와 같은 경우에 이행기의 약정이 있다 하더라도 당사자가 채무의 이행기 전에는 착수하지 아니하기로 하는 특약을 하는 등 특별한 사정이 없는 한 그 이행기 전에 이행에 착수할 수도 있다.</u>

참고로, 최근에 매수인이 매도인에게 중도금 중 극히 일부를 지급한 경우에 있어 이행에 착수에 이르지 않았다고 본 하급심 판결이 있었다. 해당 판결이 추후 대법원 판결에 어떠한 영향을 미칠지는 알 수 없으나, 아직은 하급심 판결이며 대법원 판결의 변경은 없다고 보이는바, 위 대법원 판결은 현재까지 유효하다고 생각된다.

라. 부동산 가격이 하락하고 있는 경우와 중도금

매도인과 매수인이 부동산 매매계약을 체결하고 난 후 계속해서 부동산 가격이 하락하는 경우 매수인의 입장에서는 매도인에게 지급한 계약금을 포기하더라도 위 매매계약을 해제하고 다른 매도인과 하락된 가격으로 새로운 매매계약을 체결하고 싶을 것이다.

가령, 매도인 '갑'과 매수인 '을'이 A아파트에 관해서 매매대금 10억 원, 계약금 1억 원에 2020. 1. 1. 매매계약을 체결했는데, 이후 위 아파트 시세가 계속해서 하락해서 8억 원이 되어 다른 매도인 '병'이 평수, 동, 층이 거의 비슷한 아파트를 8억 원에 매도한다고 가정해 보자. 매수인 '을'의 입장에서는 매도인 '갑'에게 지급한 계약금 1억 원을 포기하고 매매계약을 해제하고, 매도인 '병'과 매매대금 8억 원으로 아파트 매매계약을 체결하게 되더라도 최종적으로 1억 원의 이익을 얻게 된다.

부동산 가격이 하락하고 있는 경우에는 매수인은 중도금의 지급을 정하지 않거나 중도금 지급 시기를 매우 늦게 정하여 필요한 경우 계약금을 포기하고 계약을 해제할 수 있는 상황을 만들어야 큰 피해를 줄일 수 있다. 반대로, 매도인은 매수인으로부터 중도금을 지급받는 것이 유리하다고 할 것이다.

마. 중도금의 중요성

계약서에 중도금을 정하는 것에는 법적인 의미가 있다. 단순히 매수인이 매도인의 자금 사정을 고려하여 미리 매매대금의 일부를 주는 것이 아니다. 그럼에도 불구하고 중도금의 성격에 대한 고민 없이 매수인이 부동산 가격상승 시기에 중도금을 정하지 않는다든지, 부동산 가격이 하락 시기에 중도금을 미리 지급하는 등의 행동을 한다면 이는 막대한 손해로 이어지게 된다.

부동산 거래에 경험이 부족하거나 위와 같은 중도금의 법적 성격에 관해서 잘 이해가 되지 않는다면, 필자를 포함한 부동산 전문가에게 상의하고 부동산 매매계약서를 작성할 것을 권한다. 부동산 전문가에게 수십만 원의 상담료를 지불한다고 하더라도, 위 상담료 지급으로 수억 원의 손해를 방지할 수도 있는 것이다.

대한민국의 부동산 시장은 흡사 작은 전쟁터와 같다. 위와 같은 부동산 시장에서 부동산 거래 · 투자를 잘하고 부동산 시장의 변동에 따른 손해를 피하는 것은 누가 얼마나 많은 지식이 있고, 위와 같은 지식을 잘 활용하느냐에 따라 결정된다고 할 것이다.

-중도금 관련 포인트-

- 중도금의 지급은 계약금 해제를 할 수 없는 '당사자 일방의 이행 착수'의 대표적인 경우이다.
- 매도인이 매수인으로부터 중도금을 지급받았다면 기존의 매수인의 동의해 주거나 특별한 사정이 없는 한 기존의 매매계약을 해제하고 다른 매수인과 매매계약을 체결할 수 없다. 만약, 매도인이 다른 매수인과 매매계약을 체결한다면 형사상 처벌을 받을 수도 있다.

7.
잔금의 지급과 동시이행항변권

．．．．．．．

가. 서설

부동산의 매매대금은 계약금, 중도금, 잔금으로 지급되는데, 특별히 정해진 것은 없으나 대개는 계약금은 총 매매대금의 약 10%, 중도금은 총 매매대금의 약 20~30%, 잔금은 총 매매대금의 약 60~70%로 정하는 경우가 많다.

잔금은 계약금, 중도금에 비해서 상대적으로 큰 금액이며 부동산 매매계약서에서는 매수인의 잔금 지급의무는 매도인의 소유권이전등기에 필요한 서류교부 및 등기절차 협력의무와 동시이행관계로 정하고 있기 때문에 잔금이행의 중요성은 두말할 필요가 없다고 할 것이다.

대부분의 부동산 매매계약서에는 특별한 사정이 없는 한 아래 〈표〉와 같이 '매수인의 잔금 지급의무'와 '매도인의 소유권이전등기에 필요한 서류교부 및 등기절차에 협력할 의무'를 동시이행관계로 정하고 있다. 참고로, 동시이행관계란 서로의 의무 이행을 동시에 해야 한다는 것으로 나의 의무와 동시이행관계에 있는 상대방의 의무를 이행하지 않으면 나의 의무 이행을 거절할 수 있다는 것이다.

-별지1, 부동산 매매계약서-

제2조 (소유권 이전 등)
매도인은 매매대금의 잔금 수령과 동시에 매수인에게 소유권이
전등기에 필요한 모든 서류를 교부하고 등기절차에 협력하며, 위
부동산의 인도일은 OOOO년 OO월 OO일로 한다.

나. 잔금 미지급의 경우

(1) 동시이행관계

대부분의 매매계약서에는 잔금의 이행기일을 명시적으로 정하고 있다.
만약, 매수인이 잔금기일에 매도인에게 잔금을 지급하지 못하면 매도인은
소유권이전등기 협력의무를 이행하지 않아도 된다. 그러나, 매도인이 소유
권에 필요한 서류들을 매수인에게 현실적으로 제공하지 않으면 매수인은
이행지체에 빠지지 않게 된다.

위와 같은 법률적 관계를 이해하기 위해서는 매수인의 잔금지급의무와
매도인의 소유권이전등기 협력의무와는 동시이행관계에 있다는 것을 이해
할 필요가 있다. 위 동시이행관계에 관해서는 아래의 예시사례를 중심으로
설명하도록 하겠다.

가령, 매도인 '갑'과 매수인 '을'이 A아파트에 관해서 매매대금 10억 원, 계약금 1억 원, 중도금 3억 원, 잔금 6억 원으로 2020. 1. 1. 매매계약을 체결하였다. 매도인 '갑'은 2022. 3. 1. 잔금을 지급하면서 매수인 '을'로부터 소유권이전등기와 관련한 서류를 받기로 약정했는데 위 날짜에 잔금을 지급하지 못했다. 매매계약서에서는 매수인 '을'의 잔금지급의무와 매도인 '갑'의 소유권이전등기 협력의무를 동시이행관계로 정하였다.

동시이행관계에 관해서 민법은 아래 〈표〉와 같이 쌍무계약의 당사자 일방은 상대방이 그 채무이행을 제공할 때까지 자기의 채무이행을 거절할 수 있다고 정하고 있다.

-민법-

제536조(동시이행의 항변권)
① 쌍무계약의 당사자 일방은 상대방이 그 채무이행을 제공할 때까지 자기의 채무이행을 거절할 수 있다. 그러나 상대방의 채무가 변제기에 있지 아니하는 때에는 그러하지 아니하다.
② 당사자 일방이 상대방에게 먼저 이행하여야 할 경우에 상대방의 이행이 곤란할 현저한 사유가 있는 때에는 전항 본문과 같다.

위 예시사례에서의 매매계약에서 매수인 '을'의 잔금지급의무와 매도인

'갑'의 소유권이전등기 협력의무는 동시이행의 관계에 있다. 따라서 매수인 '을'이 잔금지급의무를 이행하지 않으면 매도인 '갑'은 소유권이전등기 협력의무 이행을 거절할 수 있다.

그렇다면, 매수인 '을'이 잔금일자에 잔금을 지급하지 못하였기 때문에 매도인 '갑'은 매수인 '을'의 채무불이행을 근거로 하여 매매계약을 해제할 수 있을까? 이에 관해서는 매매계약을 해제할 수 있는 해제권에 관해서 좀 더 알아볼 필요가 있다.

(2) 매매계약의 해제권의 종류

위 예시 사안에서 매도인 갑이 매매계약을 해제할 수 있는지 여부를 알기 위해서는 계약의 해제가 어떤 조건에서 할 수 있는지를 이해해야 한다. 민법에서 정하고 있는 계약해제는 크게 '합의해제' '약정해제' '법정해제'가 있다.

(3) 합의해제

'합의해제'는 계약의 당사자 간에 합의로 계약을 해제하는 것으로 계약서에 일정한 제한을 정하지 않는 한 별다른 제한 없이 계약을 해제할 수 있다. 다만, 실제 분쟁이 발생한 거래관계에서 당사자 간의 합의로 계약이 해제되지 않는 경우가 많기 때문에 후술하는 '약정해제' '법정해제'에 관한 이해가 반드시 필요하다.

(4) 약정해제

'약정해제'는 간단하게 말하면 매매계약서 등에 어떤 경우에 해제할 수 있는지를 정해 놓는 것이다. 가령, 위 예시 사안에서 "매수인 '을'이 잔금기일에 잔금을 지급하지 않으면 매도인 '갑'은 매매계약을 해제할 수 있다."라고 정한다면, 매수인 '을'이 잔금기일에 잔금을 지급하지 않으면 매도인 갑은 매매계약을 해제할 수 있는데, 이를 '약정해제권'이라고 한다. 즉, 매도인 '갑'은 매매계약서에 약정(기재)된 해제권을 행사하게 되는 것이다.

(5) 법정해제

'법정해제'는 민법에서 일정한 요건하에 계약을 해제할 수 있는 권리를 정하고 있는데, 위 요건에 부합되는 경우에 한해서 계약을 해제할 수 있는 것이다. 우리 민법에서는 대표적으로 아래 〈표〉와 같이 채무의 이행 지체 경우와 이행불능의 경우에 계약을 해제할 수 있다고 정하고 있다.

-민법-

제544조(이행지체와 해제)
당사자 일방이 그 채무를 이행하지 아니하는 때에는 상대방은 상당한 기간을 정하여 그 이행을 최고하고 그 기간 내에 이행하지 아니한 때에는 계약을 해제할 수 있다. 그러나 채무자가 미리 이행하지 아니할 의사를 표시한 경우에는 최고를 요하지 아니한다.

제546조(이행불능과 해제)
채무자의 책임 있는 사유로 이행이 불능하게 된 때에는 채권자는 계약을 해제할 수 있다.

위 예시 사안에서 매수인 '을'이 잔금지급일에 잔금을 지급하지 못한 것은 이행지체에 해당할 수는 있으나, 매수인 '을'이 추후 잔금을 이행할 가능성이 충분히 있기 때문에 특별한 사정이 없다면 잔금지급의무가 이행불능으로 보기는 어렵다.

그렇다면, 매도인 '갑'은 매수인 '을'의 이행 지체를 이유로 매매계약을 해제하기 위해서는 매매계약서에 특별한 규정을 정하고 있지 않다면 소유권이전에 필요한 서류를 현실적으로 제공을 하거나 잔금지급과 동시에 위 서류를 수령해 갈 것을 최고해야만 매수인 '을'의 이행지체를 이유로 매매계약을 해제할 수 있다.

-대법원 1992. 9. 22. 선고 91다25703 판결 [소유권이전등기]-

부동산 매매계약의 경우 매도인이 매수인을 이행지체에 빠뜨리기 위하여 해야 할 이행제공의 정도는 소유권이전등기에 필요한 서류 등을 준비하여 두되 이 서류 등을 현실적으로 제공할 필요까지는 없다 하더라도 매수인에게 그 뜻을 통지하고 잔금 지급과 아울러 이를 수령하여 갈 것을 최고함을 요한다.

(6) 매매계약서 작성의 중요성

만약, 위 예시사례에서 매도인 '갑'이 매매계약서에 "매수인 '을'이 잔금일자에 잔금을 이행하지 않으면 별도의 이행최고 없이 계약을 해제할 수 있다. 이 경우 계약금은 위약금으로 매도인 '갑'에게 귀속된다", 또는"매수인 '을'이 잔금일자에 잔금을 이행하지 않으면 별도의 조치 없이 매매계약은 자동으로 해제된다."라고 정했다고 가정해 보자.

위와 같은 내용을 매매계약서에 정했다면 매도인 '갑'은 매수인 '을'에 대해 이행의 최고 절차 없이도 계약을 해제시킬 수 있다고 할 것이며, 계약금을 위약금으로 몰취할 수 있다고 할 것이다. 계약서에 명확하게 계약해제 및 위약금에 관한 사항을 정하게 되면 추후 법적인 분쟁이 발생할 가능성을 방지할 수 있다.

위와 같은 매매계약서 기재의 효력을 알게 되면 본서에서 또는 상담 과정에서 필자가 왜 계약서 작성의 중요성을 수 없이 강조하는지 알 수 있을 것이다.

8.
등기사항전부증명서(등기부)
· · · · · ·

가. 등기사항전부증명서의 중요성

부동산 실거래에서 많은 사람이 소위 '부동산 등기부'라고 말하는 서류의 정확한 명칭은 '부동산 등기사항전부증명서'이다. 우리 민법은 소유권이전의 효력 발생에 관해서 "부동산의 소유권이전에 관해서 당사자 의사의 합치와 물권변동을 등기함으로써 소유권의 이전효력이 발생한다고 정하고 있다."라고 정하고 있어 등기사항전부증명서를 반드시 확인해야 하는 것이다.

물론, 민법에서는 예외적으로 '상속' '공용징수' '판결' '경매'의 경우에는 등기를 하지 않더라도 소유권을 취득하는 경우를 정하고 있으나, 위 사유에 해당하지 않는다면 원칙적으로 해당 물권변동(소유권의 이전 등)의 효과가 발생하기 위해서는 반드시 등기를 해야 한다.

-민법-

제186조(부동산물권변동의 효력)
부동산에 관한 법률행위로 인한 물권의 득실변경은 등기하여야 그 효력이 생긴다.

제187조(등기를 요하지 아니하는 부동산물권취득)
상속, 공용징수, 판결, 경매 기타 법률의 규정에 의한 부동산에 관한 물권의 취득은 등기를 요하지 아니한다. 그러나 등기를 하지 아니하면 이를 처분하지 못한다.

※ 쉬어 가는 상식 – 물권이란?

'물권'의 사전적인 의미는 특정한 물건을 직접 지배하여 이익을 얻을 수 있는 배타적인 권리로 그 종류에는 점유권, 소유권, 지상권, 지역권, 전세권, 유치권 등이 있다. 이에 반해 '채권'은 특정인이 다른 특정인에게 어떤 행위를 청구할 수 있는 권리이다.

부동산 거래에 있어서 매수인은 등기사항전부증명서를 발급받아 매도인 및 해당 부동산에 관한 여러 가지 사항을 확인할 수 있다. 구체적으로 해당

물건의 소유권자가 누구이며 등기부상 등록된 주소는 어디인지, 해당 부동산에 관해 가압류, 가처분, 근저당권 등의 제한 사유가 존재하는지, 해당 물건이 과거에 거래된 금액이 얼마인지 등 여러 사항을 확인할 수 있다.

부동산 투자 및 거래에 있어서 등기사항전부증명서 기재된 내용은 기본 중의 기본으로 확인해야 할 사항이다. 그러나, 많은 사람이 부동산에 투자하고 거래하면서도 정작 등기사항전부증명서를 보는 방법을 모르는 경우가 많다. 부동산 투자 및 거래에 있어서 등기사항전부증명서만 확인할 수 있어도 예측하지 못한 손해의 상당 부분을 방지할 수 있다고 할 것이다.

등기사항전부증명서를 이해하지 못하면서도 부동산을 거래·투자를 한다는 것은 정말 위험한 일이라 할 것이다. 본서에서 등기사항전부증명서를 발급 및 열람하는 방법, 소유권자를 확인하는 방법, 근저당권, 가압류, 가처분 사유가 존재하는지 확인하는 법에 관해서 설명하도록 하겠다. 반드시 본서에 기재된 내용만이라도 숙지하고 부동산 투자 및 거래에 임할 것을 권한다.

나. 등기사항전부증명서 발급 및 열람

등기사항전부증명서는 가까운 등기소에 가서 발급받을 수 있다. 최근에는 대한민국 법원 인터넷등기소 홈페이지(www.iros.go.kr)에서도 발급이 가능하기 때문에 온라인상에서 발급받는 경우가 많다. 다만, 신탁원부나 폐쇄등기부 등의 경우에는 등기소에 직접 방문하여 발급해야 할 수도 있다는 점을 유의해야 한다.

〈대한민국 법원 인터넷 등기소〉

다. 등기사항전부증명서 해석하는 방법

(1) 표제부

부동산 등기사항전부증명서는 '표제부' '갑구' '을구'로 나뉘어 있다. '표제부'는 해당 부동산의 소재지번, 건물 명칭, 건물 번호, 대지권 등이 표시되어 있다. 위 표제부를 확인함으로써 해당 부동산의 내역에 관해서 알 수 있다.

(2) 갑구

등기사항전부증명서에서 '갑'구는 소유권에 관한 사항을 표시한다. 갑구를 확인함으로써 해당 부동산의 과거 및 현재의 소유권자를 확인할 수 있다. 2005년경 이후 거래된 경우 해당 부동산의 실거래가액이 표시되기도 하고 나아가, 해당 부동산에 관해 신탁 여부, 가압류 또는 처분금지가처분 결정이 있는지, 가등기가 존재하는지 등을 확인할 수 있다.

〈등기사항전부증명서 예시〉

순위 번호	등기 목적	접수	등기 원인	권리자 및 기타사항
[갑구] (소유권에 관한 사항)				
5	소유권이전	2018. 3. 1.	2018. 2. 1. 매매	소유자 갑 서울 OOO OOO
6	소유권이전	2019. 3. 1.	2019. 2. 1. 매매	소유자 을 서울 OOO OOO
7	가압류	2020. 4. 1.	2020. 1. 1. 서울중앙지방 법원 가압류 결정 (2020카단1234)	청구금액 금 100,000,000 채권자 병 서울 OOO OOO

등기사항전부증명서 '갑구'에 위 예시처럼 기재되어 있다고 가정해 보자. 위 등기사항전부증명서를 확인함으로써 현재 부동산의 소유자는 '을'이며 '을'은 기존의 소유자인 '갑'과 2019. 2. 1. 매매계약을 체결하고 2019. 3. 1. 소유권이전등기를 경료함으로써 소유권을 취득한 사실을 알 수 있다.

나아가, 가압류 채권자인 '병'은 2020. 1. 1. 현재 소유자 '을'을 상대로 청구금액 100,000,000원으로 하는 서울중앙지방법원 가압류 결정(사건번호 : 2020카단1234)을 받은 사실을 확인할 수 있다.

※ 쉬어 가는 상식 – 등기사항전부증명서상 부동산 거래가액의 표시

부동산등기법에서는 아래 〈표〉와 같이 부동산 매매계약을 등기원인으로 한 소유권이전등기를 하는 경우에 등기사항전부증명서에 그 거래가액을 기록해야 한다고 정하고 있다. 위 제도는 과거 노무현 정권에서 2005년경 도입한 것으로 당시 부동산 시장이 과열되어 이를 규제하기 위한 방편으로 도입되었다.

-부동산등기법-

제68조(거래가액의 등기)

등기관이 「부동산 거래신고 등에 관한 법률」 제3조제1항에서 정하는 계약을 등기원인으로 한 소유권이전등기를 하는 경우에는 대법원규칙으로 정하는 바에 따라 거래가액을 기록한다

---

(3) 을구

등기사항전부증명서에서 '을구'는 소유권 이외의 사항을 표시한다. 을구를 확인함으로써 해당 부동산의 과거 및 현재의 저당권 · 근저당권 등의 설정, 말소 내역 등을 확인할 수 있다.

〈등기사항전부증명서 예시〉

\[을구] (소유권 이외의 권리에 관한 사항)				
순위 번호	등기 목적	접수	등기 원인	권리자 및 기타사항
6	근저당권설정	2020. 2. 15. 제12345호	2020. 2. 1. 설정계약	채권최고액 100,000,000원 채무자 갑 서울 ○○○ ○○○ 근저당권자 정 서울 ○○○ ○○○

위 예시 등기사항전부증명서를 살펴보면 위 부동산에 관해서 2020. 2. 1. 채무자 '갑'과 근저당권자 '정' 사이에 채권최고액 100,000,000원으로 하는 근저당권설정계약을 체결하였고, 이후 2020. 2. 15. 근저당권설정등기를 경료한 사실을 알 수 있다.

해당 부동산의 소유자와 근저당권 채무자가 다를 수 있는데, 근저당권설정등기를 확인하면서 채무자의 이름과 해당 부동산 등기사항전부증명서의 갑구에 소유권자를 비교하여 부동산의 소유자가 근저당권 채무자인지 아니면 물상보증인인지를 확인할 수 있다.

위 예시에서 부동산의 소유권자가 '병'인데 '갑'의 '정'에 대한 채무에 대해 자신의 부동산을 담보로 제공하는 경우 부동산의 소유자와 근저당권의 채무자가 다르며 위와 같은 경우를 '물상보증'이라고 하며, 타인의 채무를 위해 자기 재산을 담보로 제공한 '병'을 물상보증인이라고 한다.

※ 쉬어 가는 상식 – 물상보증

'물상보증'이란 타인의 채무를 보증하기 위해 자기 소유의 재산을 채권자에게 담보로 제공하는 것을 말한다. 위와 같이 물상보증을 서는 사람을 '물상보증인'이라고 한다. 위 예시사례에서 채무자 '갑'이 해당 부동산의 소유권자가 아니라 '병'이 소유권자라면 위 '병'은 채무자 '갑'의 채권자 '정'에게 자신의 소유부동산을 담보로 제공한 것이고 위 '병'은 물상보증인이다.

라. 부동산 종합증명서

부동산 거래 및 투자를 한다면 위 등기사항전부증명서 외에도 부동산에

관한 정보가 담긴 토지 · 건축물대장, 지적도, 토지이용계획확인서를 발급
하는 방법, 기재된 내용을 이해하는 방법 등을 알아 두면 좋을 것이다. 기
존에는 토지 · 건축물대장, 지적도, 토지이용계획서 등의 부동산 서류를 개
별적으로 발급받아야 하는 번거로움이 있었다.

그러나, 2015년경부터 정부에서 '일사편리'라는 홈페이지(kras.go.kr)를 운
영하고 있는데, 해당 홈페이지에서 부동산종합증명서를 발급받을 수 있다.
부동산종합증명서에는 토지, 건축물의 소유자 현황, 토지이용계획도면, 토
지이용계획 등을 종합적으로 확인할 수 있다.

〈일사편리 부동산 통합민원 홈페이지〉

9.
부동산에 대한 가압류 결정

가. 서설

부동산 거래를 하다 보면 등기사항전부증명서상에 가압류와 가처분이 표시된 내역을 한 번쯤을 보았을 것이다. 물론, 법률 전문가가 아니라면 가압류 및 가처분이 무슨 뜻이며 어떤 법률효과가 있는 것인지, 가압류와 가처분의 차이점이 무엇인지 명확히 알 필요는 없다.

다만, 위와 같은 가압류와 가처분이 기재되어 있다면 위 가압류 및 가처분으로 인해 부동산 거래에 예상하지 못한 문제가 발생할 수 있다는 사실을 알고 필자를 포함한 부동산 전문 변호사와 반드시 상의해서 부동산 투자ㆍ거래를 할 것을 권한다.

참고로, 본서에 기재된 부동산 가압류, 가처분에 대한 내용만 숙지한다고 하더라도 부동산 거래에서 큰 낭패를 피할 수 있을 것이다.

나. 가압류란?

가압류의 정의에 관해서는 민사집행법에서 "금전채권이나 금전으로 환산할 수 있는 채권에 대하여 부동산에 대한 강제집행을 보전하기 위해 할 수 있다."라고 정의하고 있다. 또한, 위 법에서는 부동산에 대한 가압류 결정이 있게 되면 등기부에 기재하게 된다고 정하고 있다.

-민사집행법-

제276조(가압류의 목적)
① 가압류는 금전채권이나 금전으로 환산할 수 있는 채권에 대하여 동산 또는 부동산에 대한 강제집행을 보전하기 위하여 할 수 있다.

제293조(부동산가압류집행)
① 부동산에 대한 가압류의 집행은 가압류재판에 관한 사항을 등기부에 기입하여야 한다.
② 제1항의 집행법원은 가압류재판을 한 법원으로 한다.
③ 가압류등기는 법원사무관등이 촉탁한다.

다. 가압류 결정된 부동산의 위험성

법조문만 보면 이게 무슨 뜻인지 잘 이해가 되지 않을 수 있다. 이해하기 쉽게 예시를 들어 설명해 보자면 채권자 '갑'이 2022. 1. 1. 채무자 '을'에게 5,000만 원을 빌려줬고 이에 별다른 재산 없이 부동산 하나만 소유하고 있는 채무자 '을'이 위 5,000만 원에 관해 2022. 3. 1.까지 변제하겠다고 차용증서를 작성해 주었는데, 채무자 '을'이 2022. 3. 1.까지 위 5,000만 원을 변제하지 않았다고 가정해 보자.

채권자 '갑'은 채무자 '을'에게 차용해 준 돈을 받기 위해서는 채무자 '을'을 상대로 민사소송을 제기하여 채무자 '을'이 채권자 '갑'에게 5,000만 원을 변제하라는 내용의 판결을 받아 위 판결문을 기초로 하여 채무자 '을'의 재산에 관하여 압류 및 강제경매 신청 등의 강제집행 절차를 진행해야 한다.

그런데, 만약 채무자 '을'이 채권자 '갑'이 위와 같은 소송을 제기할 것을 예상하고 자신이 소유하고 있던 부동산을 처분하게 되면 채권자 '갑'은 재판에서 승소하더라도 강제집행할 대상이 없어지게 된다.

물론, 채권자 '갑'이 채무자 '을'의 위와 같은 재산처분행위에 관해 사해행위취소소송 등을 제기하여 처분행위를 취소할 수도 있다고 할 것이나 별개의 소송을 제기해야 하고 상당한 시간이 걸리기 때문에 본서에서는 위 사해행위취소소송은 별론으로 하고 기술하겠다.

이에 채권자 '갑'은 소송을 제기하기 전에 채무자 '을'소유의 부동산에 대하여 가압류 신청을 할 수 있고, 법원에서 가압류 결정이 있게 되면 위 주택의 등기사항전부증명서에 아래 〈표〉와 같이 가압류 결정이 등기되게 된다.

[갑구] (소유권에 관한 사항)				
순위 번호	등기 목적	접수	등기 원인	권리자 및 기타사항
1	소유권이전	2020. 1. 1.	2019. 12. 1. 매매	소유자 을 서울 강남구 OOO 거래가액 700,000,000
2	가압류	2022. 5. 1.	2022. 4. 1. 서울중앙 지방법원 (2022카단1234)	청구금액 금 50,000,000원 채권자 갑 서울 강남구 OOO

참고로, 위 등기사항전부증명서 갑구를 확인하면, 소유자 '을'은 위 부동산을 2019. 12. 1. 매매대금을 700,000,000원으로 하는 매매계약을 체결하였고 이후 2020. 1. 1. 소유권이전등기를 경료함으로써 소유권을 취득한 사실을 알 수 있다.

또한, 위 소유권자 '을'에 대한 채권자 '갑'은 서울중앙지방법원에 2022. 4. 1. 청구금액 50,000,000원으로 하는 가압류 결정(서울중앙지방법원, 2022카단1234)을 받았고 이에 2022. 5. 1. 가압류 등기가 경료된 사실을 알 수 있다.

가압류 결정이 된 부동산을 매수하게 되면 매수인은 위 가압류 결정된 상태에서의 부동산을 매수하게 된다. 추후 채권자 '갑'은 위 본안판결을 얻어 위 가압류 결정을 압류 결정으로 변경할 수 있고 경매를 신청할 수도 있다.

위와 같은 상황에서 새로운 소유자 '병'은 위 경매 진행을 막기 위해서 위 채무를 변제해야 하는 경우가 발생하고, 위 채무 변제한 금액에 대해서 채무자 '을'에 대해서 구상금 청구해야 하는 복잡한 법률관계가 진행될 수 있다.

설상가상으로 새 부동산 소유자인 '병'이 가압류된 피담보채무 5,000만 원을 변제했으나, 채무자 '을'에게 별다른 재산이 없다면 위 '병'은 채무자 '을'을 상대로 구상금 청구소송에서 승소하더라도 아무런 강제집행을 할 수 없어 최종적으로 타인의 5,000만 원의 채무를 아무런 대가 없이 변제하게 되고 결국 매매계약상의 매매대금보다 5,000만 원 이상을 더 주고 부동산을 매입하게 된 결과가 된다.

라. 가압류 결정이 있는 부동산 거래 시 신중할 것

가압류 결정이 기재된 부동산을 별다른 조치 없이 매수하게 되면 매수인은 위와 같은 위험을 부담할 수 있다. 만약, 가압류 결정된 부동산을 매수해야 한다면 기존의 부동산 소유자로부터 가압류 신청서, 가압류 결정문 등을 입수하여 가압류 결정이 된 경위가 무엇인지 그 상세한 내역을 반드시 확인하고, 해당 금액을 매매대금에서 미리 공제하는 등 만일의 사태에 대비해야 한다.

> 매도인 '갑'의 부동산에 관해서 매수인 '을'이 5억원에 매매계약을 체결하는 과정에서 채권자 '병'이 청구채권 5,000만원에 관한 가압류결정이 되었고 부동산 등기사항전부증명서에 기재되어 있다고 가정해 보자.

위 예시사례에서와 같이 매매대금에서 미리 가압류 피보전채권을 공제하게 되면 추후 매수인 '을'이 위 가압류 피보전채권 5,000만 원을 변제하더라도 무자력인 매도인 '갑'에게 구상권을 행사하기 어려운 상황에 빠지는 것을 방지할 수 있다. 즉, 위 예시사례에서 '을'은 매매대금을 4억 5,000만 원으로 기재하고 가압류 된 내역을 매수인이 변제하는 것으로 정하는 것이 복잡한 법률관계를 방지하는 한 가지 방법이 되는 것이다.

마. 가압류 결정이 취소된 후 부동산 거래할 것

만약, 위와 같은 가압류 제도에 대해서 제대로 이해하지 못했지만 가압류 된 부동산을 반드시 매수해야 하는 상황이 발생한다면, 매수인은 매도인으로 하여금 해당 가압류를 언제까지 말소할 것을 요구하고, 등기사항전부증명서상 가압류 결정이 삭제된 내역을 확인하고 부동산 거래를 하는 것이 좋다.

가압류 결정문에는 가압류 결정에 대해서 법원에 해방공탁금을 제공하는 방법으로 가압류의 집행을 정지하거나 가압류를 취소할 수 있다고 정하고 있다. 가압류 채무자는 위 공탁금액을 공탁하는 방법으로 가압류의 집행을 정지하거나 가압류를 취소할 수 있다고 할 것인바, 만약 채무자가 가압류를 취소하지 못한다고 항변한다면 이는 가압류 취소에 대한 의지가 없는 경우이거나 충분한 자력이 없는 경우라고 할 것이다.

-민사집행법-

제282조(가압류해방금액)
가압류명령에는 가압류의 집행을 정지시키거나 집행한 가압류를
취소시키기 위하여 채무자가 공탁할 금액을 적어야 한다

바. 법원의 가압류 결정문의 예시

법원의 가압류 결정문은 아래 〈표〉와 같다. 아래 가압류 결정문을 보면 채권자 '갑'은 채무자 '을'을 상대로 대여금 채권 50,000,000원을 주장하며 서울중앙지방법원에 채무자 '을' 소유의 별지 목록 기재 부동산에 관하여 부동산가압류 신청을 하였다.

이에 위 법원에서는 채권자 '갑'의 위 부동산에 대한 가압류 신청을 인용하면서 채무자 '을'이 위 50,000,000원을 법원에 공탁한다면 가압류의 집행정지 또는 그 취소를 신청할 수 있다고 정하고 있다.

서울중앙지방법원

결정

사건	2022카단1234 부동산가압류
채권자	갑
	서울 ○○구 ○○○ ○○○
채무자	을
	서울 ○○구 ○○○ ○○○

주문

채무자 소유의 별지 기재 부동산을 가압류한다.

채무자는 다음 청구금액을 공탁하고 집행정지 또는 그 취소를 신청할 수 있다.

청구채권의 내용 대여금 채권

청구금액 금 50,000,000원

이유

이 사건 부동산가압류 신청은 이유 있으므로...

··· 중략 ···

위와 같은 법원의 채무자 '을' 소유의 부동산에 대한 가압류 결정이 있게 되면, 위 부동산의 등기사항전부증명서상 갑구에는 아래 〈표〉와 같이 가압류결정등기가 경료하게 된다.

참고로, 민사집행법에서는 "부동산에 대한 가압류의 집행은 가압류 재판에 관한 사항을 등기부에 기입하여야 한다. 가압류 등기는 법원사무관등이 촉탁한다."고 정하고 있다.

[갑구] (소유권에 관한 사항)				
순위 번호	등기 목적	접수	등기 원인	권리자 및 기타사항
1	소유권이전	2020. 1. 1.	2019. 12. 1. 매매	소유자 을 서울 강남구 OOO 거래가액 700,000,000
2	가압류	2022. 5. 1.	2022. 4. 1. 서울중앙 지방법원 (2022카단1234)	청구금액 금 50,000,000원 채권자 갑 서울 강남구 OOO

사. 가압류 관련 유의점

(1) 여러 차례 등기사항전부증명서를 확인할 것

필자가 부동산등기사항전부증명서상 갑구에서 가압류 된 사실을 확인할수 있다고 설명하였다. 그러나, 민사집행법에서는 아래 〈표〉와 같이 부동산 가압류집행에 관해서 "가압류등기는 법원사무관등이 촉탁한다." 정하고 있어 법원에서 가압류 결정이 되고 실제 부동산 등기부상 가압류 등기까지 어느 정도 시일이 걸린다는 사실을 알 수 있다.

-민사집행법-

제293조(부동산가압류집행)
① 부동산에 대한 가압류의 집행은 가압류재판에 관한 사항을 등기부에 기입하여야 한다.
② 제1항의 집행법원은 가압류재판을 한 법원으로 한다.
③ 가압류등기는 법원사무관등이 촉탁한다.

부동산 거래 및 투자를 하는 경우에 매도인이 제시하는 등기사항전부증명서를 그대로 믿으면 안 되고, 매수인 측에서 직접 발급날짜를 달리하면서 여러 차례 등기사항전부증명서를 발급받아 확인할 필요가 있는 것이다.

(2) 임시적인 조치인 가압류

민사집행법에서의 가압류는 말 그대로 본안의 집행보전을 위한 임시적인 조치인 '가(假)'압류이다. 따라서, 채권자가 채무자를 상대로 한 가압류 신청이 법원에서 인용되어 가압류 결정이 되었다고 하더라도 채권자 주장하는 채권이 본안에서 그대로 인정된다고 볼 수 없다. 채권자의 가압류 신청이 인용되었으나, 추후 법원의 본안 재판에서는 채권자의 채권이 인정되지 않는 경우도 많다.

채권자의 주장이 인정되어 가압류 결정이 되었다고 하더라도 무조건적으로 채권자가 주장하는 채권의 존재, 금액이 본안소송에서 인정된다고 생각해서는 안 된다. 또한, 채권자가 가압류신청서에 기재된 청구금액보다 더 많은 금액을 본안에서 청구할 수도 있고 반대의 경우도 있을 수 있다.

따라서, 가압류 결정된 부동산을 매수하는 입장에서는 안전한 부동산 거래를 위해서 보수적으로 가압류 결정된 내용 또는 그 이상으로 본안판결이 날 수도 있다고 생각하고 거래에 임해야 한다. 물론, 본안판결에서 가압류 결정된 청구금액 이상으로 판결된다고 하더라도 매수인이 해당 내역을 모두 인수한다고 볼 수는 없으나 본안판결과 가압류 결정문상의 청구금액은 다를 수 있다는 점은 알아둬야 한다.

(3) 가압류설정등기와 매매계약의 해제

대법원 판결에 의하면 매매계약서에 별도의 특별한 규정을 두지 않는한, 매매목적물인 부동산에 근저당권설정등기나 가압류 등기가 있는 경우에 매도인으로서는 위 근저당권설정등기나 가압류 등기를 말소하여 매수인에게 완전한 소유권이전등기를 해 주어야 할 의무를 부담한다.

다만, 매도인이 위 근저당권설정등기나 가압류 등기를 말소하지 않았다고 하더라도 매도인이 위와 같은 근저당권설정등기나 가압류 등기의 말소의무를 이행하지 않겠다고 의사표시를 하지 않는 한 매수인이 위와 같은 이유만으로는 매도인의 소유권이전등기 의무가 이행불능에 해당한다고 볼 수 없기 때문에 매매계약을 해제할 수 없다.

따라서, 매수인이 매매계약을 해제하기 위해서는 매수인이 매도인에게 상당한 기간을 정하여 위 근저당권설정등기나 가압류 등기의 말소를 최고하고, 위 기간 내에 이행하지 않는 경우에 한하여 매매계약을 해제할 수 있다고 할 것이다.

-대법원 2003. 5. 13. 선고 2000다50688 판결 [분양대금등반환]-

매매목적물인 부동산에 근저당권설정등기나 가압류등기가 있는 경우에 매도인으로서는 위 근저당권설정등기나 가압류등기를 말소하여 완전한 소유권이전등기를 해 주어야 할 의무를 부담한다고 할 것이지만, 매매목적물인 부동산에 대한 근저당권설정등기나 가압류등기가 말소되지 아니하였다고 하여 바로 매도인의 소유권이전등기의무가 이행불능으로 되었다고 할 수 없고, 매도인이 미리 이행하지 아니할 의사를 표시한 경우가 아닌 한, 매수인이 매도인에게 상당한 기간을 정하여 그 이행을 최고하고 그 기간 내에 이행하지 아니한 때에 한하여 계약을 해제할 수 있다.

-부동산 가압류 포인트-

• 부동산 가압류는 해당 부동산의 등기사항전부증명서 중 갑구를 보면 확인할 수 있다.
• 가압류 결정된 부동산을 매수하는 경우 해당 가압류 청구금액을 매매대금에서 공제하는 등 안전조치를 별도로 마련해야 한다.

- 가능하면 매도인에게 가압류 등기를 말소하는 조건으로 부동산 매매계약을 체결하고, 매매대금을 지급하기 전에 가압류 취소 및 가압류등기의 말소를 선이행해 줄 것을 요구해야 한다.
- 가압류 결정은 임시적인 조치이다. 본안소송에서의 판결은 가압류 결정의 내용과 다를 수 있다.

10.
부동산에 대한 부동산처분금지가처분 결정

가. 서설

앞서 필자는 가압류 결정이 된 부동산에 관해 거래할 경우 유의사항과 대책을 제시하였다. 위 가압류 결정된 부동산의 거래도 조심해야 하지만 특히 부동산처분금지가처분 결정이 된 부동산이 있다면 되도록 거래하지 말 것을 권한다. 이는 후술하는 부동산처분금지가처분의 효력과 관련이 있다.

나. 부동산처분금지가처분이란?

민사집행법에서 가처분에 관하여 "다툼의 대상에 관한 가처분은 현상이 바뀌면 당사자가 권리를 실행하지 못하거나 이를 실행하는 것이 매우 곤란할 염려가 있을 경우에 한한다."고 정하고 있다. 또한, 가처분으로 부동산의 양도나 저당을 금지하는 때에는 등기부에 그 금지한 사실을 가입하게 하여야 한다고 정하고 있다.

-민사집행법-

제300조(가처분의 목적)
① 다툼의 대상에 관한 가처분은 현상이 바뀌면 당사자가 권리를 실행하지 못하거나 이를 실행하는 것이 매우 곤란할 염려가 있을 경우에 한다.

제305조(가처분의 방법)
① 법원은 신청목적을 이루는 데 필요한 처분을 직권으로 정한다.
② 가처분으로 보관인을 정하거나, 상대방에게 어떠한 행위를 하거나 하지 말도록, 또는 급여를 지급하도록 명할 수 있다.
③ 가처분으로 부동산의 양도나 저당을 금지한 때에는 법원은 제293조의 규정을 준용하여 등기부에 그 금지한 사실을 기입하게 하여야 한다.

다. 매도인의 부동산처분금지가처분 말소의무

대법원은 아래 〈표〉와 같이 부동산 매매계약이 체결된 경우에 매도인은 매수인에게 특별한 사정이 없는 한 제한이나 부담이 없는 소유권이전등기의무를 부담한다. 매매 목적 부동산에 처분금지가처분등기가 기입되어 있는 경우에 매도인은 이와 같은 등기를 말소하여 완전한 소유권이전등기를 해 주어야 할 의무가 있다고 판단하고 있다.

다만, 매매계약서에 매도인의 위 처분금지가처분등기의 말소의무에 관해서 면제하거나 기타 다른 내용을 정했다면 매도인이 위 처분금지가처분

등기의 말소의무가 없다고 인정되는 경우도 발생할 수 있음을 유의해야 한다. 필자가 부동산 거래 및 매매에 있어서 수없이 계약서의 작성의 중요성을 강조하는 이유이기도 하다.

-대법원 1999. 7. 9. 선고 98다13754,13761 판결-

부동산 매매계약이 체결된 경우에는 매도인은 특별한 사정이 없는 한 제한이나 부담이 없는 소유권이전등기의무를 지는 것이므로, 매매 목적 부동산에 처분금지가처분등기와 소유권말소예고 등기가 기입되어 있는 경우에는 매도인은 이와 같은 등기를 말소하여 완전한 소유권이전등기를 해 주어야 할 의무가 있다.

라. 부동산처분금지가처분의 효과

매수하고자 하는 부동산에 관하여 아래 〈표〉와 같이 부동산처분금지가처분결정이 등기상에 기재되어 있다고 하더라도 해당 부동산에 관하여 제3자가 매매계약 등을 원인으로 소유권이전등기를 할 수는 있으나, 소유권이전등기를 하더라도 해당 이전등기는 추후 무효가 될 수 있다.

[갑구](소유권에 관한 사항)				
순위 번호	등기 목적	접수	등기 원인	권리자 및 기타사항
11	가처분	2022. 5. 1.	2022. 4. 1. 서울중앙지방 법원의 가처분결정 _(2022카단1234)	피보전권리 소유권이전 등기청구권 채권자 을 서울 강남구 OOO 금지사항 매매, 증여, 전세권, 저당권, 임차권의 설정 기타일체의 처분행위 금지

위 〈표〉의 등기사항전부증명서 갑구를 살펴보면 채권자 '을'은 위 부동산 소유자를 상대로 서울중앙지방법원에 부동산처분금지가처분을 신청하였고, 법원에서 위 신청을 2022. 4. 1. 인용하는 결정을 하였고, 이후 2022. 5. 1. 가처분등기가 경료된 사실을 알 수 있다.

부동산처분금지가처분을 쉽게 이해하기 위해 간단한 예를 들어보겠다. 매수인 '을'은 매도인 '갑' 소유의 아파트를 계약금 1억 원, 중도금 3억 원, 잔금 6억 원 합계 10억 원으로 매수하기로 매매계약을 체결하였다. 매수인 '을'은 매도인에게 계약금 1억 원, 중도금 3억 원, 잔금 6억 원 총 10억 원을 지급했음에도 불구하고, 아파트 가격이 계속해서 오르고 있어 매도인 갑이 아파트 매매대금으로 12억 원을 제시한 '병'과 매매계약을 체결했다고 가정해 보자.

참고로, 매도인 '갑'이 매수인 '을'로부터 중도금까지 받은 상황에서 제3자인 '병'과 매매계약을 체결하게 되면 이는 배임죄에 해당할 수 있다. 위 예시는 부동산처분금지가처분을 설명하기 위한 것으로 배임죄에 관한 부분은 논외로 하겠다.

위 사례에서 매수인 '을'은 매매대금을 모두 지급했음에도 불구하고 매도인 '갑'이 '병'과 12억 원에 매매계약을 체결하여 '병'에게 소유권이전등기를 하려고 한다면, 매수인 '을'은 매도인 '갑'을 상대로 법원에 소유권이전등기 청구의 소를 제기할 수 있을 것이다.

다만, 소유권이전등기 청구의 소가 1심만 진행하더라도 6~12개월가량이 소요되며 1심이 선고된다고 하더라도 소유권이전등기 청구의 법적 성질상 가집행이 불가능하기 때문에 확정 판결을 받아야 매수인 '을' 명의로 소유권이전등기가 가능하기에 시간이 상당히 소요된다.

위와 같은 소유권이전등기 청구소송이 진행되는 동안 매도인 '갑'이 '병'에게 위 아파트의 소유권이전등기를 넘겨주게 되면 매수인 '을'은 위 소송을 진행할 실익이 없어지게 된다.

매수인 '을'은 위와 같은 결과를 사전에 방지하기 위해서 '갑'을 상대로 소유권이전등기 청구의 소를 제기하기 전 또는 소송이 진행되는 과정에서 위 아파트에 관하여 처분금지가처분을 신청하여 해당 부동산이 처분되지 않게 할 필요가 있다.

그렇다면 위와 같이 처분금지가처분이 경료된 부동산을 매수한 자는 어떻게 되는 것일까? 처분금지가처분이 등기되면 채무자 및 제3자에 대하여 구속력을 가지게 되고 만약 가처분 내용에 위배되는 행위를 하는 경우 추후 채권자가 위 위반행위의 효력을 무효화 할 수 있다.

그러나, 처분금지가처분이 경료된 부동산에 관하여 소유권이전등기를 할 수는 있다. 이는 가처분채권자가 본안소송을 제기하여 승소확정 판결을 받거나 이와 동일시 할 수 있는 사정이 발생한 때에 한하여 가처분에 반하는 채무자 행위의 효력을 부정할 수 있기 때문이다.

-대법원 1999. 7. 9. 선고 98다13754,13761 판결-

매매의 목적이 된 부동산에 관하여 이미 제3자의 처분금지가처분등기나 소유권말소예고등기가 기입되었다 할지라도, 가처분등기는 단지 그에 저촉되는 범위 내에서 가처분채권자에게 대항할 수 없는 효과가 있는 것이고, 예고등기는 등기원인의 무효 또는 취소로 인한 등기의 말소 또는 회복의 소가 제기된 경우에 그 등기에 의하여 소의 제기가 있었음을 제3자에게 경고하여 계쟁 부동산에 관하여 법률행위를 하고자 하는 선의의 제3자로 하여금 소송의 결과 발생할 수도 있는 불측의 손해를 방지하려는 목적에서 하는 것이므로, 위 각 등기에 의하여 곧바로 부동산 위에 어떤 지배관계가 생겨서 소유권등기명의자가 그 부동산을 임의로 타에 처분하는 행위 자체를 금지하는 것은 아니라 할 것이어서, 가처분등기 및 예고등기로 인하여 소유권이전등기절차 이행이 불가능하게 되어 바로 계약이 이행불능으로 되는 것은 아니다.

따라서, 채무자로부터 제3자가 처분금지가처분이 경료된 부동산을 매수하여 소유권이전등기를 경료하더라도 위 가처분 채권자가 채무자를 상대로 한 재판에서 승소확정 판결 등을 받게 되면 위 처분행위는 무효가 되고 이에따라 제3자로 경료된 소유권이전등기는 말소될 수 있다.

마. 가처분등기와 계약의 해제

대법원에 의하면 매매의 목적이 된 부동산에 관하여 제3자의 처분금지가처분이 기입되어 있다고 하더라도 위 등기만을 이유로 매도인의 소유권이전등기 의무가 이행불능에 해당하여 매수인이 매매계약을 이행불능을 원인으로 해제할 수 있는 것은 아니라고 판단하고 있다.

다만, 매도인이 매매계약서에서 특정 날짜까지 위 등기를 말소해 주기로 정했음에도 불구하고 이를 이행하지 않는 경우, 매수인은 위 등기의 말소에 관해서 상당한 기간을 정하여 이행의 최고를 한 후 계약을 해제할 수는 있다고 할 것이다.

다만, 매수인 입장에서는 매매계약서에 분쟁의 소지를 없애기 위해서 매도인이 특정 날짜까지 가처분등기를 말소하지 않으면 매매계약은 자동으로 해제된다고 정하는 것이 좋다고 할 것이다.

-부동산 처분금지가처분 포인트-

- 부동산 등기부 '갑구'란을 확인하면 처분금지가처분이 경료된 사실을 확인할 수 있다.
- 처분금지가처분은 본안소송에서의 실익을 확보하기 위한 임시 조치이다.
- 처분금지가처분이 경료된 부동산은 특별한 사유가 없는 한 거래하지 않는 것이 좋다. 만약, 특별한 사정으로 처분금지 가처분이 경료된 부동산을 거래해야 한다면 반드시 필자를 포함한 부동산 전문가와 먼저 상의하기를 권한다.

11.
부동산 소유권이전 가등기
· · · · · ·

가. 서설

부동산 소유권이전 가등기는 앞으로 등기될 본등기의 순위를 보전하기 위해서 임시로 하는 등기를 말한다. 부동산 소유권이전 가등기의 종류에는 '소유권이전청구권 가등기'와 '담보 가등기'로 구분할 수 있는데, 등기사항전부증명서상의 기재만으로는 구분이 쉽지 않다.

부동산 등기사항전부증명서 '갑구'에 '소유권이전청구권 가등기'가 기재되어 있다면, 해당 가등기가 소유권이전청구권 가등기 또는 담보 가등기 어느 것에 해당하는지와 상관없이 거래 시 매우 유의해야 한다. 소유권이전청구권 가등기는 후술하는 바와 같이 등기사항전부증명서 '갑구'에 기재된다. 본서에서는 소유권이전청구권 가등기를 중심으로 설명하도록 하겠다.

나. 등기부상의 기재

부동산 소유권이전 가등기는 아래 〈표〉와 같이 부동산 등기사항전부증명서 '갑구'에 표시된다.

[갑구] (소유권에 관한 사항)				
순위 번호	등기 목적	접수	등기 원인	권리자 및 기타사항
1	소유권이전	2010. 2. 1.	2010. 1. 1. 매매	소유자 갑
2	소유권이전 청구권 가등기	2011. 2. 1.	2011. 1. 1. 매매예약	가등기권리자 을

위 등기사항전부증명서을 보면 소유자 '갑'은 2010. 1. 1. 전소유자와 매매계약을 체결하였고 2010. 2. 1. 소유권이전등기를 경료하여 소유권을 취득한 사실을 확인할 수 있다. 또한, 가등기권리자 '을'이 2011. 1. 1. 매매예약을 원인으로 2011. 2. 1. 소유권이전청구권 가등기를 경료한 사실을 알수 있다.

위 예시사례에서 위 소유권이전청구권 가등기가 경료된 위 부동산에 관하여 '병'이 2012. 12. 1. 매매계약을 체결하여 2013. 1. 1. 소유권이전등기를 경료하면 다음과 같이 등기사항전부증명서에 기재된다.

[갑구] (소유권에 관한 사항)				
순위 번호	등기 목적	접수	등기 원인	권리자 및 기타사항
1	소유권이전	2010. 2. 1.	2010. 1. 1. 매매	소유자 갑
2	소유권이전 청구권 가등기	2011. 2. 1.	2011. 1. 1. 매매예약	가등기권리자 을
3	소유권이전	2013. 1. 1.	2012. 12. 1. 매매	소유자 병

위 예시사례에서 '병'은 소유권이전청구권 가등기가 경료된 사실을 알고 있음에도 부동산에 관한 소유권이전등기를 경료하였다. 그러나, 추후 가등기권리자 '을'이 전 소유자 '갑'을 상대로 가등기에 기한 본등기청구권을 행사하게 되면 '을'이 소유권자로 기재되고 가등기 이후 경료된 '병'명의의 소유권이전등기는 말소된다. 이는 가등기가 경료된 부동산을 매매·거래할 때 주의해야 하는 이유이다.

다. 가등기 경료된 부동산 거래 시 유의점

가등기가 경료된 부동산이라면 매매계약서상에 매도인이 최소한 잔금지급 이전까지 해당 가등기를 말소해야 한다는 사항을 특약사항으로 정할 필요가 있다. 나아가, 매도인이 위와 같은 의무를 이행하지 못하는 경우 매수인에게 계약금 등에 상응하는 금액을 위약금으로 지급해야 하고, 매매계약은 자동으로 해제되며 매수인이 매도인에게 지급한 금원은 모두 반환해야 한다는 내용을 명확하게 기재하는 것이 좋다.

가등기가 경료된 부동산의 경우 되도록 신중하게 거래해야 하며, 위와 같은 부동산에 관하여 매매계약 등을 체결하고자 할 때는 매매계약서를 작성하기 전에 필자를 포함한 부동산 전문가와 미리 상의할 것을 권한다.

12.
공탁제도
· · · · · ·

가. 수령거부를 방지하기 위한 제도

부동산에 관한 거래(매매, 임대차 등)를 하다 보면, 예상치 못하는 상황이 발생하는 경우가 있다. 예를 들어, 매도인과 매수인이 매매계약을 체결했고 이에 매수인이 매매대금을 지급하려고 하는데 매도인이 자신의 계좌번호를 알려 주지 않는다든지, 임대인과 임차인 사이에 임대차계약을 체결하였고 임차인이 임대인이 알려준 은행의 계좌로 차임료를 지급하고 있는데 갑자기 임대인이 위 은행의 계좌를 폐지하여 임차료를 지급하지 못하게 하는 경우가 있다.

나. 수령거부의 발생 사유

앞서 살펴본 사례에서 매도인이 매매대금을 수령거부하고, 임대인이 차임료의 수령을 거부하는 데는 자신들만의 이유가 있다고 할 것이다. 다양한 사례가 있으나 이해를 돕기 위한 측면에서 간단한 예를 들어보면 다음의 두 가지와 같다.

가령, 매도인의 경우 기존의 매수인과 매매계약은 체결하였으나 새로운 매수인이 더 높은 매매대금을 제시하여 매수인으로 하여금 계약금, 중도금 등의 매매대금을 지급하지 못하게 하는 경우가 있을 수 있고, 임대인은 더 좋은 조건의 새로운 임차인과 임대차계약을 체결하기 위해 기존의 임차인으로부터 차임을 수령 거절하여 임차인으로 하여금 차임을 연체하게 하여 임대차계약을 해지하기 위한 목적인 경우가 많다.

과연 위와 같은 사례에서 매수인이 매매대금을 지급하지 못해 매매계약이 해제되고 임차인이 차임을 지급하지 못해서 임대차계약이 해지되는 것이 바람직할까? 위 사례에서 매수인과 임차인을 보호하는 법 제도가 없을까? 위와 같은 사례에서 매수인과 임차인을 보호하는 제도 중 하나가 바로 '공탁제도'이다.

다. 변제공탁

공탁제도란 법령의 일정한 규정에 따라 금전 등을 법원의 공탁소에 맡겨서 채무자가 그 채무를 이행하는 것을 말한다. 공탁의 종류에 '변제공탁' '담보공탁' '집행공탁' 등이 있으나, 실무상 '변제공탁'이 가장 많이 사용되기에 본서에서는 변제공탁을 중심으로 기재하도록 하겠다.

참고로, 민법에서는 아래 〈표〉와 같이 변제공탁에 관하여 채권자가 변제를 받지 않거나 받을 수 없는 경우 변제자는 채권자를 위해서 변제의 목적물을 공탁하고 채무를 면할 수 있다고 정하고 있다.

-민법-

제487조(변제공탁의 요건, 효과)
채권자가 변제를 받지 아니하거나 받을 수 없는 때에는 변제자는 채권자를 위하여 변제의 목적물을 공탁하여 그 채무를 면할 수 있다. 변제자가 과실 없이 채권자를 알 수 없는 경우에도 같다.

제488조(공탁의 방법)
① 공탁은 채무이행지의 공탁소에 하여야 한다.
② 공탁소에 관하여 법률에 특별한 규정이 없으면 법원은 변제자의 청구에 의하여 공탁소를 지정하고 공탁물보관자를 선임하여야 한다.
③ 공탁자는 지체 없이 채권자에게 공탁통지를 하여야 한다.

채무자가 변제의 목적물을 공탁하여 그 채무를 면하기 위해서는 ① 채권자가 변제를 받지 않거나 ② 채권자가 변제를 받을 수 없거나 ③ 채무자가 과실 없이 채권자를 알 수 없거나, 사유 중에서 1개에 해당해야 한다. 만약, 채무자가 위 세 가지의 사유가 중 1개에도 해당하지 않음에도 불구하고 목적물을 공탁했다고 하더라도 채무자는 그 채무를 면하지 못하게 된다.

즉, 채무자로서는 변제의 목적물을 공탁하여 그 채무를 면하려고 한다면 먼저 채권자에게 채무의 본지에 따른 채무의 변제제공을 한 후 채권자가 수령을 거절하거나 수령이 불가능한 경우, 또는 변제자의 과실 없이 채권자를 확지할 수 없는 경우에 한하여 공탁을 통해 채무를 면할 수 있다고 할 것이다.

대법원은 채권자의 태도로 보아 채무자가 채무의 이행을 제공하였더라도 그 수령을 거절하였을 것이 명백한 경우에는 채무자는 이행의 제공을 하지 않고 바로 변제공탁을 할 수 있다고 판단하고 있다.

-대법원 1981. 9. 8. 선고 80다2851 판결 [가등기말소등기등]-

채권자의 태도로 보아 채무자가 설사 채무의 이행제공을 하였더라도 그 수령을 거절하였을 것이 명백한 경우에는 채무자는 이행의 제공을 하지 않고 바로 변제공탁할 수 있다.

라. 부동산 매매에서 매수인이 변제공탁할 수 있는 경우

전술한 대법원의 판단에 의하면 매도인의 태도로 보아 매수인이 잔금지급의무를 이행하더라도 그 수령을 거절할 것이 명백한 경우에는 매수인은 잔금을 변제공탁할 수 있다고 할 것이다. 다만, 위 대법원 판결에서 수령을 거절할 것이 '명백한' 경우라고 기재한 것에 유의해야 한다.

즉, 매수인이 매도인에게 여러 번 매매계약의 목적물에 관한 소유권이전등기에 필요한 서류를 구비할 것을 독촉하였으나 매도인이 이에 응하지 않았다는 사실만으로는 매도인이 잔금을 제공하더라도 수령을 거절할 것이라고 단정할 수 없다.

즉, 매수인은 매도인에게 잔금을 현실로 제공하였거나 또는 변제 준비를 끝난 사실을 통지하여 그 수령을 독촉했는데도 불구하고 매도인이 이에 응하지 않은 경우에 한해서 변제공탁을 할 수 있다는 점을 유의해야 한다.

마. 임대차계약에서 임차인이 변제공탁할 수 있는 경우

위와 같이 매매계약에서뿐만 아니라, 임대차 관계에서도 임대인이 차임의 수령 거부에 해당하기 위해서는 임차인이 차임료를 현실적으로 제공하였거나, 변제 준비가 끝난 사실을 통지하여 그 수령을 독촉해야 하고, 임대인이 이에 응하지 않은 경우에 한해서 변제공탁을 할 수 있다고 할 것이다.

★ 본서의 말미에 '[별지2]'로 변제공탁서(금전) 서식을 첨부하였다. 위 서식이 필요한 분이 있다면 참고하기 바란다.

제5장

부동산 사기를
방지하는 방법

1.
대표적인 부동산 사기 사례

· · · · · ·

가. 일반적인 경우

일반적으로 부동산을 거래할 때 공인중개사를 선임하기 때문에 위 공인

중개사가 매도인의 인적사항을 확인하고 등기사항전부증명서상의 소유권

자의 인적사항과 대조하기 때문에 매수인이 매도인의 인적사항을 잘 확인

하지 않는다. 그러나, 공인중개사를 선임하지 않거나 공인중개사를 선임했

다고 하더라도 매도인·매수인 스스로 부동산 거래의 당사자 인적사항을

꼼꼼하게 확인하는 것이 필요하다.

나. 부동산 사기 사례의 예시

(1) 등기부 발행일자 관련

매매계약서를 작성하는 날에는 매수인은 매도인의 신분증을 교부받아서

매매계약서에 기재되는 매도인의 인적사항과 동일한지를 확인해야 하고,

부동산 등기사항전부증명서상의 소유권자의 인적사항과 일치하는지 확인해야 한다.

부동산등기사항전부증명서를 확인하는 경우 해당 등기기항전부증명서가 언제 발급된 것인지 확인해야 한다. 등기사항전부증명서의 각 페이지에는 제일 아랫부분을 보면 발행일자가 표시되어 있다. 아래 〈표, 등기사항전부증명서 예시〉를 보면 해당 등기부의 발급일자가 2022. 3. 28.이라는 사실을 알 수 있다.

만약, 등기사항전부증명서의 발행일자와 매매계약을 체결하는 일자에 차이가 있다면 확인하는 날짜에 근접한 등기사항전부증명서를 다시 받아보는 것이 좋다. 특히 매수인은 매매계약체결 시에 계약금, 중도금, 잔금지급 전에 다시 한번 등기사항전부증명서를 발급받아 '갑구' '을구' 모두 살펴보는 것이 좋다.

〈등기사항전부증명서 예시〉

부동산의 사기 사례를 살펴보면 과거의 소유자였던 매도인이 자신이 소

유권자였던 때의 등기사항전부증명서를 보여 주거나, 가압류 또는 근저당권이 설정등기가 경료되기 전의 등기사항전부증명서를 보여 주는 방법으로 매수인으로 하여금 계약금 등을 편취한 사례가 종종 있다.

매수인이 매도인이 제시하는 등기사항전부증명서만 확인할 것이 아니라 직접 매매계약체결 시 등기사항전부증명서를 발급받아 확인했다면 피할 수 있었던 일이다. 특히, 현재는 인터넷에 접속하여 간편하게 등기사항전부증명서 등 관계 서류를 발급받아 볼 수 있게 되었는데도, 아직도 위와 같은 사기 사례가 발생한다는 것은 참으로 안타까운 일이다.

(2) 위임장 위조의 경우

부동산 매도인이 법인일 경우 대표이사가 매매계약체결에 참석하는 것이 원칙이다. 다만, 대표이사가 매매계약에 직접 참석하는 경우보다는 해당 법인의 직원 또는 대리인이 나오는 경우가 많다. 위와 같은 경우 참석한 자가 위임장을 가지고 왔는지, 해당 위임장에 날인된 법인인감과 인감증명서상의 인감이 일치하는지 여부를 반드시 확인해야 한다.

특히, 위임장에 날인된 법인인감의 인영이 인감증명서에 날인되어 있는 인영과 매우 유사하여 자세히 보지 않으면 차이가 나지 않는 경우가 있어 유의해야 한다.

※ 쉬어 가는 상식 – 인영

인영의 사전적인 의미는 도장을 찍은 형적을 말하는 것인데, 쉽게 설명하면 도장을 종이에 찍었을 때 종이에 표시되는 내용이라고 보면 될 것이다. '부동산'이라고 조각된 도장을 종이에 찍으면 '부동산'이라고 표시될 것이고 위 종이에 표시되는 내용이 인영이라 할 것이다.

만약, 위임장에 날인된 법인인감의 인영과 인감증명서에 날인되어 있는 인영이 전혀 달라 쉽게 알 수 있음에도 이를 확인하지 못했다면 추후 손해배상 소송 등이 진행될 때 매수인 측의 과실 사유가 인정되어 일정 부분 과실상계가 되어 손해가 발생한 금액 전부를 배상받지 못하는 경우가 발생할 수 있다.

따라서, 매매계약을 체결하는 자가 위임장을 가지고 왔다면, 법인의 경우 대표자에게, 개인의 경우 계약당사자 본인에게 전화를 걸어 매매계약을 진행하는지 여부, 위임장을 작성했는지 여부 등에 관하여 반드시 확인할 필요가 있다. 위와 같은 매수인이 매도인 본인의 확인을 거치지 않는 경우도 표현대리의 성립 여부에 문제가 발생할 수도 있고 손해배상 소송에서 과실상계 사유가 될 수 있다.

※ 쉬어 가는 상식 - 과실상계

우리 민법에서는 "채무자의 채무불이행에 관하여 채권자의 과실이 있는 경우 채무자의 손해배상책임을 정함에 있어 위 채권자의 과실을 참작할 수 있다."고 정하고 있고, 불법행위에서도 위 규정을 준용하고 있다.

과실상계를 간단하게 표현하면 채무자가 손해배상책임을 부담할 문제에 있어서 채권자에게도 과실이 있다면 채무자의 손해배상 범위를 정함에 있어 참작하여 채무자의 손해배상 범위를 조정할 수 있다는 것이다.

-민법-

제396조(과실상계)

채무불이행에 관하여 채권자에게 과실이 있는 때에는 법원은 손해배상의 책임 및 그 금액을 정함에 이를 참작하여야 한다.

제5장 불법행위

제763조(준용규정)

제393조, 제394조, 제396조, 제399조의 규정은 불법행위로 인한 손해배상에 준용한다.

(3) 배우자의 부동산 처분

매도인의 배우자가 별다른 위임장의 제시 없이 매도인의 부동산을 처분할 수 있을까? 부부는 경제적 공동체이기도 하고 남편 또는 아내가 낮에는 일을 해야 하기 때문에 그 배우자가 부동산 매매과정에 대신하여 처리할 수도 있다. 다만, 매도인의 배우자가 매도인을 대신하여 매매계약을 체결하는 경우에는 반드시 위임장이 있어야 한다.

간혹, 부부간에는 서로 간에 대리권이 있어 위와 같은 위임장이 필요하지 않다고 생각하는 경우가 있다. 우리 민법에는 아래 〈표〉와 같이 부부간에는 '일상에 관하여' 대리권을 가지며 부부 일방이 '일상 가사에 관하여' 제3자와 법률행위를 한 때에는 다른 일방은 이로 인한 채무에 대하여 연대책임이 있다고 정하고 있다.

-민법-

제827조(부부간의 가사대리권)
① 부부는 일상의 가사에 관하여 서로 대리권이 있다.
② 전항의 대리권에 가한 제한은 선의의 제삼자에게 대항하지 못한다.

제832조(가사로 인한 채무의 연대책임)
부부의 일방이 일상의 가사에 관하여 제삼자와 법률행위를 한 때에는 다른 일방은 이로 인한 채무에 대하여 연대책임이 있다. 그러나 이미 제삼자에 대하여 다른 일방의 책임없음을 명시한 때에는 그러하지 아니하다.

일상 가사에 관한 민법의 규정의 문구 중에서 '일상의 가사'라는 말을 유의해야 한다. 민법상 별다른 위임장이 없다고 하더라도 부부 사이에는 '일상의 가사'에 관해서 대리권이 인정되는 것이고, '일상의 가사'가 아니라면 부부 사이라고 하더라도 법률행위를 대리하기 위해서는 위임장이 필요하다.

그렇다면 부동산을 처분(임대·매매 등)하는 행위가 일상 가사라고 할 수 있을까? 만약, 부동산 처분하는 행위를 일상 가사라고 한다면 매도인의 배우자가 부동산을 처분하더라도 위 배우자의 행위는 대리권이 인정된다고 할 것이며 그 법률효과는 매도인에게 직접 귀속된다고 할 것이다.

그러나, 부동산을 처분하는 행위가 일상에 자주 발생하는 일이 아니며 그 금액 또한 가정경제생활에서 매우 크기 때문에 일반적인 상식에 근거했을 때 일상의 가사에 범위에 해당한다고 볼 수 없다고 할 것이다.

대법원도 위와 같은 입장이며 "부부간의 일상가사대리권은 그 동거생활을 유지하기 위해 필요한 범위 내에 국한되어야 하고, 아내가 남편 소유의 부동산을 매각하는 처분행위의 경우 일상가사 대리권의 범위에 속하지 않는다."라고 판단하고 있다.

> -대법원 1966. 7. 19. 선고 66다863 판결 -
>
> 부부간의 일상가사대리권은 그 동거생활을 유지하기 위하여 각각 필요한 범위 내의 법률행위에 국한되어야 할 것이고 아내가 남편 소유의 부동산을 매각하는 것과 같은 처분행위는 일상가사의 대리권에는 속하지 아니한다.

결론적으로, 부동산 소유자의 남편 또는 아내가 배우자 소유의 부동산을 처분한다고 하는 경우 일상 가사의 대리권이 인정되지 않기 때문에 매수인은 반드시 위임장을 확인해야 하고, 위임장을 확인했다고 하더라도 가능하면 부동산 소유자에게 전화를 하여 본인의 의사에 의해서 부동산을 처분하는 것인지 다시 한번 확인하는 것이 좋다.

(4) 예금주가 매도자와 동일한지 여부를 확인할 것

대부분의 부동산 매매계약에서는 매매계약을 체결하고 매매계약서를 작성하는 날 매수인이 계약금을 지급해야 하는 경우가 많다. 매수인이 매매대금을 이체할 매도인의 계좌의 은행명과 계좌번호를 계약서에 기재하는 경우가 있는데, 매수인은 해당 계좌의 예금주가 매도인인지 반드시 확인해야 한다.

간혹, 매도인의 대리인이라고 주장하는 자가 자신의 명의로 된 계좌로 입금하면 된다고 하면서 유도하는 경우가 있는데, 대리인이 제시하는 위임장에 매매대금을 수령할 권한이 있다고 기재되어 있다고 하더라도 부동산 사기가 아닌지, 위 대리인에게 실제 매매대금을 수령할 대리권이 있는지 여부를 본인(해당 부동산의 소유자)에게 확인할 필요가 있다.

만약, 당신이 부동산을 매각하면서 시간 · 장소적인 이유로 대리인을 통한다고 매매계약을 진행한다고 한다면 매매대금을 대리인에게 받도록 하겠는가? 매도인인 나의 계좌번호를 알려주고 돈을 받으면 인터넷뱅킹을 통해서 간단하게 입금 여부를 확인할 수도 있는데 굳이 대리인으로 하여금 받게 하는 경우는 특별한 사정이 없는 한 거의 없다고 할 것이다.

그럼에도 불구하고, 매수인에게 대리인의 계좌로 매매대금을 지급할 것을 요구한다면 매도인에게 특별한 사정이 있는지, 위 매매대금을 이체하기 전에 본인에게 전화하는 방법 등으로 반드시 확인해야 한다.

2.
부동산에 관한 공부를 할 것
- 아는 만큼 보이는 부동산

· · · · · · ·

대한민국에서 2000년대 이후 2002~2003년, 2005~2006년, 2020~2021년은 부동산 가격 특히 아파트 가격이 많이 오른 시기이다. 위 시기에는 평범한 직장인이 월급을 아끼고 아껴서 모을 수 있는 돈으로는 엄두도 내지 못할 만큼 부동산 가격이 올랐다.

주위에서 누가 아파트 가격이 올라 돈을 벌었다는 이야기가 들리고, 언론에서도 부동산 가격의 상승을 계속해서 보도하자 너도나도 할 것 없이 부동산 투자에 뛰어들기 시작했다. 이제는 다수인이 부동산 투자를 하고 있고 이로써 많은 부를 창출하고 있는 시점에서 부동산 투자를 하여 돈을 버는 것이 잘못되었다고 말하기가 어렵게 되었다.

그러나, 부동산을 거래 및 투자를 하면서 사기 등의 피해를 방지하기 위해서는 반드시 부동산에 관한 전반적인 공부를 해야 한다. 부동산 가격이 어떻게 형성이 되는지, 정부에서는 부동산 가격에 따라 어떻게 대응하는지, 정부의 정책에 따라 부동산 가격에 어떤 영향을 미치는지, 대출규제는 어떻게 되고 있는지, 재개발·재건축 정비사업이 무엇인지, 지역주택조합의 주택사업이란 것이 무엇인지, 부동산 거래 시 유의할 점은 없는지, 특히 부동산 계약서에 어떤 내용이 필수적으로 기재되어야 하는지 등 정도는 대략적으로라도 알고 있어야 한다. 즉, 전반적인 부동산 지식이 있어야 하는 것이다.

우리말에 "아는 만큼 보인다."는 격언이 있다. 부동산 거래에 있어서 특이점이 있어 의구심이 들고 부동산 전문가에게 자문을 구하려고 하더라도 내가 어느 정도는 알고 있어야 전문가에게 자문을 구할 수 있는 것이다. 부동산에 관한 기초지식도 없다면 누가 봐도 이상한 부동산 거래를 하게 되더라도 의심조차 할 수 없게 되는 것이고 이로 인해 사기 등의 손해가 발생할 가능성은 높을 수밖에 없다.

필자가 본서를 발간하는 이유도 여기에 있다. 모두 다 부동산 전문가가 될 필요가 없고 되어서도 안 된다고 할 것이나, 부동산 거래 및 투자를 하려고 한다면 본서를 읽고 현재 부동산 시장이 대략적으로 어떤 상황인지를 알 수 있어야 하고 현재 부동산 시장의 상황과 전혀 다른 가격으로 부동산 거래가 이뤄진다면 사기가 아닐까 하는 합리적인 의심을 할 수 있어야 하고, 부동산 거래에 있어서 어떤 점은 조심해야 한다는 경각심을 가질 수 있어야 한다.

3.
부동산 전문가에게 자문을 구할 것

• • • • • •

부동산 전문가는 항상 부동산에 관한 공부를 하고 다양한 부동산 거래 및 송무 경험을 갖춘 자라고 할 것이다. 물론 부동산 전문가라고 하여 부동산과 관련한 모든 문제를 완벽하게 해결할 수 있다고 할 수는 없지만, 일반인이 한두 건의 부동산 거래 및 송무 경험을 하는 것과는 비교할 수 없을 만큼의 수많은 경험과 지식이 있다고 할 것이다.

일반인의 입장에서 부동산 전문가에게 일정 금액의 자문료를 지급하고 자문을 구하는 것이 번거롭고 비용이 아깝다고 생각될 수도 있다. 그러나, 부동산에 관한 문제가 생겼을 때 발생하는 손실에 비해서는 아무것도 아니라고 할 것이다.

주위에 부동산 전문가가 있다면 부동산 거래 및 투자를 하기 전에 반드시 자문을 구할 것을 권한다. 특히, 부동산 사기의 수법이 날로 다양해지고 일반인이 전혀 예상할 수 없는 방법을 사용하는 경우가 많기 때문에 부동산 거래 및 투자를 하기 전 부동산 사기에 관해 많이 경험하고 대응해 본 필자를 포함한 부동산 전문가와 상의할 것을 권한다.

제6장

주택의 투자 및
거래에서 알아 두면
유용한 지식들

1.
단독주택과 공동주택
· · · · · ·

가. 서설

　주택에 관한 투자 및 거래를 한다면 법에서 주택의 종류는 어떻게 구분하고 있는지, 그 기준은 무엇인지 정도는 알고 있어야 할 것이다. 건축법에서는 건축물의 용도를 아래 〈표〉와 같이 단독주택과 공동주택 등으로 나누고 있다.

-건축법-

제2조(정의)

② 건축물의 용도는 다음과 같이 구분하되, 각 용도에 속하는 건축물의 세부 용도는 대통령령으로 정한다. 〈개정 2013. 7. 16.〉

---

1. 단독주택	15. 숙박시설
2. 공동주택	16. 위락(慰樂)시설
3. 제1종 근린생활시설	17. 공장
4. 제2종 근린생활시설	18. 창고시설
5. 문화 및 집회시설	19. 위험물 저장 및 처리 시설
6. 종교시설	20. 자동차 관련 시설
7. 판매시설	21. 동물 및 식물 관련 시설
8. 운수시설	22. 자원순환 관련 시설
9. 의료시설	23. 교정(矯正) 및 군사 시설
10. 교육연구시설	24. 방송통신시설
11. 노유자(老幼者: 노인 및 어린이)시설	25. 발전시설
	26. 묘지 관련 시설
12. 수련시설	27. 관광 휴게시설
13. 운동시설	28. 그 밖에 대통령령으로 정하는 시설
14. 업무시설	

나아가, 주택법에서는 단독주택, 공동주택의 개념에 관하여 정의하고 있어 단독주택, 공동주택의 개념을 이해하기 위해서는 건축법, 주택법을 모두 확인해야 한다. 본서를 읽는 독자 중에서 부동산 전문가이거나 전문가가 되려고 하는 사람이 아니라면 대략적으로 어느 법에서 규정하고 있는지만 알고 넘어가면 될 것이다.

★ 본서의 말미에 '[별지3]'로 '건축법 시행령 [별표1] 용도별 건축물의 종류'를 첨부하였다. 단독주택, 공동주택의 개념 및 종류를 파악하는데 참고되길 바란다.

나. 단독주택

(1) 단독주택의 정의 및 종류

주택법에서는 '단독주택'에 관해 "1세대가 하나의 건축물 안에서 독립된 주거생활을 할 수 있는 구조로 된 주택"이라고 정의하고 있다. 단독주택에는 '단독주택' '다가구주택' '다중주택' '공관'으로 구성되어 있다. 본서에서는 공관에 대한 설명은 생략하도록 하겠다.

(2) 단독주택

단독주택은 건축법 시행령에서 별도로 그 개념을 정의하고 있지 않으나, 전술한 바와 같이 "1세대가 하나의 건축물 안에서 독립된 주거생활을 할 수 있는 구조로 된 주택"이라고 생각하면 될 것이다.

(3) 다가구주택

다가구주택은 주택으로 사용하는 층수가 3개 층 이하이며, 1개의 동의 주택으로 쓰이는 바닥면적의 합계가 660㎡ 이하이며, 19세대 이하가 거주할 수 있는 곳으로 공동주택에 해당하지 않는 것을 말한다.

다가구주택과 다세대주택이 외관상 비슷하여 이를 혼동하는 경우가 있는데, 다세대주택은 공동주택으로 분류되고 주택으로 쓰는 1개 동의 바닥면적 합계가 660㎡ 이하이고 층수가 4개 층 이하인 주택을 말한다.

(4) 다중주택

일상생활에서 다중주택이라는 단어를 잘 사용하지 않기 때문에 독자들에게 다중주택이라는 말이 매우 생소할 것이다. 다중주택이란 학생 또는 직장인 등 여러 사람이 장기간 거주할 수 있는 구조로 되어 있고, 독립된 주거의 형태를 갖추지 않은 것을 말한다. 다중주택의 대표적인 예가 '고시원'이라는 사실을 알면 다중주택에 대한 이해가 수월할 것이다.

다. 공동주택

(1) 공동주택 정의 및 종류

주택법에서는 '공동주택'에 관해 "건축물의 벽·복도·계단이나 그 밖의 설비 등의 전부 또는 일부를 공동으로 사용하는 각 세대가 하나의 건축물 안에서 각각 독립된 주거생활을 할 수 있는 구조로 된 주택"이라고 정의하고 있다.

많은 사람이 '공동주택'이라고 하면 대부분 아파트를 떠올릴 텐데, 물론 아파트도 공동주택의 한 종류이나, 그 외 '연립주택' '다세대주택'도 모두 공동주택에 포함된다는 사실을 유의해야 한다.

또한, 외관상으로만 보면 다가구주택과 공동주택을 구분하기 어려울 수 있으나, 다가구주택의 경우 독립된 세대별로 소유권이 없는 반면 공동주택의 경우에는 독립된 세대별로 소유권이 있다는 점에 큰 차이가 있다.

(2) 아파트

아파트는 주택으로 쓰는 층수가 5개 층 이상인 주택을 말하는 것으로, 많은 사람이 아파트 하면 쉽게 떠오르는 이미지가 있을 것이다. 아파트는 주택으로 사용하는 층수가 5개 층 이상인 곳을 말하는 것으로, 4층 이하라면 외관상 아파트와 유사하다고 하더라도 그 규모에 따라 연립주택 또는 다세대주택에 해당할 가능성이 높다.

(3) 연립주택

연립주택은 주택으로 사용하는 1개 동의 바닥면적(2개 이상의 동을 지하주차장으로 연결하는 경우에는 각각의 동으로 본다)의 합계가 660㎡를 초과하고, 층수가 4개 층 이하인 주택을 말한다. 후술하는 다세대주택과 함께 공동주택에 속하나 1개 동의 바닥면적에서 차이가 있다.

(4) 다세대주택

다세대주택은 주택으로 사용하는 1개 동의 바닥면적 합계가 660㎡ 이하이고, 층수가 4개 층 이하인 주택(2개 이상의 동을 지하 주차장으로 연결하는 경우에는 각각의 동으로 본다)을 말한다.

위 연립주택과 다세대주택은 1개 동의 바닥면적의 차이가 있는데, 다세대주택은 연립주택보다 규모가 작다고 이해하면 된다. 우리가 소위 '빌라'라고 부르는 것들이 바로 연립주택 또는 다세대주택이다.

2.
주택 매매계약 시 유의사항

・・・・・・

가. 매매계약서의 주요 내용

실제 부동산 매매계약에서는 한국공인중개사협회에서 제공하는 아래 〈

표〉의 매매계약서가 많이 사용된다. 부동산 매매계약서에서는 '부동산의 표시' '계약금, 중도금, 잔금의 지급 시기' '계약해제 사유' '위약금 사유 및 액수' '특약사항'을 중점적으로 잘 살펴봐야 한다.

부동산매매계약서

매도인과 매수인 쌍방은 아래 표시 부동산에 관하여 다음 계약 내용과 같이 매매계약을 체결한다.

1. 부동산의 표시

소재지						
토지	지목		대지권		면적	㎡
건물	구조·용도		면적			㎡

2. 계약내용

제1조 (목적) 위 부동산의 매매에 대하여 매도인과 매수인은 합의에 의하여 매매대금을 아래와 같이 지불하기로 한다.

매매 대금	금		원정(₩)			
계약금	금		원정은 계약 시에 지불하고 영수함. 영수자(㊞)			
융자금	금	원정(은행)을 승계키로 한다.	임대 보증금	총	원정을 승계키로 한다.	
중도금	금		원정은 년 월 일에 지불하며			
	금		원정은 년 월 일에 지불한다.			
잔금	금		원정은 년 월 일에 지불한다.			

제 2 조 **(소유권 이전 등)** 매도인은 매매대금의 잔금 수령과 동시에 매수인에게 소유권이전등기에 필요한 모든 서류를 교부하고 등기절차에 협력하며, 위 부동산의 인도일은   년   월   일로 한다.

제 3 조 **(제한물권 등의 소멸)** 매도인은 위의 부동산에 설정된 저당권, 지상권, 임차권 등 소유권의 행사를 제한하는 사유가 있거나, 제세공과 기타 부담금의 미납금 등이 있을 때에는 잔금 수

수일까지 그 권리의 하자 및 부담 등을 제거하여 완전한 소유권을 매수인에게 이전한다. 다만, 승계하기로 합의하는 권리 및 금액은 그러하지 아니하다.

제 4 조 (**지방세 등**) 위 부동산에 관하여 발생한 수익의 귀속과 제세공과금 등의 부담은 위 부동산의 인도일을 기준으로 하되, 지방세의 납부의무 및 납부책임은 지방세법의 규정에 의한다.

제 5 조 (**계약의 해제**) 매수인이 매도인에게 중도금(중도금이 없을 때에는 잔금)을 지불하기 전까지 매도인은 계약금의 배액을 상환하고, 매수인은 계약금을 포기하고 본 계약을 해제할 수 있다.

제 6 조 (**채무불이행과 손해배상**) 매도인 또는 매수인이 본 계약상의 내용에 대하여 불이행이 있을 경우 그 상대방은 불이행한 자에 대하여 서면으로 최고하고 계약을 해제할 수 있다. 그리고 계약당사자는 계약해제에 따른 손해배상을 각각 상대방에게 청구할 수 있으며, 손해배상에 대하여 별도의 약정이 없는 한 계약금을 손해배상의 기준으로 본다.

제 7 조 (**중개보수**) 개업공인중개사는 매도인 또는 매수인의 본 계약 불이행에 대하여 책임을 지지 않는다. 또한, 중개보수는 본 계약체결과 동시에 계약 당사자 쌍방이 각각 지불하며, 개업공인중개사의 고의나 과실 없이 본 계약이 무효·취소 또는 해제되어도 중개보수는 지급한다. 공동 중개인 경우에 매도인과 매수인은 자신이 중개 의뢰한 개업공인중개사에게 각각 중개보수를 지급한다.(중개보수는 거래가액의   %로 한다.)

제 8 조 (**중개보수 외**) 매도인 또는 매수인이 본 계약 이외의 업무를 의뢰한 경우 이에 관한 보수는 중개보수와는 별도로 지급하며 그 금액은 합의에 의한다.

제 9 조 (**중개대상물확인·설명서 교부 등**) 개업공인중개사는 중개대상물 확인·설명서를 작성하고 업무보증관계증서(공제증서 등) 사본을 첨부하여 계약체결과 동시에 거래당사자 쌍방에게 교부한다.

특약사항

_____

_____

_____

_____

본 계약을 증명하기 위하여 계약 당사자가 이의 없음을 확인하고 각각 서명·날인 후 매도인, 매수인 및 개업공인중개사는 매장마다 간인하여야 하며, 각각 1통씩 보관한다.

년   월   일

매도인	주소						(인)
	주민등록번호			전화		성명	
	대리인	주소		주민등록번호		성명	
매수인	주소						(인)
	주민등록번호			전화		성명	
	대리인	주소		주민등록번호		성명	
개업공인중개사	사무소소재지			사무소소재지			
	사무소명칭			사무소명칭			
	대표	서명및날인	(인)	대표	서명및날인	(인)	
	등록번호		전화	등록번호		전화	
	소속공인중개사	서명및날인	(인)	소속공인중개사	서명및날인	(인)	

★ 위 매매계약서는 본서의 말미에 '[별지1] 부동산 매매계약서'로 첨부하였다. 위 매매계약서 서식이 필요한 분들에게 참고가 되길 바란다.

나. 매매계약서를 수정해야 하는 경우

매매계약서를 한번 작성했다면 되도록 수정하지 않는 것이 좋다. 만약 내용을 수정해야 한다면 기존의 계약서는 파기하고 새로운 계약서를 작성하는 것이 혹시 모를 분쟁을 대비하는 좋은 방법이다. 그러나, 부동산 실제 거래에 있어서는 매매계약서를 다시 작성해야 하는 번거로움으로 인해 계약서의 일부 내용을 수정·정정하는 경우가 있다.

만약, 매매계약서의 내용 중 일부를 수정해야 한다면 우선 매매계약서의 내용 중 수정 · 정정하고자 하는 부분을 두 줄로 명확히 선을 긋는다. 되도록 자를 대고 깔끔하게 선을 긋는 것이 좋다. 그리고 수정 · 정정할 내용을 기재하면서 수정 · 정정하는 글자의 수를 같이 기재한다.

그리고 위와 같이 수정 · 정정된 기존의 내용과 수정 · 정정하면서 기재한 새로운 내용 위에 모두 당사자들(매도인 · 매수인 · 공인중개사 등)의 도장을 각각 날인해야 한다.

위와 같이 매매계약서의 수정 · 정정하는 경우 당사자들이 가지고 있는 계약서, 공인중개사가 가지고 있는 계약서 모두에 위와 같은 절차를 거쳐야 한다. 여러 개의 계약서 중 일부 계약서만 수정 · 정정하게 되면 또 다른 분쟁의 소지가 발생할 수 있다.

만약, 부동산에 관한 분쟁이 발생하여 소송을 진행하게 되면 당사자 간의 계약서 작성 여부와 계약서의 내용이 1차적 분쟁 해결의 기준이 된다. 이에 법률관계 해결에 중심이 되는 매매계약서를 수정 · 정정하는 것을 권하기는 어렵다고 할 것이며 되도록 다시 작성하여 당사자들의 도장을 다시 날인하고 기존의 계약서들은 부본(복사본)을 포함하여 모두 파기하는 것이 좋다.

다. 특약사항

일정한 형식으로 작성된 부동산 매매계약서는 실제 부동산 거래에서 발생하는 모든 상황을 반영할 수 없다. 이에 '특약사항'이라는 별도의 항을 만

들어 해당 매매계약에서 특별히 약정하는 내용을 기재하게 되는데, 위 특약사항은 매매계약서의 일반내용과 배치되는 경우 특약사항이 우선하여 적용되기 때문에 그 작성에 있어 상당한 주의를 요한다.

특히, 매매계약서 및 특약사항을 정함에 있어서 애매한 문구를 기재하는 경우가 있는데 정확한 표현을 사용하지 않으면 해당 특약에 효력이 인정되지 않을 수 있어 유의해야 한다.

※ 자주 하는 질문 – 빌트인 시설도 부동산 거래에 포함되나요?

최근에는 아파트 거래에 있어서 빌트인 시설 등이 부동산 매매대금에 포함되는지 여부가 문제된다. 아파트를 분양받을 때 있었던 식기세척기, 가스레인지 등과 거주하면서 설치한 에어컨, 실내장식 등을 쉽게 구분할 수 없는 경우가 있다. 또한, 주택매매계약서상 위 주택 내에 존재하는 시설 및 동산을 모두 기재하기도 사실상 어렵다.

위와 같은 분쟁을 사전에 방지하기 위해 매매계약서의 특약사항으로 매매계약체결 시를 기준의 '현 시설물 상태'로 매매계약서를 체결한다고 기재하고 아파트를 분양받을 시 설치되어 있던 빌트인 시설물은 매매계약의 대상에 포함된다고 기재하고 구체적으로 어떤 시설인지를 명확하게 기재하는 것이 좋다.

라. 무익한 계약서 기재 내용 – 기재해도 별다른 효과가 없는 내용

실무에서 수없이 많은 부동산 매매계약서를 작성한 예를 접하다 보면 별다른 의미가 없음에도 불구하고 특약사항으로 기재하는 문구들이 있다. 심지어 별다른 의미가 없는 위 문구에도 불구하고 계약의 당사자 일방이 강제력이 있다고 오해하는 경우도 있다.

예를 들어, 아파트 매매계약을 체결하면서 매도인은 2022. 3. 1.까지 퇴거하지 못하는 경우가 발생할 수 있다는 생각에, "매도인은 2022. 3. 1.까지 퇴거를 하되, 매도인과 매수인이 협의하여 위 퇴거일을 조정할 수 있다."고 특약사항을 정했다고 가정해 보자.

위와 같은 특약사항은 매도인이 2022. 3. 1.까지 반드시 퇴거를 해야 하며, 단 매도인과 매수인의 협의로 의사가 일치되는 경우에 한하여 퇴거기일을 위 2022. 3. 1. 이후 또는 이전으로 변경할 수 있는 것이다. 즉, 위 특약사항 중 "매도인과 매수인이 협의하여 위 퇴거기일을 조정할 수 있다."고 매매계약서에 기재하는 것은 별다른 의미가 없다.

왜냐하면 위와 같은 문구를 기재하지 않는다고 하더라도 매도인과 매수인이 협의하여 의사만 합치된다면 매도인의 퇴거일을 언제든지 임의의 시점으로 정할 수 있기 때문이다.

따라서, 특약사항에 '당사가 간의 협의로 ~한다.' '최대한 성실히 임한다.' '당사자 일방이 ~하도록 노력한다.' 등의 문구가 기재되어 있다면 해당 사항에 강제력이 있다고 보기 어려우며 계약의 상대방에게 해당 내용의 이행을 강제할 수 없어 별다른 의미가 없을 수 있다는 점을 유의해야 한다.

마. 매매계약서 내용 확인의 중요성

부동산 매매계약서를 포함하여 대부분의 계약서는 글자가 작고 내용이 많으며 법적인 어려운 용어가 많이 있어 계약당사자들이 해당 계약서를 잘 읽어 보지 않고 거래 상대방 또는 공인중개사의 설명만 듣고 계약서에 도장을 날인하는 경우가 있다.

윗부분에 관해서 필자가 수없이 강조하는 것이지만, 계약서는 여러 번 읽어 봐야 하고 이해가 되지 않는 부분이 있거나 의미가 모호한 부분이 있다면 반드시 공인중개사 또는 계약당사자들과 해당 문구의 의미를 명확히 한다. 계약서에도 누구나 쉽게 이해 및 해석할 수 있는 문구를 기재해야 한다.

또한, 계약서를 작성했다고 바로 그날 도장을 날인하지 말고 1~2일 정도의 시간적 여유를 두고 필자를 포함한 부동산 전문 변호사에게 자문을 구해 볼 것을 권한다. 특히, 규모가 큰 부동산 거래 · 매매에 해당할수록 신중하게 매매계약서를 작성하고 도장을 날인해야 한다.

바. 부동산 매매계약서 등 자문에 관하여

대개의 부동산 거래에 있어서 특정한 날에 매도인, 매수인, 공인중개사가 만나서 위 매매계약서 양식을 출력하여 일정한 특약사항을 기재하고 매도인, 매수인이 위 내용을 확인하고 도장을 날인하는 경우가 많다. 실제 부동산 거래에 있어서 위와 같이 이뤄지는 매매계약 현장에서 언제 부동산 전문가의 자문을 받냐고 반문하는 분이 계실지 모르겠다.

그러나, 실제 부동산 거래사고가 발생하여 필자를 찾아오는 의뢰인 중 다수는 왜 매매계약서 작성과정에서 자문을 구하지 않았었는지 후회하는 경우가 많다. 부동산 매매계약서를 작성하여 도장까지 날인한다면 해당 매매계약서 작성기일에 어떠한 이야기가 있었고 위와 같은 내용이 녹취되어 있다고 하더라도 매매계약서의 내용이 가장 우선적인 법원 판단의 기준이 된다.

부동산 매매계약서 등에 관해 부동산 전문 변호사 등에 자문을 구하는데 시간·장소적으로 어렵다면 본서의 내용만이라도 이해하여 본인 스스로 매매계약서의 내용 및 그 법적인 의미를 파악하고 위험요소를 파악할 수밖에 없다. 필자가 본서를 집필하는 큰 이유 중 하나이기도 하다.

3.

주택 임대차보호법 주요 내용

· · · · · ·

가. 주택 임대차보호법의 의의

'주택 임대차보호법'은 줄여서 '주택 임대차법'이라고도 부르며, 주거용 건물의 임대차에 관하여 민법에 대한 특례를 규정하여 국민 주거생활의 안정을 보장함을 목적으로 제정되었다. 위 주택 임대차보호법은 전·월세 임대차 시장에서 상대적인 약자인 임차인을 보호하기 위해 제정되었다는 데 의의가 있다.

다시 한번 말하지만, 주택 임대차보호법은 임대차 시장에서 상대적 약자인 임차인을 보호하기 위해 제정된 법이다. 위 법에서 어떻게 임차인을 보호하고 있는지 확인해야 한다. 윗부분이 바로 부동산 투자·거래에 있어서 임대인, 임차인 모두가 반드시 알아야 할 지식의 포인트라고 할 것이다.

나. 주택 임대차보호법의 적용 범위

주택 임대차보호법은 주거용 건물의 전부 또는 일부의 임대차에 관하여 적용한다. 그 임차주택의 일부가 주거 외의 목적으로 사용되는 경우에도 주택 임대차보호법이 적용된다.

주택 임대차보호법이 적용되는 임대차가 임차인과 주택의 소유자인 임대인 사이에 임대차계약이 체결된 경우로 한정되는 것은 아니다. 그러나 적어도 그 주택에 관해 적법하게 임대차계약을 체결할 수 있는 권한을 가진 임대인이 임대차계약을 체결할 것이 요구된다. 따라서, 적법한 임대 권한이 없는 사람과 임대차계약을 체결한 경우에는 주택 임대차보호법이 적용되지 않는다.

-대법원 2014. 2. 27. 선고 2012다93794 판결-

[1] 주택임대차보호법이 적용되는 임대차가 임차인과 주택의 소유자인 임대인 사이에 임대차계약이 체결된 경우로 한정되는 것은 아니나, 적어도 그 주택에 관하여 적법하게 임대차계약을 체결할 수 있는 권한을 가진 임대인이 임대차계약을 체결할 것이 요구된다.

[2] 갑이 임의경매절차에서 최고가매수신고인의 지위에 있던 을과 주택임대차계약을 체결한 후 주택을 인도받아 전입신고를 마치고 임대차계약서에 확정일자를 받았는데, 다음날 을이 매각대금을 완납하고 병 주식회사에 근저당권설정등기를

마쳐준 사안에서, 을이 최고가매수신고인이라는 것 외에는 임대차계약 당시 적법한 임대권한이 있었음을 인정할 자료가 없는데도, 갑이 아직 매각대금을 납부하지도 아니한 최고가 매수신고인에 불과한 을로부터 주택을 인도받아 전입신고 및 확정일자를 갖추었다는 것만으로 주택임대차보호법 제3조의 2 제2항에서 정한 우선변제권을 취득하였다고 본 원심판결에 법리오해 등의 위법이 있다고 한 사례.

다. 최근 개정된 임대차 3법의 주요 내용

지난 2020. 7. 30. 국회에서는 세입자의 보호를 목적으로 주택 임대차보호법 개정안을 통과시켰다. 위 개정된 임대차보호법에서 크게 세 가지의 사안이 중점이 되어 '임대차 3법'이라고 부른다.

임대차 3법의 주요 내용은 "기존 2년의 임대차 계약이 끝나면 1회에 한해여 추가로 2년의 임대차 기간의 보장된다는 내용" "임대료 증액의 상한선으로 기존의 계약의 5% 이내로 제한된다는 내용" "임대차계약 당사자가 계약 30일 이내 관련 정보를 신고해야 한다는 내용"이다.

임대차 3법의 주요 내용이라고 해서 주택 임대차보호법에 위 내용이 모두 포함된 것으로 생각할 수도 있으나, 임대차계약을 당사자가 계약 30일 이내 관련 정보를 신고해야 한다는 내용은 '부동산거래신고 등에 관한 법률' 등에서 규정하고 있다.

〈임대차 3법의 주요 내용〉

-주택 임대차보호법-

제6조의3(계약갱신 요구 등)

① 제6조에도 불구하고 임대인은 임차인이 제6조제1항 전단의 기간 이내에 계약갱신을 요구할 경우 정당한 사유 없이 거절하지 못한다. 다만, 다음 각 호의 어느 하나에 해당하는 경우에는 그러하지 아니하다.

1. 임차인이 2기의 차임액에 해당하는 금액에 이르도록 차임을 연체한 사실이 있는 경우
2. 임차인이 거짓이나 그 밖의 부정한 방법으로 임차한 경우
3. 서로 합의하여 임대인이 임차인에게 상당한 보상을 제공한 경우
4. 임차인이 임대인의 동의 없이 목적 주택의 전부 또는 일부를 전대(轉貸)한 경우
5. 임차인이 임차한 주택의 전부 또는 일부를 고의나 중대한 과실로 파손한 경우
6. 임차한 주택의 전부 또는 일부가 멸실되어 임대차의 목적을 달성하지 못할 경우
7. 임대인이 다음 각 목의 어느 하나에 해당하는 사유로 목적 주택의 전부 또는 대부분을 철거하거나 재건축하기 위하여 목적 주택의 점유를 회복할 필요가 있는 경우
   가. 임대차계약 체결 당시 공사시기 및 소요기간 등을 포함한 철거 또는 재건축 계획을 임차인에게 구체적으로 고지하고 그 계획에 따르는 경우
   나. 건물이 노후·훼손 또는 일부 멸실되는 등 안전사고의

우려가 있는 경우

다. 다른 법령에 따라 철거 또는 재건축이 이루어지는 경우

8. 임대인(임대인의 직계존속·직계비속을 포함한다)이 목적 주택에 실제 거주하려는 경우

9. 그 밖에 임차인이 임차인으로서의 의무를 현저히 위반하거나 임대차를 계속하기 어려운 중대한 사유가 있는 경우

② 임차인은 제1항에 따른 계약갱신요구권을 1회에 한하여 행사할 수 있다. 이 경우 갱신되는 임대차의 존속기간은 2년으로 본다.

제7조(차임 등의 증감청구권)

① 당사자는 약정한 차임이나 보증금이 임차주택에 관한 조세, 공과금, 그 밖의 부담의 증감이나 경제사정의 변동으로 인하여 적절하지 아니하게 된 때에는 장래에 대하여 그 증감을 청구할 수 있다. 이 경우 증액청구는 임대차계약 또는 약정한 차임이나 보증금의 증액이 있은 후 1년 이내에는 하지 못한다.

② 제1항에 따른 증액청구는 약정한 차임이나 보증금의 20분의 1의 금액을 초과하지 못한다. 다만, 특별시·광역시·특별자치시·도 및 특별자치도는 관할 구역 내의 지역별 임대차 시장 여건 등을 고려하여 본문의 범위에서 증액청구의 상한을 조례로 달리 정할 수 있다.

-부동산 거래신고 등에 관한 법률-

제6조의2(주택 임대차 계약의 신고)

① 임대차계약당사자는 주택(『주택임대차보호법』 제2조에 따른 주택을 말하며, 주택을 취득할 수 있는 권리를 포함한다. 이하 같다)에 대하여 대통령령으로 정하는 금액을 초과하는 임대차 계약을 체결한 경우 그 보증금 또는 차임 등 국토교통부령으로 정하는 사항을 임대차 계약의 체결일부터 30일 이내에 주택 소재지를 관할하는 신고관청에 공동으로 신고하여야 한다. 다만, 임대차계약당사자 중 일방이 국가등인 경우에는 국가등이 신고하여야 한다.

② 제1항에 따른 주택 임대차 계약의 신고는 임차가구 현황 등을 고려하여 대통령령으로 정하는 지역에 적용한다.

-부동산 거래신고 등에 관한 법률 시행령-

제4조의3(주택 임대차 계약의 신고)

① 법 제6조의2제1항 본문에서 "대통령령으로 정하는 금액을 초과하는 임대차 계약"이란 보증금이 6천만 원을 초과하거나 월차임이 30만 원을 초과하는 주택 임대차 계약(계약을 갱신하는 경우로서 보증금 및 차임의 증감 없이 임대차 기간만 연장하는 계약은 제외한다)을 말한다.

② 법 제6조의2제2항에서 "대통령령으로 정하는 지역"이란 특별자치시 · 특별자치도 · 시 · 군(광역시 및 경기도의 관할구역에 있는 군으로 한정한다) · 구(자치구를 말한다)를 말한다.

-부동산 거래신고 등에 관한 법률 시행규칙-

제6조의2(주택 임대차 계약의 신고)

① 법 제6조의2제1항 본문에서 "그 보증금 또는 차임 등 국토교통
부령으로 정하는 사항"이란 다음 각 호의 사항을 말한다.

1. 임대차계약당사자의 인적사항

   가. 자연인인 경우: 성명, 주소, 주민등록번호(외국인인 경
   우에는 외국인등록번호를 말한다) 및 연락처

   나. 법인인 경우: 법인명, 사무소 소재지, 법인등록번호 및
   연락처

   다. 법인 아닌 단체인 경우: 단체명, 소재지, 고유번호 및
   연락처

2. 임대차 목적물(주택을 취득할 수 있는 권리에 관한 계약인 경우
   에는 그 권리의 대상인 주택을 말한다)의 소재지, 종류, 임대
   면적 등 임대차 목적물 현황

3. 보증금 또는 월 차임

4. 계약 체결일 및 계약 기간

5. 「주택임대차보호법」 제6조의3에 따른 계약갱신요구권의
   행사 여부(계약을 갱신한 경우만 해당한다)

② 법 제6조의2제1항에 따라 주택 임대차 계약을 신고하려는 임
대차계약당사자는 별지 제5호의2서식의 주택 임대차 계약 신
고서(이하 "임대차 신고서"라 한다)에 공동으로 서명 또는 날인해
신고관청에 제출해야 한다.

참고로, 임대차계약 신고의 경우 거주하는 곳을 관할하는 주민센터를 방문하여 신고하거나, 아래 〈표〉의 부동산거래관리시스템 홈페이지(https://rtms.molit.go.kr)에 접속하여 온라인으로 신고가 가능하다.

위 홈페이지에서 임대차계약서를 제출하여 임대차계약 신고를 접수 완료하게 되면 주택 임대차보호법 제3조의6 제1항에 따른 확정일자가 부여된 것으로 간주한다.

★ 본서의 말미에 '[별지4]'로 위 별지 제5호의2 서식 '주택 임대차계약 신고서'를 첨부하였다. 위 서식이 필요한 분이 있다면 참고하기 바란다.

라. 주택 임대차보호법의 주요 내용

(1) 대항력 등

주택 임대차보호법에서는 대항력에 관하여 "임대차는 그 등기가 없는 경우에도 임차인이 주택의 인도와 주민등록을 마친 때에는 그다음 날부터 제

3자에 대하여 효력이 생기며 이 경우 전입신고를 한 때에 주민등록이 된 것으로 본다."고 정하고 있다.

-주택임대차보호법-

제3조(대항력 등)
① 임대차는 그 등기(등기)가 없는 경우에도 임차인(임차인)이 주택의 인도(인도)와 주민등록을 마친 때에는 그 다음 날부터 제삼자에 대하여 효력이 생긴다. 이 경우 전입신고를 한 때에 주민등록이 된 것으로 본다.
④ 임차주택의 양수인(양수인)(그 밖에 임대할 권리를 승계한 자를 포함한다)은 임대인(임대인)의 지위를 승계한 것으로 본다.

주택 임대차보호법에서의 '대항력'은 임차주택의 양도 등으로 소유권 변동이 발생하더라도 대항력을 갖춘 임차인은 새로운 소유권자에게 기존의 임대차 기간을 주장할 수 있고 임대차보증금의 반환을 청구할 수 있다는 것이다.

예를 들어, 임대인 '갑'소유의 아파트에 관하여 임차인 '을'이 임대차계약을 체결하고 위 아파트에 전입신고하고 실제 거주하고 있으며 임대차 보증금 1억 원을 임대차계약체결 시에 지급하고 매월 월세로 50만 원을 지급하고 있다고 가정해 보자.

위 예시사례에서 '갑'이 아파트를 '병'에게 매도하였고 소유권이전이 경료되었다고 하더라도, 임차인 '을'은 새로운 소유자 '병'에게 자신의 임차권을 주장할 수 있으며, 임차인으로서의 권리(계약갱신청구권, 주택 임차권 승계권 등)를 행사할 수 있다. 이후 임대차 기간이 종료되면 임차인 '을'은 위 '병'에게 임대차 보증금 반환을 청구할 수 있다.

위와 같이 임차인 '을'은 주택 임대차보호법상의 대항력을 취득함으로써 임대차 기간 동안 임차목적물의 소유권이 '갑'에서 '병'으로 변경되었음에도 불구하고 새로운 소유나 '병'에게 기존의 임대차 기간을 주장하고 임대차계약의 종료 시 임대차 보증금 반환을 청구할 수 있어 그 임차인으로서의 권리가 안전하게 보호된다고 할 것이다.

※ 쉬어 가는 상식 - 채권과 물권

"채권은 물권을 이기지 못한다."는 말이 있다. 법률공부를 한 사람이라면 위 말을 한 번쯤은 들어봤을 것이다. 주택 임차인이 임대인에 대하여 가지는 임차목적물을 사용·수익할 권리 그리고 임차보증금 반환청구권은 모두 채권에 해당한다. 이에 반대 기존의 임대인으로부터 주택을 매수하여 소유권을 취득한 자는 위 임차목적물에 대하여 소유권이라는 물권을 가진다.

채권은 물권을 이기지 못하기 때문에 원칙적으로 임차인은 기존 임대인으로부터 주택의 소유권을 취득한 자에게 임대차계약을 주장할 수 없다. 그러나, 임대차보호법은 위와 같이 대항력 규정을 두어 "채권은 물권을 이기지 못한다."는 원칙의 예외를 규정한 것이다.

(2) 주택 임대차계약 기간

주택을 소유하지 못하였거나 소유하고 있다고 하더라도 다양한 사유로 타인 소유의 주택에 임차인이 살게 되면, 해당 임차인의 입장에서는 해당 주택에서 안정적으로 거주하는 것이 중요하다고 할 것이다.

이에 주택 임대차보호법에서는 아래 〈표〉와 같이 "임대차 계약에서 기간을 정하지 않거나 2년 미만으로 정한 경우에는 임대차 기간을 2년으로 본다."고 정하고 있다.

-주택임대차보호법-

제4조(임대차 기간 등)
① 기간을 정하지 아니하거나 2년 미만으로 정한 임대차는 그 기간을 2년으로 본다. 다만, 임차인은 2년 미만으로 정한 기간이 유효함을 주장할 수 있다.
② 임대차 기간이 끝난 경우에도 임차인이 보증금을 반환받을 때까지는 임대차 관계가 존속되는 것으로 본다.

임대인과 임차인 사이에 계약 기간을 1년으로 정했다고 하더라도 위 주택 임대차보호법에서 임대차 기간을 2년으로 보고 임차인만이 2년 미만으로 정한 기간이 유효하다고 주장할 수 있다고 정하고 있어 임차인의 선택에 따라 임대차 기간을 2년으로 할 것인지, 1년으로 할 것인지 정할 수 있다고 할 것이다.

물론, 임대차 기간이 종료된 이후에도 임대인으로부터 보증금을 반환받지 못한다면 반환받을 때까지 임대차 관계는 계속해서 존속하는 것으로 임차인은 해당 주택에 거주할 수 있다. 다만, 임차인이 보증금을 반환받지 못해 임차목적물에 계속해서 거주함으로써 발생하는 각종 비용을 부담해야 하고 기존의 임대차계약에서 정한 임차료 상당액은 지급해야 한다.

나아가, 임차인은 임대차계약이 종료했음에도 보증금을 반환받지 못하고 있으나 임차목적물에 계속해서 거주할 수 없는 사유가 있다면, 대항력 등을 유지하기 위해 법원에 임차권등기명령을 신청하여 임차권등기명령의 집행에 따른 임차권등기가 된 후 다른 곳으로 이주할 수도 있다. 임차권등기명령 제도에 관해서는 항을 바꾸어 상세히 살펴보도록 하겠다.

(3) 임차권등기명령 제도

임차권등기명령은 임대차계약이 종료되었음에도 임대인이 보증금을 반환하지 않는 경우에 임차인을 보호하기 위한 제도로, 임차인은 임차주택의 소재지를 관할하는 지방법원 등에 임차권등기명령을 신청할 수 있다. 임차인이 임차권등기명령의 집행에 따른 임차권등기를 마치면 임대차보호법상의 '대항력'과 '우선변제권'을 취득한다.

다만, 임차인이 임차권등기 전에 이미 대항력이나 우선변제권을 취득했다면 그 대항력이나 우선변제권은 그대로 유지되며, 임차권등기 이후에 대항요건인 '주택의 인도' '주민등록' 등을 상실한다고 하더라도 이미 취득한 대항력이나 우선변제권을 상실하지 않는다.

★ 본서의 말미에 '[별지5] 주택임차권등기명령신청서의 예시를 첨부하였다. 주택임차권등기명령을 신청을 고려하는 분들께 참고가 되길 바란다.

---

(4) 계약갱신청구권

주택 임대차보호법은 "임대인이 임대차 기간이 끝나기 6개월 전부터 2개월 전까지의 기간에 갱신 거절의 통지를 하지 아니하거나 계약조건을 변경하지 아니하면 갱신하지 아니한다는 뜻의 통지를 하지 아니한 경우에는 그 기간이 끝난 때에 전 임대차와 동일한 조건으로 다시 임대차를 한 것으로 본다."고 정하고 있다.

-주택임대차보호법-

제6조(계약의 갱신)

① 임대인이 임대차 기간이 끝나기 6개월 전부터 2개월 전까지의 기간에 임차인에게 갱신거절(갱신거절)의 통지를 하지 아니하거나 계약조건을 변경하지 아니하면 갱신하지 아니한다는 뜻의 통지를 하지 아니한 경우에는 그 기간이 끝난 때에 전 임대차와 동일한 조건으로 다시 임대차한 것으로 본다. 임차인이 임대차 기간이 끝나기 2개월 전까지 통지하지 아니한 경우에도 또한 같다. 〈개정 2020.6.9〉

② 제1항의 경우 임대차의 존속기간은 2년으로 본다. 〈개정 2009.5.8〉

③ 2기(기)의 차임액(차임액)에 달하도록 연체하거나 그 밖에 임차인으로서의 의무를 현저히 위반한 임차인에 대하여는 제1항을 적용하지 아니한다.

위 주택 임대차보호법에서는 임대차계약에서 임대인이 임차인에게 임대차 기간이 종료되기 전 6개월 전부터 2개월 전까지의 기간에 갱신 거절의 의사표시를 하지 않으면, 임대차계약은 자동으로 갱신되며 갱신된 임대차계약의 존속기간은 2년이라고 정하고 있어 위 경우 임차인으로 하여금 최소한 4년간 안정적으로 임차한 주택에서 거주할 수 있도록 정하고 있다.

또한, 주택 임대차보호법에 의하면 임차인이 임대차 기간이 끝나기 2개월 전까지 임대차계약의 종료에 관한 의사표시를 하지 않으면, 임대차 기간은 2년으로 하여 기존의 임대차계약이 갱신되게 된다.

그렇다면, 위와 같이 임대차계약이 갱신된 후 2년간 계속해서 임대차계약이 지속되어야 할까? 결론적으로 주택 임대차보호법에서 임대인은 위 갱신된 임대차계약 기간을 준수해야 하고, 임차인은 언제든지 임대차계약을 해지할 수 있으며 임차인이 임대차계약을 해지할 경우 위 임대인이 임대차계약의 해지 통지받은 날부터 3개월이 지나면 해지의 효력이 발생한다고 정하고 있다.

위 주택법 임대차보호법의 내용을 공부해 보면 왜 필자가 수차례에 걸쳐 주택 임대차보호법은 임차인의 주택 안정을 위한 법이라고 강조한 이유를 잘 알 수 있다.

-주택임대차보호법-

제6조의2(묵시적 갱신의 경우 계약의 해지)
① 제6조제1항에 따라 계약이 갱신된 경우 같은 조 제2항에도 불구하고 임차인은 언제든지 임대인에게 계약해지(계약해지)를 통지할 수 있다. 〈개정 2009.5.8〉
② 제1항에 따른 해지는 임대인이 그 통지를 받은 날부터 3개월이 지나면 그 효력이 발생한다.

전술한 바와 같이 주택 임대차계약은 임대인이 계약 갱신의 거절의사표시를 하지 않으면 자동으로 갱신하게 되는데, 주택 임대차보호법에서는 아래 〈표〉와 같이 임대인으로 하여금 일정한 사유가 있으면 임차인의 계약갱신청구권 행사를 거절할 수 있다는 일정한 예외사유를 정하고 있다.

임차인의 임대차계약 갱신 요구를 거절할 수 있는 다양한 사유 중에서 본서에서는 임대인이 계약 갱신을 거절할 수 있는 사유가 여러 가지가 있는다. 위 사유 중에서 "1. 임차인이 2기의 차임액에 해당하는 금액에 이르도록 차임을 연체한 사실이 있는 경우"와 "8. 임대인(임대인의 직계존속·직계비속을 포함한다)이 목적 주택에 실제 거주하려는 경우"를 중점적으로 살펴보도록 하겠다.

-주택임대차보호법-

제6조의3(계약갱신 요구 등)

① 제6조에도 불구하고 임대인은 임차인이 제6조제1항 전단의 기간 이내에 계약갱신을 요구할 경우 정당한 사유 없이 거절하지 못한다. 다만, 다음 각 호의 어느 하나에 해당하는 경우에는 그러하지 아니하다.

1. 임차인이 2기의 차임액에 해당하는 금액에 이르도록 차임을 연체한 사실이 있는 경우
2. 임차인이 거짓이나 그 밖의 부정한 방법으로 임차한 경우
3. 서로 합의하여 임대인이 임차인에게 상당한 보상을 제공한 경우
4. 임차인이 임대인의 동의 없이 목적 주택의 전부 또는 일부를 전대(전대)한 경우
5. 임차인이 임차한 주택의 전부 또는 일부를 고의나 중대한 과실로 파손한 경우
6. 임차한 주택의 전부 또는 일부가 멸실되어 임대차의 목적을 달성하지 못할 경우
7. 임대인이 다음 각 목의 어느 하나에 해당하는 사유로 목적 주택의 전부 또는 대부분을 철거하거나 재건축하기 위하여 목적 주택의 점유를 회복할 필요가 있는 경우

    가. 임대차계약 체결 당시 공사시기 및 소요기간 등을 포함한 철거 또는 재건축 계획을 임차인에게 구체적으로 고지하고 그 계획에 따르는 경우

    나. 건물이 노후·훼손 또는 일부 멸실되는 등 안전사고의 우려가 있는 경우

다. 다른 법령에 따라 철거 또는 재건축이 이루어지는 경우
8. 임대인(임대인의 직계존속·직계비속을 포함한다)이 목적 주택에
   실제 거주하려는 경우
9. 그 밖에 임차인이 임차인으로서의 의무를 현저히 위반하거나
   임대차를 계속하기 어려운 중대한 사유가 있는 경우

필자가 주택 임대차보호법이 임차인을 보호하기 위한 법이라고 소개했지만, 제아무리 임차인을 보호하기 위한 법이라도 임차인이 임차료를 제대로 지급하지 않는 경우에서도 임차인을 보호하기는 어렵다고 할 것이다.

이에 주택 임대차보호법에서는 "임차인이 2기의 차임액에 해당하는 금액에 이르도록 차임을 연체한 사실이 있는 경우" 임대인은 임차인의 계약 갱신 청구를 거절할 수 있는 정당한 사유에 해당한다고 정하고 있다.

임차인이 2기의 차임액에 해당하는 금액을 연체한 사실이 있는 경우에 임대차계약의 갱신을 거절할 수 있는 것으로, 연체한 차임액이 2기의 차임액에 해당하면 충분한 것이지 연속해서 2기의 차임액을 연체한 경우에 한하여 계약갱신을 거절할 수 있는 것이 아니다.

간혹, 임차인이 임대인에게 보증금을 지급한 것이 있으니 차임이 연체되면 위 보증금에서 공제하면 되기 때문에 차임을 연체한 것이 아니라고 생각하는 경우가 있다. 임차인이 임대인에게 지급한 임대차보증금이 존재한다고 하더라도 2기의 차임액을 연체한 경우 임대인이 계약 갱신을 거절할

수 있다는 점을 유의해야 한다.

주택임차인 '갑'은 임대인 '을'과 임대차계약을 체결하면서 임대
차 기간은 2년으로 정하고, 임대차계약 시 임대차 보증금으로
3,000만 원을 지급하고, 매월 1일 임차료로 매월 100만 원을 지급
하기로 하였다.

이후 임차인 '갑'은 아래와 같이 임대인 '을'에게 임차료를 지급하
였다.
2021. 1. 1. 임차료 100만 원 지급
2021. 2. 1. 임차료 100만 원 미지급
2021. 3. 1. 임차료 100만 원 중 50만 원 미지급
2021. 4 1. 임차료 100만 원 중 50만 원 미지급

위 예시사례에서 임차인 '갑'은 세 차례에 걸쳐서 총 200(100+50+50)만 원
의 임차료를 미지급 및 연체하였다. 위 경우 임대인 '을'은 위 임대차계약의
갱신을 거절할 수 있게 되고 계약 기간 2년이 경과한 시점에 임대차계약은
종료되게 된다.

위와 같이 임대인 '을'이 계약 갱신 거절에 관하여 임차인 '갑'은 임대차
보증금 3,000만 원을 지급한 것이 있다고 하더라도 위 계약 갱신 거절을 부
정하기는 어렵다고 할 것이다.

나아가, 최근 주택 임대차보호법 개정으로 "임대인(임대인의 직계존속·직계

비속을 포함한다)이 목적 주택에 실제 거주하려는 경우" 임대차계약의 갱신을 거절할 수 있는 것으로 정하고 있다. 필자의 개인적인 의견이나 '임대인이 목적 주택에 실제 거주하려는 경우'의 의미가 다소 불명확하여 분쟁의 소지가 있다고 생각된다. 위와 같이 분쟁의 소지가 된다면 입증 책임을 누가 부담하느냐의 문제가 중요하다고 할 것이다.

최근 하급심 법원에서는 임차인이 임대인의 실거주 목적을 의심할만한 특별한 사정이 존재한다는 점에 관해서 주장·입증할 책임이 있다고 판단한 사례가 있다. 추후, 다른 하급심 법원들이 어떤 판단을 하는지 나아가 대법원에서는 어떤 판단을 하는지 더 지켜볼 필요가 있다고 할 것이다.

※ 쉬어 가는 상식 – 직계존속과 직계비속의 의미

1. 직계존속

직계존속의 사전적인 의미는 "조상으로부터 직선으로 계속하여 자기에 이르기까지의 혈족"을 뜻한다. 간단하게 설명하면 부모·조부모와 같이 본인을 출산하도록 한 친족을 말한다.

2. 직계비속

직계비속의 사전적인 의미는 "자신으로부터 직선으로 내려가서 후손에 이르는 사이의 혈족"을 뜻한다. 간단하게 설명하면 직계존속에 상대되는 개념으로 자신의 자·손과 같이 본인으로부터 출산된 친족을 말한다.

한편, 주택 임대차보호법에서는 아래 〈표〉와 같이 "임대인이 실제 거주를 이유로 임대차계약의 갱신을 거절했음에도 불구하고, 갱신요구가 거절되지 아니하였더라면 갱신되었을 기간이 만료되기 전에 정당한 사유 없이 제3자에게 임대한 경우 임대인은 갱신거절로 인한 임차인의 손해를 배상해야 한다."고 정하고 있다.

참고로, 주택 임대차보호법상 임대인은 차임이나 보증금 증액이 있은 후 1년 이내에 증액 청구를 할 수 없고, 위 증액 청구는 차임이나 보증금의 20분의 1을 초과하지 못한다. 이에 임대인이 기존의 임차인과의 임대차계약을 실거주 목적을 이유로 갱신 거절하고, 새로운 임차인과 기존 임대차계약보다 높은 보증금과 임차료로 임대차계약을 체결하는 것을 방지하기 위한 것이다.

그러나, 실제 부당하게 갱신 거절된 임차인이 임대인 갱신요구가 거절되지 아니하였더라면 갱신되었을 기간이 만료되기 전에 제3자에게 주택을 임대한 사실, 위와 같은 임대에 정당한 사유가 없다는 사실 등을 입증하여 손해배상을 청구하는 것이 실제 가능할지, 가능하다고 하더라도 해당 소송이 임차인 보호를 위한 목적달성에 어느 정도의 실효성이 있을지는 의문이다.

-주택임대차보호법-

제7조(차임 등의 증감청구권)
① 당사자는 약정한 차임이나 보증금이 임차주택에 관한 조세, 공과금, 그 밖의 부담의 증감이나 경제사정의 변동으로 인하여 적절하지 아니하게 된 때에는 장래에 대하여 그 증감을 청

구할 수 있다. 이 경우 증액청구는 임대차계약 또는 약정한 차임이나 보증금의 증액이 있은 후 1년 이내에는 하지 못한다.

② 제1항에 따른 증액청구는 약정한 차임이나 보증금의 20분의 1의 금액을 초과하지 못한다. 다만, 특별시 · 광역시 · 특별자치시 · 도 및 특별자치도는 관할 구역 내의 지역별 임대차 시장 여건 등을 고려하여 본문의 범위에서 증액청구의 상한을 조례로 달리 정할 수 있다.

제6조의3(계약갱신 요구 등)

① 제6조에도 불구하고 임대인은 임차인이 제6조제1항 전단의 기간 이내에 계약갱신을 요구할 경우 정당한 사유 없이 거절하지 못한다. 다만, 다음 각 호의 어느 하나에 해당하는 경우에는 그러하지 아니하다.

  8. 임대인(임대인의 직계존속 · 직계비속을 포함한다)이 목적 주택에 실제 거주하려는 경우

⑤ 임대인이 제1항제8호의 사유로 갱신을 거절하였음에도 불구하고 갱신요구가 거절되지 아니하였더라면 갱신되었을 기간이 만료되기 전에 정당한 사유 없이 제3자에게 목적 주택을 임대한 경우 임대인은 갱신거절로 인하여 임차인이 입은 손해를 배상하여야 한다.

(5) 주택 임차권 승계권

주택 임대차보호법에서는 임차인과 가정공동생활을 하는 사실상의 혼인관계에 있는 자의 주거안정도 보호하기 위해서 아래 〈표〉와 같이 "임차인

이 상속인 없이 사망한 경우에는 그 주택에서 가정공동생활을 하던 사실상의 혼인 관계에 있는 자가 임차인의 권리와 의무를 승계한다." "임차인이 사망한 때에는 사망 당시 상속인이 그 주택에서 가정공동생활을 하고 있지 아니한 경우에는 그 주택에서 가정공동생활을 하던 사실상의 혼인 관계에 있는 자와 2촌 이내의 친족이 공동으로 임차인의 권리와 의무를 승계한다."고 정하고 있다.

상속인이 없는 임차인이 사실혼 배우자와 주택을 임차하여 거주하고 있던 중 임차인이 사망하게 되면 위 사실혼 배우자가 임차인의 권리 의무를 승계해서 위 주택에 거주할 수 있게 되고, 임대차계약이 종료된 경우 임대인에게 보증금 반환청구권을 행사할 수 있다.

원칙적으로 자녀(상속인)가 있는 임차인이 사실혼 배우자와 주택을 임차하여 위 사실혼 배우자와 거주하며 자녀는 다른 곳에서 거주하고 있던 도중 사망한 경우, 민법상 자녀가 유일한 상속인이 된다고 할 것이나, 주택 임대차보호법은 위 민법의 예외를 규정하여 위 자녀와 사실혼 배우자는 공동으로 임차인의 권리와 의무를 승계하게 된다.

참고로, 우리 민법에서는 혼인신고를 하지 않고 사실혼의 관계에 있는 배우자에게 상속권을 원칙적으로 인정하고 있지 않다. 그럼에도 불구하고, 주택 임대차보호법에서는 일정한 조건하에서 사실혼 배우자에게 임차인의 권리와 의무의 승계를 인정하고 있어 우리 민법의 예외를 규정하면서까지 임차인 측의 주거안정을 보호하려고 하고 있다.

-주택임대차보호법-

제9조(주택 임차권의 승계)

① 임차인이 상속인 없이 사망한 경우에는 그 주택에서 가정공동생활을 하던 사실상의 혼인 관계에 있는 자가 임차인 의 권리와 의무를 승계한다.

② 임차인이 사망한 때에 사망 당시 상속인이 그 주택에서 가정공동생활을 하고 있지 아니한 경우에는 그 주택에서 가정공동생활을 하던 사실상의 혼인 관계에 있는 자와 2촌 이내의 친족이 공동으로 임차인의 권리와 의무를 승계한다.

③ 제1항과 제2항의 경우에 임차인이 사망한 후 1개월 이내에 임대인에게 제1항과 제2항에 따른 승계 대상자가 반대의사를 표시한 경우에는 그러하지 아니하다.

④ 제1항과 제2항의 경우에 임대차 관계에서 생긴 채권 · 채무는 임차인의 권리의무를 승계한 자에게 귀속된다.

(6) 강행규정

필자가 주택 임대차보호법이 임차인의 보호를 위한 법이라고 수차례 강조한 이유는 위 법의 아래 〈표〉 규정을 통해서 명확히 알 수 있다. 주택 임대차보호법에서는 "주택임대차보호법에 위반한 약정 중에서 임차인에게 불리한 것은 효력이 없다."라고 정하고 있다.

-주택임대차보호법-

제10조(강행규정)
이 법에 위반된 약정(약정)으로서 임차인에게 불리한 것은 그 효력이 없다.

위 규정의 위력을 알기 위해서는 우선 강행규정의 의미부터 알아보는 것이 필요하다. 강행규정은 "당사자가 서로 합의로 강행규정을 배제할 수 없는 규정으로, 만약 당사자가 서로 합의해서 강행규정을 배제하는 약정을 하더라도 해당 약정은 무효가 되는 규정"을 말한다. 이에 반해 임의규정은 "당사자들의 의사에 따라 그 적용을 배제할 수 있는 규정"을 말한다.

계약에 관한 법률규정은 대개의 경우 임의규정으로 계약의 당사자들이 정하는 계약의 내용이 우선적으로 적용하게 된다. 주택에 관한 임대차계약 또한 당사자 사이의 사적인 계약임에도 불구하고, 주택 임대차보호법에서는 강행규정이라고 정하며 주택 임대차보호법에서 정한 내용보다 임차인에게 불리한 것은 효력 자체가 인정되지 않는다고 정하고 있다.

다만, 위 규정을 반대로 해석하면 임대차보호법에서 정한 내용보다 임대인에게 불리한 규정을 임대차계약서에 기재할 경우 해당 규정은 유효성이 인정된다고 할 것이다.

위와 같이 주택 임대차보호법은 임대인에게 불리한 규정의 효력은 인정되면서도 임차인에게 불리한 규정에 관해서만 그 효력이 인정되지 않는다고 정하고 있다. 이는 주택 임대차보호법이 임대인에 의해 적용이 배제되는 것을 방지하고, 임차인이 위 법의 내용을 몰라 자신에게 불리한 내용을 임대차계약에 기재하더라도 그 효력 자체를 부인할 수 있게 정한 것으로 임차인 보호에 집중한 법이라 할 것이다. 이를 두고 '편면적 강행규정'이라고 부르기도 한다.

간단하게 설명하면, 주택 임대차보호법은 임차인의 주거 안정의 보호를 위한 내용을 정하고 있으며, 위 법에서 정하고 있는 임차인 보호에 관한 기준을 충족하지 못하면 해당 임대차계약의 조항은 효력이 없다는 것이다.

4.
주택 임대차에 관해서 많이 질의하는 내용

가. 확정일자와 전세권 설정의 차이점

주택 임대차보호법에서는 대항 요건과 임대차계약서상에 확정일자를 갖춘 임차인은 민사집행법에 따른 경매에 있어서 임차 주택 및 대지의 환가대금에서 후순위권리자나 그 밖의 채권자보다 우선하여 보증금을 변제받을 권리가 있다고 정하고 있다.

즉, 주택 임대차보호법은 임차인이 대항요건과 임대차계약서상 확정일자를 갖추며 거주하고 있는 부동산이 경매된다고 하더라도 그 배당에 있어서 해당 확정일자를 기준으로 후순위권리자 등에 우선하여 배당을 받을 수 있게 정함으로써 임차인을 보호하고 있다.

참고로, 부동산 거래신고 등에 관한 법률에서는 주택 임대차계약을 신고의 접수를 완료한 때에는 위 주택 임대차보호법상 확정일자를 부여한 것으로 보고 있어 임대차계약을 신고 접수를 완료하면 따로 확정일자를 부여받기 위해 주민센터를 방문할 필요가 없도록 하고 있다.

-주택임대차보호법-

제3조의2(보증금의 회수)

② 제3조제1항·제2항 또는 제3항의 대항요건(대항요건)과 임대차계약증서(제3조제2항 및 제3항의 경우에는 법인과 임대인 사이의 임대차계약증서를 말한다)상의 확정일자(확정일자)를 갖춘 임차인은 「민사집행법」에 따른 경매 또는 「국세징수법」에 따른 공매(공매)를 할 때에 임차주택(대지를 포함한다)의 환가대금(환가대금)에서 후순위권리자(후순위권리자)나 그 밖의 채권자보다 우선하여 보증금을 변제(변제)받을 권리가 있다.

-부동산 거래신고 등에 관한 법률-

제6조의2(주택 임대차 계약의 신고)

① 임대차계약당사자는 주택(「주택임대차보호법」 제2조에 따른 주택을 말하며, 주택을 취득할 수 있는 권리를 포함한다. 이하 같다)에 대

하여 대통령령으로 정하는 금액을 초과하는 임대차 계약을 체결한 경우 그 보증금 또는 차임 등 국토교통부령으로 정하는 사항을 임대차 계약의 체결일부터 30일 이내에 주택 소재지를 관할하는 신고관청에 공동으로 신고하여야 한다. 다만, 임대차계약당사자 중 일방이 국가등인 경우에는 국가등이 신고하여야 한다.

② 제1항에 따른 주택 임대차 계약의 신고는 임차가구 현황 등을 고려하여 대통령령으로 정하는 지역에 적용한다.

③ 제1항에도 불구하고 임대차계약당사자 중 일방이 신고를 거부하는 경우에는 국토교통부령으로 정하는 바에 따라 단독으로 신고할 수 있다.

④ 제1항에 따라 신고를 받은 신고관청은 그 신고 내용을 확인한 후 신고인에게 신고필증을 지체 없이 발급하여야 한다.

⑤ 신고관청은 제1항부터 제4항까지의 규정에 따른 사무에 대한 해당 권한의 일부를 그 지방자치단체의 조례로 정하는 바에 따라 읍·면·동장 또는 출장소장에게 위임할 수 있다.

⑥ 제1항, 제3항 또는 제4항에 따른 신고 및 신고필증 발급의 절차와 그 밖에 필요한 사항은 국토교통부령으로 정한다. ·

제6조의5(다른 법률에 따른 신고 등의 의제)

③ 제6조의2, 제6조의3에 따른 신고의 접수를 완료한 때에는 「주택임대차보호법」 제3조의6제1항에 따른 확정일자를 부여한 것으로 본다(임대차계약서가 제출된 경우로 한정한다). 이 경우 신고관청은 「주택임대차보호법」 제3조의6제2항에 따라 확정일자부를 작성하거나 「주택임대차보호법」 제3조의6의 확정일자부여기관에 신고 사실을 통보하여야 한다.

임대인이 임대차계약이 종료되었음에도 불구하고 임대차 보증금을 반환하지 않는 경우에 대항력과 확정일자를 갖춘 임차인은 임대인을 상대로 임대차 보증금 반환청구소송을 제기하여 승소하여 받은 판결문을 기초로 임대인 소유의 부동산에 관하여 강제경매를 신청할 수 있다.

이에 반해 전세권 설정등기를 경료한 전세권자는 임대인이 임대차계약이 종료되었음에도 불구하고 임대차 보증금을 반환하지 않는 경우에 임대인을 상대로 임대차 보증금반환청구소송을 제기할 필요가 없이 바로 전세권을 근거로 경매를 신청할 수 있다.

위와 같이 임차인의 입장에서 전세권설정등기를 경료해 두는 것이 추후 보증금 반환에 있어서 간편하게 해당 주택에 관하여 경매를 신청할 수 있는 등의 권리를 가지게 된다. 그러나 전세권 설정등기를 위해서는 임대인의 동의가 필요하다는 점, 전세권 설정에 등기비용이 들어간다는 점 등의 이유로 인해 전세권 설정보다는 임대차 대항요건과 확정일자를 갖추는 임차인이 많다.

필자에게 주택 임대차에서 전세권을 설정해야 하는지 아니면 주택 임대차보호법상 대항력과 확정일자를 갖춘 것으로 충분한지 많이 물어보는데, 가능하다면 전세권설정등기를 경료해 놓는 것이 좋지만 절차상·비용상 어렵다면 주택 임대차보호법상 대항력과 확정일자를 갖춘 것으로도 주택 임대차보호법을 통해 임차인으로서 상당한 보호를 받을 수 있다고 할 것이다.

나. 소액임차인 최우선 보호제도

주택 임대차보호법에서는 대항력(부동산 실제 거주와 주민등록)을 갖춘 임차인은 '보증금 중 일정액'에 관해서는 다른 담보물권자보다 우선하여 변제받을 수 있다고 정하고 있다. 참고로, 임차인이 확정일자를 갖추어야 위 보호를 받을 수 있는 것은 아니다.

임대인의 주택에 관하여 임차인보다 먼저 저당권을 설정한 자가 있다고 하더라도 임차인의 보증금 중 일정한 금액에 한해서는 경매 절차에서 우선하여 배당받을 수 있는 것이다. 이는 주택 임대차보호법에서 임차인의 보증금 중 일정액에 관해서 경매절차에서 우선 배당을 인정하여 임대인의 사정으로 인하여 임차인이 보증금을 전혀 회수하지 못하는 상황을 방지하기 위한 것으로 어떻게 보면 초법규적인 측면이 있다고 하겠다.

위 '보증금 중 일정액'은 주택 임대차보호법 시행령에서 지역마다 차등하여 정하고 있는데 구체적으로 서울특별시의 경우 5,000만 원, 세종특별자치시, 용인시, 화성시, 김포시의 경우 4,300만 원, 광역시, 안산시, 광주시, 파주시, 이천시 및 평택시의 경우 2,300만 원, 그 밖의 지역은 2,000만 원으로 정하고 있다.

-주택임대차보호법-

제8조(보증금 중 일정액의 보호)

① 임차인은 보증금 중 일정액을 다른 담보물권자(擔保物權者)보다 우선하여 변제받을 권리가 있다. 이 경우 임차인은 주택에 대한 경매신청의 등기 전에 제3조 제1항의 요건을 갖추어야 한다.

② 제1항의 경우에는 제3조의2 제4항부터 제6항까지의 규정을 준용한다.

③ 제1항에 따라 우선변제를 받을 임차인 및 보증금 중 일정액의 범위와 기준은 제8조의2에 따른 주택임대차위원회의 심의를 거쳐 대통령령으로 정한다. 다만, 보증금 중 일정액의 범위와 기준은 주택가액(대지의 가액을 포함한다)의 2분의 1을 넘지 못한다.

-주택임대차보호법 시행령-

제10조(보증금 중 일정액의 범위 등)

① 법 제8조에 따라 우선변제를 받을 보증금 중 일정액의 범위는 다음 각 호의 구분에 의한 금액 이하로 한다. 〈개정 2010. 7. 21., 2013. 12. 30., 2016. 3. 31., 2018. 9. 18., 2021. 5. 11.〉

  1. 서울특별시: 5천만 원
  2. 「수도권정비계획법」에 따른 과밀억제권역(서울특별시는 제외한다), 세종특별자치시, 용인시, 화성시 및 김포시: 4천 300만 원

3. 광역시(『수도권정비계획법』에 따른 과밀억제권역에 포함된 지역
   과 군지역은 제외한다), 안산시, 광주시, 파주시, 이천시 및
   평택시: 2천300만 원
4. 그 밖의 지역: 2천만 원

② 임차인의 보증금 중 일정액이 주택가액의 2분의 1을 초과하는
   경우에는 주택가액의 2분의 1에 해당하는 금액까지만 우선변
   제권이 있다.
③ 하나의 주택에 임차인이 2명 이상이고, 그 각 보증금 중 일정
   액을 모두 합한 금액이 주택가액의 2분의 1을 초과하는 경우
   에는 그 각 보증금 중 일정액을 모두 합한 금액에 대한 각 임
   차인의 보증금 중 일정액의 비율로 그 주택가액의 2분의 1에
   해당하는 금액을 분할한 금액을 각 임차인의 보증금 중 일정
   액으로 본다.
④ 하나의 주택에 임차인이 2명 이상이고 이들이 그 주택에서 가
   정공동생활을 하는 경우에는 이들을 1명의 임차인으로 보아
   이들의 각 보증금을 합산한다.

주택 임대차보호법에서 위와 같이 임차인의 최우선변제권을 규정하고
있다고 하더라도, 배당요구 종기까지 배당요구를 신청해야 하고, 배당 요
구 종기까지 대항요건을 유지해야 한다. 실무상 임차인이 경매 절차에서
배당요구 종기까지 배당요구를 하지 않아 배당을 받지 못하는 경우가 발생
할 수 있어 주의를 요한다.

다. 임대한 주택에 하자가 있는 경우

(1) 서설

임차인이 임대한 주택에 하자가 있는 경우 임대인에게 어떤 경우에 수리를 요구할 수 있을까? 창문이 깨지거나 전등을 교체해야 하는 간단한 경우도 임대인에게 수리를 요구할 수 있을까? 이에 대한 답을 찾기 위해서는 우선 위와 관련한 민법규정을 살펴볼 필요가 있다.

(2) 민법의 규정

민법에서는 아래 〈표〉와 같이 임대인은 임대차 목적물을 임차인에게 인도하고 임대차계약의 존속 중 그 사용·수익에 필요한 상태를 유지하게 할 의무를 부담한다고 정하고 있다. 나아가, 임차인이 임차물의 보존에 필요한 필요비를 지출한 때에는 임대인에게 그 비용의 상환을 청구할 수 있다고 정하고 있다.

-민법-

제623조(임대인의 의무)
임대인은 목적물을 임차인에게 인도하고 계약존속중 그 사용, 수익에 필요한 상태를 유지하게 할 의무를 부담한다.

제626조(임차인의 상환청구권)
① 임차인이 임차물의 보존에 관한 필요비를 지출한 때에는 임대인에 대하여 그 상환을 청구할 수 있다.

---

② 임차인이 유익비를 지출한 경우에는 임대인은 임대차종료 시
에 그 가액의 증가가 현존한 때에 한하여 임차인의 지출한 금
액이나 그 증가액을 상환하여야 한다. 이 경우에 법원은 임대
인의 청구에 의하여 상당한 상환기간을 허여할 수 있다.

위 민법에서 정하고 있는 '임차목적물 사용, 수익에 필요한 상태' '임차물 보존에 필요비'에 관해서는 해석하기에 따라 그 범위가 달라질 것이다. 이에 관해서 후술하는 대법원 판결을 살펴볼 필요가 있다.

(3) 대법원 판결

대법원에서는 파손 또는 장애가 발생한 경우 임차인이 별 비용을 들이지 아니하고도 손쉽게 고칠 수 있을 정도의 사소한 것이라면 임대인이 수선의무를 부담하지 않는다고 정하고 있다.

따라서, 임차인이 전구, 수도꼭지, 방문 손잡이, 방범창 등 상대적으로 사소하고 비용이 적게 드는 부분에 관해 수리하거나 교체하는 경우 임대인에게 그 수리 또는 교체를 요구하기 어렵고 임차인이 알아서 해결해야 할 것이다.

가. 임대차계약에 있어서 임대인은 목적물을 계약 존속 중 그 사
용·수익에 필요한 상태를 유지하게 할 의무를 부담하는 것
이므로, 목적물에 파손 또는 장해가 생긴 경우 그것이 임차
인이 별 비용을 들이지 아니하고도 손쉽게 고칠 수 있을 정
도의 사소한 것이어서 임차인의 사용·수익을 방해할 정도
의 것이 아니라면 임대인은 수선의무를 부담하지 않지만, 그
것을 수선하지 아니하면 임차인이 계약에 의하여 정해진 목
적에 따라 사용·수익할 수 없는 상태로 될 정도의 것이라면
임대인은 그 수선의무를 부담한다.

(4) 임차인이 수리비용을 모두 부담하기로 특약한 경우

실제 임대차계약에서 주택을 임차하면서 수리비용 등이 발생할 경우 임
차인이 모두 부담하는 것으로 임대차계약서 특약사항으로 넣는 경우가 종
종 있다. 위와 같은 특약을 정하게 되면 해당 임차 주택에서 발생하는 모든
수리를 임차인이 부담해야 하는 걸까?

일반적인 사회통념을 기준으로 생각하더라도 주택의 소유자인 임대인과
달리 해당 주택을 임차하여 몇 년간 거주하는 임차인에게 주택에 관해 모
든 수리비용을 부담하게 하는 것은 부당하다고 할 것이다. 특히, 임차인이
임차한 주택에 대규모 수선 등을 해야 하는 경우 위와 같은 특약을 이유로
임차인이 수리비용을 모두 부담하고 임대차계약 종료 시 위 비용을 돌려받
지 못한다면 부당하다고 할 것이다.

대법원에서도 아래 〈표〉와 같이 임대인의 수선의무는 특약에 의하여 이를 면제하거나 임차인의 부담으로 돌릴 수 있으나, 이는 특별한 사정이 없는 한 통상 생길 수 있는 파손의 수선 등 소규모 수선에 한하며 대파손의 수리, 건물의 주요 구성 부분에 대한 대수선, 기본적 설비 부분의 교체 등 대규모의 수선은 여전히 임대인이 수선의무를 부담한다고 정하고 있다.

따라서, 임대차계약에서 임대인의 수선의무를 면제하거나 임차인의 부담으로 정했다고 특약사항으로 정했다고 하더라도, 주택의 구조적인 결함이 있어 수리를 필요하거나 기타 주요 부분의 대수선, 누수, 배관의 교체 등의 문제가 발생하는 경우 위 특약에도 불구하고 임대인에게 수선의 의무가 있다고 할 것이다.

-대법원 1994. 12. 9. 선고 94다34692,94다34708 판결-

나. '가'항의 임대인의 수선의무는 특약에 의하여 이를 면제하거나 임차인의 부담으로 돌릴 수 있으나, 그러한 특약에서 수선의무의 범위를 명시하고 있는 등의 특별한 사정이 없는 한 그러한 특약에 의하여 임대인이 수선의무를 면하거나 임차인이 그 수선의무를 부담하게 되는 것은 통상 생길 수 있는 파손의 수선 등 소규모의 수선에 한한다 할 것이고, 대파손의 수리, 건물의 주요 구성부분에 대한 대수선, 기본적 설비부분의 교체 등과 같은 대규모의 수선은 이에 포함되지 아니하고 여전히 임대인이 그 수선의무를 부담한다고 해석함이 상당하다.

라. 계약 기간 만료 시 임대차계약서 작성 여부

임대차계약에서 정한 임대차 기간이 만료되는 경우 임대차계약서를 새로 작성해야 하는 것일까? 결론적으로 이는 임대인과 임차인의 입장 차이가 있을 수 있어 일률적으로 말하기는 어렵다.

주택 임대차보호법상 임대인은 임대차 기간이 끝나기 6개월 전부터 2개월 전까지 임차인에게 갱신 거절을 통지하지 아니하거나 계약조건을 변경하지 아니하면 갱신하지 아니한다는 뜻의 통지를 하지 않으면, 그 기간이 끝난 때에 전 임대차와 동일한 조건으로 다시 임차한 것으로 보게 된다.

따라서, 임대인이 임차료, 보증금 등의 인상을 요구하고 싶다면 임차인에게 계약조건을 변경하지 아니하면 갱신하지 아니한다는 뜻을 통지하고 임차인이 계약조건 변경에 동의한다면 변경된 계약조건을 명시한 새로운 임대차계약서를 작성해야 한다.

또한, 임차인이 임대차 기간이 끝나기 6개월 전부터 2개월 전까지의 기간에 임대차계약의 갱신을 요구할 경우 임대인은 주택 임대차보호법에서 정한 사유가 없다면 위 갱신 요구를 거절할 수 없다. 이에 따라 갱신되는 임대차는 전 임대차와 동일한 조건으로 다시 계약된 것으로 보게 되며 차임과 보증금은 주택 임대차보호법에서 정한 범위 내에서 증감할 수 있다.

위와 같은 경우 임대인은 임차인의 계약갱신청구권을 거절할 수 있는 사유가 없는 상황에서 차임과 보증금을 증액하려면 새로운 임대차계약서를 작성하는 것이 좋다. 위와 같은 상황에서 새로운 임대차계약서를 작성하여 새로운 조건을 작성하지 않으면, 기존의 임대차계약과 동일한 조건으로 임대차계약이 갱신된 것으로 볼 여지가 크기 때문이다.

마. 재개발 정비구역에서의 임대차

(1) 서설

재개발 · 재건축 정비구역에서 정비사업이 진행되고 있음에도 불구하고 특별한 사정이 있어 임대차계약해야 하는 경우나 임대차계약을 갱신해야 하는 경우에는 몇 가지 사항을 유의해야 한다. 나아가, 임대인 및 임차인 모두 재개발 · 재건축 정비사업의 절차에 관해 대략적으로라도 이해하는 것이 필요하다.

(2) 재개발 · 재건축 정비사업의 절차

재개발 · 재건축의 정비사업은 '정비 기본계획의 수립 및 정비구역의 지정→ 조합설립추진위원회의 구성 → 조합설립인가 → 시공사의 선정 → 사업시행계획인가 → 관리처분계획인가 → 이주 및 착공 → 입주 및 해산 청산' 절차로 진행된다.

정비구역의 구체적인 상황에 따라 일률적으로 말하기 어렵지만 위 단계별로 약 1~2년 정도의 시간이 소요된다. 또한, 대체적으로 재건축 정비사업이 재개발 정비사업보다 상대적으로 빨리 진행된다.

다만, 재개발 · 재건축 정비사업은 내부사정 등에 따라서는 진행 과정에 20년 이상 걸리거나 중간에 정비사업이 중단되는 경우도 있어 일률적으로 정비사업의 진행에 어느 정도의 시간이 걸리는지 말하기는 어렵고 해당 정비구역의 구체적인 사정을 살펴봐야 한다.

(3) 주택 임대차보호법 등 적용 여부

재개발·재건축 정비사업이 진행되는 곳에서 주택, 상가 등을 임차하려는 경우에는 해당 정비사업이 위 단계 중 어느 단계에 있는지 반드시 확인하고, 관리처분계획인가시 주택 임대차보호법 제4조 제1항, 상가건물 임대차보호법 제9조 제1항이 적용되지 않기 때문에 주택의 경우 2년의 임대차 기간을, 상가건물의 경우 1년의 임대차 기간을 보장받지 못할 수 있으며, 정비사업의 시행으로 임차권의 설정 목적을 달성할 수 없을 때에는 임대인이 임대차계약을 해지할 수 있다는 점을 유의해야 한다.

-도시 및 주거환경정비법-

제70조(지상권 등 계약의 해지)

① 정비사업의 시행으로 지상권·전세권 또는 임차권의 설정 목적을 달성할 수 없는 때에는 그 권리자는 계약을 해지할 수 있다.

② 제1항에 따라 계약을 해지할 수 있는 자가 가지는 전세금·보

증금, 그 밖의 계약상의 금전의 반환청구권은 사업시행자에게 행사할 수 있다.

③ 제2항에 따른 금전의 반환청구권의 행사로 해당 금전을 지급한 사업시행자는 해당 토지등소유자에게 구상할 수 있다.

④ 사업시행자는 제3항에 따른 구상이 되지 아니하는 때에는 해당 토지등소유자에게 귀속될 대지 또는 건축물을 압류할 수 있다. 이 경우 압류한 권리는 저당권과 동일한 효력을 가진다.

⑤ 제74조에 따라 관리처분계획의 인가를 받은 경우 지상권·전세권설정계약 또는 임대차계약의 계약기간은 「민법」 제280조·제281조 및 제312조 제2항, 「주택임대차보호법」 제4조 제1항, 「상가건물 임대차보호법」 제9조 제1항을 적용하지 아니한다.

-주택임대차보호법-

제4조(임대차 기간 등)
① 기간을 정하지 아니하거나 2년 미만으로 정한 임대차는 그 기간을 2년으로 본다. 다만, 임차인은 2년 미만으로 정한 기간이 유효함을 주장할 수 있다.

-상가건물 임대차보호법-

제9조(임대차 기간 등)
① 기간을 정하지 아니하거나 기간을 1년 미만으로 정한 임대차는 그 기간을 1년으로 본다. 다만, 임차인은 1년 미만으로 정한 기간이 유효함을 주장할 수 있다.

(4) 임대차계약 특약사항

재개발·재건축 정비사업이 진행되는 곳의 주택 등을 임대하는 임대인이라면 추후 임차인과의 불필요한 분쟁을 방지하기 위해서 아래 〈표〉의 내용을 임대차계약서상 특약사항 등으로 정해 주는 것이 좋다.

-특약사항-

- 본 임대차 계약은 OO 재개발정비구역 내 위치한 주택에 관한 임대차계약으로 위 OO재개발정비구역은 정비사업은 본 임대차 계약을 작성하는 시점을 기준으로 OOOOOO단계에 있음을 임대인과 임차인이 모두 확인한다.
- 임차인은 정비사업이 진행되어 이주가 시작되면 임대차계약 기간이 종료되기 전이라도 별다른 이의 없이 퇴거하기로 한다. 위와 같이 임차인이 퇴거해야 하는 경우에도 조합에 관련법에 근거하여 주거이전비, 이사비 등을 청구하는 것은 별개로 임대인에게 어떠한 비용도 청구할 수 없다.

(5) 임차인의 주거이전비

토지보상법 시행규칙에서 세입자의 주거이전비에 관하여 사업인정고시일등 당시 또는 공익사업을 위한 관계 법령에 따른 고시 등이 있은 당시 해당 공익사업시행지구안에서 3개월 이상 거주한 자일 것을 요구한다.

다만, 무허가 건축물 등에 입주한 세입자의 경우 사업인정고시일등 당시 또는 공익사업을 위한 관계 법령에 따른 고시 등이 있은 당시 그 공익사업지구 안에서 1년 이상 거주한 세입자일 것을 요구한다.

도정법 시행령 제54조 제4항에서는 주거이전비를 보상하는 경우 보상대상자의 인정 시점은 '정비구역지정공람공고일'이라고 규정하고 있는바, 위 토지보상법 시행규칙에서의 사업인정고시일은 위 공람공고일이라고 할 것이다.

-도정법 시행령-

제54조(손실보상 등)

① 제13조 제1항에 따른 공람공고일부터 계약체결일 또는 수용재결일까지 계속하여 거주하고 있지 아니한 건축물의 소유자는 「공익사업을 위한 토지 등의 취득 및 보상에 관한 법률 시행령」 제40조 제5항 제2호에 따라 이주대책대상자에서 제외한다. 다만, 같은 호 단서(같은 호 마목은 제외한다)에 해당하는 경우에는 그러하지 아니하다. 〈개정 2018.4.17.〉

② 정비사업으로 인한 영업의 폐지 또는 휴업에 대하여 손실을 평가하는 경우 영업의 휴업기간은 4개월 이내로 한다. 다만, 다음 각 호의 어느 하나에 해당하는 경우에는 실제 휴업기간으로 하되, 그 휴업기간은 2년을 초과할 수 없다.

　　1. 해당 정비사업을 위한 영업의 금지 또는 제한으로 인하여 4개월 이상의 기간 동안 영업을 할 수 없는 경우

　　2. 영업시설의 규모가 크거나 이전에 고도의 정밀성을 요구하는 등 해당 영업의 고유한 특수성으로 인하여 4개월 이내에 다른 장소로 이전하는 것이 어렵다고 객관적으로 인정

되는 경우

③ 제2항에 따라 영업손실을 보상하는 경우 보상대상자의 인정시점은 제13조 제1항에 따른 공람공고일로 본다.

④ 주거이전비를 보상하는 경우 보상대상자의 인정시점은 제13조 제1항에 따른 공람공고일로 본다.

-토지보상법 시행규칙-

제54조(주거이전비의 보상)

① 공익사업시행지구에 편입되는 주거용 건축물의 소유자에 대하여는 해당 건축물에 대한 보상을 하는 때에 가구원 수에 따라 2개월분의 주거이전비를 보상하여야 한다. 다만, 건축물의 소유자가 해당 건축물 또는 공익사업시행지구 내 타인의 건축물에 실제 거주하고 있지 아니하거나 해당 건축물이 무허가건축물등인 경우에는 그러하지 아니하다. 〈개정 2016.1.6〉

② 공익사업의 시행으로 인하여 이주하게 되는 주거용 건축물의 세입자(무상으로 사용하는 거주자를 포함하되, 법 제78조 제1항에 따른 이주대책대상자인 세입자는 제외한다)로서 사업인정고시일 등 당시 또는 공익사업을 위한 관계 법령에 따른 고시 등이 있은 당시 해당 공익사업시행지구안에서 3개월 이상 거주한 자에 대해서는 가구원수에 따라 4개월분의 주거이전비를 보상해야 한다. 다만, 무허가건축물등에 입주한 세입자로서 사업인정고시일등 당시 또는 공익사업을 위한 관계 법령에 따른 고시 등이 있은 당시 그 공익사업지구 안에서 1년 이상 거주한 세입자에 대해서는 본문에 따라 주거이전비를 보상해야 한다.

〈개정 2007.4.12, 2016.1.6, 2020.12.11〉

③ 제1항 및 제2항에 따른 거주사실의 입증은 제15조제1항 각 호의 방법으로 할 수 있다. 〈신설 2020.12.11〉

④ 제1항 및 제2항에 따른 주거이전비는 「통계법」 제3조제3호에 따른 통계작성기관이 조사·발표하는 가계조사통계의 도시근로자가구의 가구원수별 월평균 명목 가계지출비(이하 이 항에서 "월평균 가계지출비"라 한다)를 기준으로 산정한다. 이 경우 가구원수가 5인인 경우에는 5인 이상 기준의 월평균 가계지출비를 적용하며, 가구원수가 6인 이상인 경우에는 5인 이상 기준의 월평균 가계지출비에 5인을 초과하는 가구원수에 다음의 산식에 의하여 산정한 1인당 평균비용을 곱한 금액을 더한 금액으로 산정한다. 〈개정 2009.11.13, 2012.1.2, 2020.12.11〉 1인당 평균비용 = (5인 이상 기준의 도시근로자가구 월평균 가계지출비 – 2인 기준의 도시근로자가구 월평균 가계지출비) ÷ 3

대법원에서는 아래 〈표〉와 같이 "도시정비법상 주거용 건축물의 세입자가 주거이전비를 보상받기 위하여 반드시 정비사업의 시행에 따른 관리처분계획인가고시 및 그에 따른 주거이전비에 관한 보상계획의 공고일 내지 그 산정통보일까지 계속 거주하여야 할 필요는 없다."고 판단하고 있다.

위와 같은 각 법규정의 내용, 형식 및 입법경위에다가 주거이전
비는 당해 공익사업시행지구 안에 거주하는 세입자들의 조기이
주를 장려하여 사업을 원활하게 추진하려는 정책적인 목적을 가
지면서 동시에 주거이전으로 인하여 특별한 어려움을 겪게 될 세
입자들을 대상으로 하는 사회보장적인 차원에서 지급하는 성격
의 것인 점(대법원 2006. 4. 27. 선고 2006두2435 판결 등 참조) 등을 종
합하면, <u>도시정비법상 주거용 건축물의 세입자가 주거이전비를
보상받기 위하여 반드시 정비사업의 시행에 따른 관리처분계획
인가고시 및 그에 따른 주거이전비에 관한 보상계획의 공고일 내
지 그 산정통보일까지 계속 거주하여야 할 필요는 없다고 할 것
이다.</u>

다만, 대법원은 아래⟨표⟩와 같이 주거용 건축물 세입자의 주거이전비의
보상은 정비계획에 관한 공람공고일 당시 해당 정비구역 안에서 3개월 이
상 거주한 자를 대상으로 하되, 그 보상 방법 및 금액 등의 보상내용은 원
칙적으로 사업시행계획 인가고시일에 확정된다고 보고 있다.

따라서, 세입자가 사업시행계획인가 고시로 주거이전비 보상 내용이 확
정되기 전에 재개발 정비구역 밖으로 이주하였다면 주거이전비를 보상받
지 못할 수도 있다는 점을 유의해야 한다.

이와 같이 도시정비법에 따라 지급되는 '주거이전비'와 '이사비'는 사업시행지구 안에 거주하는 세입자들의 조기이주와 사업추진을 원활하게 하려는 정책적인 목적과 주거이전으로 인하여 특별한 어려움을 겪게 될 세입자들에 대한 사회보장적인 고려 아래 지급하도록 강제하는 것이다. 나아가 도시정비법령의 전체적 체계와 그에 따른 사업진행과정, 앞에서 본 관련 법령의 문언·내용·취지 등에 비추어 보면 도시정비법상 주거용 건축물의 세입자에 대한 주거이전비의 보상은 정비계획에 관한 공람공고일 당시 해당 정비구역 안에서 3월 이상 거주한 자를 대상으로 하되, 그 보상 방법 및 금액 등의 보상내용은 원칙적으로 사업시행계획인가고시일에 확정되는 것으로 봄이 타당하다(대법원 2012. 9. 27. 선고 2010두13890 판결 등 참조).

나아가, 세입자의 주거이전비에 관해서는 가구원 수에 따라 4개월분의 주거이전비를 보상해야 한다고 정하고 있다. 구체적인 금액은 후술하는 바와 같다.

주거이전비는 주거용 건축물의 소유자인 경우 도시가계조사통계의 근로자 가구의 가구원 수별 월평균 가계지출비×2를, 주거용 건축물 세입자의 경우 도시가계조사통계의 근로자 가구의 가구원 수별 월평균 가계지출비×4를 받을 수 있다. 주거이전비를 주거용 건축물 소유자의 경우와 세입자의 경우를 나누어 대략적인 금액을 살펴보면 아래와 같다.

〈2020년 기준 주거이전비〉

- 주거용 건축물 세입자의 경우 도시가계조사통계의 근로자 가구의 가구원 수별 월평균 가계지출비 × 4개월분

  → 1인 가구 : 8,629,532원, 2인 가구 : 12,785,968원, 3인 가구 : 17,725,960원

(6) 임차인의 이사비

이사비는 공익사업의 추진을 원활하게 함과 아울러 주거를 이전하게 되는 거주자들을 보호하려는 취지의 제도이다. 재개발 정비구역에 편입되는 주거용 건축물의 거주자는 이사비를 지급받을 수 있다. 즉, 임차인도 이사비를 받을 수 있다.

이주정착금이나 주거이전비에서는 주거용 건축물의 '소유자'일 것을 요구하고 있으나, 이사비에서는 주거용 건축물의 '거주자'라고 규정하고 있어 소유자와 세입자 간 구분 없이 이사비를 지급받을 수 있다.

-토지보상법 시행규칙-

제55조(동산의 이전비 보상 등)

① 토지등의 취득 또는 사용에 따라 이전하여야 하는 동산(제2항에 따른 이사비의 보상대상인 동산을 제외한다)에 대하여는 이전에 소요되는 비용 및 그 이전에 따른 감손상당액을 보상하여야 한다. 〈개정 2007.4.12〉

② 공익사업시행지구에 편입되는 주거용 건축물의 거주자가 해
당 공익사업시행지구 밖으로 이사를 하는 경우에는 별표 4의
기준에 의하여 산정한 이사비(가재도구 등 동산의 운반에 필요한
비용을 말한다. 이하 이 조에서 같다)를 보상하여야 한다. 〈개정
2012.1.2〉
③ 이사비의 보상을 받은 자가 당해 공익사업시행지구안의 지역
으로 이사하는 경우에는 이사비를 보상하지 아니한다.

참고로, 대법원은 "공익사업을 위한 토지 등의 취득 및 보상에 관한 법률
제78조 제5항, 구 공익사업을 위한 토지 등의 취득 및 보상에 관한 법률 시
행규칙(2016. 1. 6. 국토교통부령 제272호로 개정되기 전의 것) 제55조 제2항의 각 규
정 및 공익사업의 추진을 원활하게 함과 아울러 주거를 이전하게 되는 거
주자들을 보호하려는 이사비 제도의 취지에 비춰 보면, 이사비 보상대상자
는 공익사업시행지구에 편입되는 주거용 건축물의 거주자로서 공익사업의
시행으로 인하여 이주하게 되는 자로 보는 것이 타당하다. 이러한 취지는
도시 및 주거환경정비법에 따른 정비사업의 경우에도 마찬가지이다(대법원
2016. 12. 15. 선고 2016두49754 판결)."라고 판단하고 있다.

이사비의 산정은 주택면적을 기준으로 하여 노임, 차량 운임, 포장비를
산정하여 계산하는데, 복잡한 계산방식을 설명하는 것보다는 예외적인 경
우가 있으나 대략적으로 약 100~500만 원 정도라는 사실을 알아 두면 충분
할 것으로 생각된다.

★ 본서의 말미에 위 이사비 산정 기준에 관련하여 '[별지6] 토지보상법 시행규칙 별표 4 이사비 기준'으로 첨부하였다.

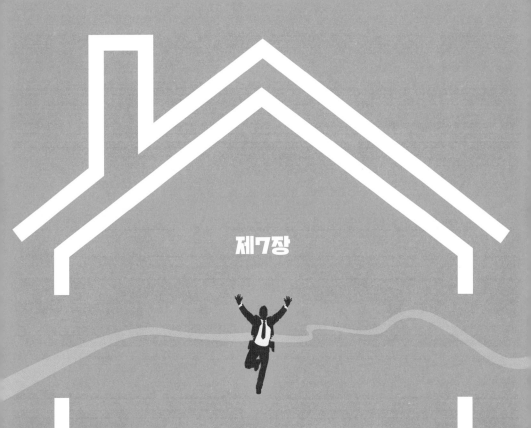

제7장

상가의 투자 및 거래에서 알아 두면 유용한 지식들

1.
상가건물 매매계약에 관해서

· · · · · ·

가. 상가건물이란?

부동산 시장에서 상가 또는 상가건물이라는 말을 사용하는데, 대개는 주택거래와 대비되는 개념으로 사용된다. 상가 또는 상가건물의 의미에 관해서 명확히 알아 보자면 상가건물 임대차보호법에서는 "상가건물은 부가가치세법 제8조, 소득세법 제168조, 법인세법 제111조에 따른 사업자등록을 하면 사업자등록의 대상이 되는 건물을 말한다."고 정의하고 있다.

> ### -상가건물 임대차보호법-
>
> **제2조**(적용범위)
> ① 이 법은 **상가건물**(제3조제1항에 따른 사업자등록의 대상이 되는 건

물을 말한다)의 임대차(임대차 목적물의 주된 부분을 영업용으로 사용하는 경우를 포함한다)에 대하여 적용한다. 다만, 제14조의2에 따른 상가건물임대차위원회의 심의를 거쳐 대통령령으로 정하는 보증금액을 초과하는 임대차에 대하여는 그러하지 아니하다. 〈개정 2020.7.31〉

-부가가치세법-

제8조(사업자등록)

① 사업자는 사업장마다 대통령령으로 정하는 바에 따라 사업 개시일부터 20일 이내에 사업장 관할 세무서장에게 사업자등록을 신청하여야 한다. 다만, 신규로 사업을 시작하려는 자는 사업 개시일 이전이라도 사업자등록을 신청할 수 있다.

-소득세법-

제168조(사업자등록 및 고유번호의 부여)

① 새로 사업을 시작하는 사업자는 대통령령으로 정하는 바에 따라 사업장 소재지 관할 세무서장에게 등록하여야 한다. 〈개정 2018.12.31.〉

② 「부가가치세법」에 따라 사업자등록을 한 사업자는 해당 사업에 관하여 제1항에 따른 등록을 한 것으로 본다.

③ 이 법에 따라 사업자등록을 하는 사업자에 대해서는 「부가가치세법」 제8조를 준용한다. 〈개정 2013.6.7.〉

⑤ 사업장 소재지나 법인으로 보는 단체 외의 사단 · 재단 또는 그 밖의 단체의 소재지 관할 세무서장은 다음 각 호의 어느 하나에 해당하는 자에게 대통령령으로 정하는 바에 따라 고유번호를 매길 수 있다.
  1. 종합소득이 있는 자로서 사업자가 아닌 자
  2. 「비영리민간단체 지원법」에 따라 등록된 단체 등 과세자료의 효율적 처리 및 소득공제 사후 검증 등을 위하여 필요하다고 인정되는 자

-법인세법-

제111조(사업자등록)

① 신규로 사업을 시작하는 법인은 대통령령으로 정하는 바에 따라 납세지 관할 세무서장에게 등록하여야 한다. 이 경우 내국법인이 제109조 제1항에 따른 법인 설립신고를 하기 전에 등록하는 때에는 같은 항에 따른 주주등의 명세서를 제출하여야 한다. 〈개정 2013.1.1〉

② 「부가가치세법」에 따라 사업자등록을 한 사업자는 그 사업에 관하여 제1항에 따른 등록을 한 것으로 본다.

③ 「부가가치세법」에 따라 법인과세 수탁자로서 사업자등록을 한 경우에는 그 법인과세 신탁재산에 관하여 제1항에 따른 등록을 한 것으로 본다. 〈신설 2020.12.22〉

④ 이 법에 따라 사업자등록을 하는 법인에 관하여는 「부가가치
세법」 제8조를 준용한다. 〈개정 2013.6.7, 2020.12.22〉
⑤ 제109조에 따른 법인 설립신고를 한 경우에는 사업자등록신청
을 한 것으로 본다. 〈개정 2020.12.22〉

나. 상가건물 매매계약 시 유의사항

(1) 부가가치세가 매매대금에 포함되는지 정할 것

부가가치세는 "모든 재화 또는 용역의 소비행위에 대하여 부과되는 일반
소비세이며 조세의 부담이 거래의 과정을 통하여 납세의무자가 있는 사업
자로부터 최종 소비자에게 전가되는 간접소비세이다."라고 정의된다. 주택
과 달리 상가 등의 건물을 취득할 때에는 부가가치세를 납부해야 한다.

상가 등 건물을 매매하면 매수인이 상가 등의 건물에 관하여 부가가치세
를 부담해야 한다는 점은 잘 알고 있는데, 매매계약서에 매매대금에 관해
부가가치세 포함 여부를 잘 표시하지 않는 경우가 있다.

예를 들어, 매도인 '갑'이 자신의 소유인 상가건물을 매수인 '을'에게 매매
대금 10억 원으로 정하여 매도하는 계약을 체결하려고 한다. 매도인 '갑'은
매매대금으로 10억 원과 이와 별개로 부가가치세를 받을 의도였다.

위 사례에서 매도인 '갑'이 상가건물을 매매하면서 매매대금으로 10억 원
을 정하고 부가가치세에 관해서 별도로 정하지 않았다면, 매수인 '을'은 매
도인에게 10억 원만 지급하면 되고 별도로 부가가치세를 지급할 의무가 없

다. 즉 위 10억 원의 매매대금에 부가가치세가 포함되어 있는 것이다.

위 사례에서 매도인이 부가가치세를 제외한 매매대금을 10억으로 정한 의도라면 매매계약서에 매매대금을 10억 원으로 정하고 '부가가치세 별도'라는 문구를 반드시 기재해야 한다. 위 매매계약서를 작성할 당시 부가가치세를 계산하기 어렵다면 추후 부가가치세를 계산하여 기재하도록 하되 매매대금에는 부가가치세가 포함되지 않는다는 문구를 반드시 기재해야 한다.

(2) 건축물대장을 확인할 것 – 위반건축물 여부

상가건물에 관해서 매매 및 거래를 하는 경우 해당 건물의 건축물대장을 반드시 확인해봐야 한다. 이는 건축물대장상 건축법 등을 위반한 건축물인지 여부가 기재되어 있기 때문이다.

만약, 해당 건물이 위반건축물인지 여부를 확인하지 않고 거래했다가 추후 관할청으로부터 이행강제금이 부과될 수 있다. 건축법에서는 건축법을 위반한 건축물에 대해서 건축 허가 또는 승인을 취소하거나 상당한 기간을 정하여 그 건축물의 해체 · 개축 · 증축 · 수선 · 용도변경 · 사용금지 등의 조치를 할 수 있다고 정하고 있다.

또한, 허가권자는 위 시정명령에 응하지 않는 건축주 등에 대해서는 그 시정명령의 이행에 필요한 상당한 이행 기간을 정하여 그 기한까지 시정명령을 이행하지 아니하면 이행강제금을 부과한다고 정하고 있다.

위 이행강제금은 시정명령을 이행할 때까지 계속해서 부과되는 것으로, 최초의 시정명령이 있었던 날을 기준으로 1년에 2회 이내의 범위에서 지방자치단체의 조례로 정하는 횟수만큼 그 시정명령이 이행될 때까지 반복하여 이행강제금을 부과·징수할 수 있다.

다시 한번 강조하지만 건축법 위반으로 시정명령을 받게 되고 정해진 이행 기간 내에 해당 시정명령을 이행하지 이행강제금이 부과되게 된다. 또한, 해당 이행강제금을 한번 납부했다고 해서 더 이상 부과되지 않는 것이 아니라 시정명령에 따른 조치를 이행할 때까지 계속해서 1년에 2회 이내의 범위에서 부과될 수 있다는 점을 유의해야 한다.

(3) 분양계약서의 업종제한

상가를 분양받으면서 해당 상가의 업종이 지정된 경우 분양계약서에 관련한 내용이 기재된다. 간혹, 분양 과정에서 구두로 업종의 지정을 설명받는 경우가 있는데, 분양계약서상 업종의 지정이 되지 않으면 별다른 효과가 없다는 점을 유의해야 한다.

만약, 분양계약서상 특정 업종이 지정되었음에도 불구하고 이를 위반하여 다른 업종을 하게 되면 위와 같은 행위로 인하여 이익을 침해당한 상가 분양자로부터 영업금지가처분, 손해배상청구소송 등을 당할 수 있다는 점을 유의해야 한다.

분양계약서상 업종을 지정했음에도 불구하고, 이후 구분소유자들로 구성된 관리단에 의해서 위 분양계약상의 업종제한의 변경 또는 폐지를 결의

하는 경우가 있다. 대법원 판결에 의하면 위와 같은 변경 또는 폐지의 결의만으로는 업종제한의 변경이나 폐지가 된다고 볼 수 없고, 기존의 지정업종 입점자의 동의가 필요하다.

-대법원 2005. 11. 10. 선고 2003다45496 판결-

[3] 분양 당시 지정된 제한업종의 변경에 있어서 구분소유자들로 구성된 관리단에 해당하는 단체의 동의나 기존의 경쟁업종을 영업할 수 있는 점포소유자의 동의를 얻지 못한 경우, 당초 분양계약상 정해진 제한업종에 대한 적법한 변경절차를 거쳤다고 볼 수 없다고 한 사례

-대법원 2007. 2. 8. 선고 2006다65842 판결-

분양회사가 수분양자에게 특정 영업을 정하여 분양하거나 구분소유자들 사이에서 각 구분소유의 대상인 점포에서 영위할 영업의 종류를 정하였다고 하더라도 수분양자들이나 구분소유자들 스스로의 합의에 의하여 이를 변경할 수 있고(대법원 2005. 11. 10. 선고 2003다45496 판결 참조), 집합건물의 소유 및 관리에 관한 법률 제23조 제1항, 제38조 제1항의 각 규정에서 건물에 대하여 구분소유관계가 성립되면 구분소유자 전원으로 구성되는 관리단이 당연히 설립되어 건물 및 그 대지와 부속시설의 관리에 관한 사업을 시행하게 되고, 그 관리단집회의 의사는 위 법 또는 규약에 특별한 규정이 없는 경우 구분소유자 및 의결권의 각 과반수로써

의결한다고 정하고 있음은 원심 판시와 같다.

그렇지만 관리단이 그 결의에 의하여 '분양계약에 따른 업종제한 약정'을 변경·폐지할 수 있는 것은 실질적으로 분양자(분양회사)의 업종제한 설정(분양자의 업종변경에 대한 동의권은 기존의 지정업종 입점자의 동의가 없는 한 사실상 그 행사가 불가능한 경우가 많다) 등의 지위를 대신한다는 의미가 있을 뿐만 아니라 위 분양계약상의 업종제한약정의 동기나 그 경위, 이를 둘러싼 수분양자 등 입점자들의 기득권에 대한 기대 및 수인 상태나 그 정도 등에 비추어 보면, 위 분양계약상의 업종제한의 변경이나 폐지 결의에는 관리단 자체의 정관이나 자치규약 또는 관리규약에서 규정한 의사정족수 및 의결정족수를 충족하는 외에 기존의 지정업종 입점자의 동의가 필요하다고 봄이 상당하다.

그럼에도 불구하고 원심은 그 판시와 같은 이유만으로 이 사건 상가의 분양계약 당시 이 사건 상가의 구분소유자 상호 간에 체결된 업종제한 약정이 구분소유자들 스스로의 합의에 따라 변경되었다고 단정하였으니, 이 부분 원심의 판단에는 판결 결과에 영향을 미친 법리오해의 위법이 있다고 할 것이다.

(4) 상가분양 사기에 관해서

상가분양과 관련하여 사기가 발생하는 경우의 신탁회사의 계좌가 아닌 다른 계좌로 분양대금을 입금하게 하여 해당 분양대금을 편취하는 방법을 사용하는 경우가 많다.

분양하는 부분의 바닥면적의 합계가 3,000㎡ 이상인 건축물을 분양하는 경우에는 '건축물의 분양에 관한 법률'이 적용되게 된다. 위 법에서는 분양사업자는 신탁업자와 신탁계약 및 대리사무계약을 체결한 경우 또는 금융기관 등으로부터 분양보증을 받는 경우 착공신고 후에 건축물을 분양할 수 있다.

실무적으로는 분양사업자가 신탁업자와 신탁계약 및 대리사무계약을 체결하고 착공신고 후 건축물을 분양하는 경우가 많은데, 위 신탁계약 및 대리사무계약에는 후술하는 내용 등으로 분양받은 자를 보호하고 있다.

위 신탁계약에서는 "신탁을 정산할 때에 분양받은 자가 납부한 분양대금을 다른 채권 및 수익자의 권리보다 우선하여 정산하여야 한다는 사항"을 정해야 한다.

또한, 위 신탁사와의 대리사무계약에서는 "분양받은 자를 보호하기 위한 분양수입금 관리계좌의 개설에 관한 사항" "분양사업자는 분양수입금 총액을 신탁업자에게 양도해야 한다는 사항" "분양대금은 신탁계약 및 대리사무계약에서 정한 토지매입비, 공사비, 설계비, 감리비 또는 그 밖의 부대사업비 등 해당 분양사업과 관련된 용도로만 사용할 수 있다는 사항"을 포함해야 한다.

위 신탁계약 및 대리사무계약에 따라 분양대금은 신탁사의 계좌로 받게 되는데, 만약 신탁사의 계좌가 아닌 다른 계좌를 알려 주면서 분양대금을 요구하는 경우에는 분양사기가 아닌지 의심해 볼 필요가 있다.

-건축물의 분양에 관한 법률-

제4조(분양 시기 등)

① 분양사업자는 다음 각 호의 구분에 따라 건축물을 분양하여야
한다.

   1. 「자본시장과 금융투자업에 관한 법률」에 따른 신탁업자와
   신탁계약 및 대리사무계약을 체결한 경우 또는 금융기관
   등으로부터 분양보증을 받는 경우: 「건축법」 제21조에 따
   른 착공신고 후

   2. 해당 건축물의 사용승인에 대하여 다른 건설업자 둘 이상
   의 연대보증을 받아 공증받은 경우: 골조공사의 3분의 2
   이상이 완료된 후

④ 제1항 제1호에 따른 신탁계약ㆍ대리사무계약의 방법과 기준,
분양보증을 할 수 있는 금융기관 등의 종류 및 범위는 대통령
령으로 정한다.

-건축물 분양에 관한 법률 시행령-

제3조(신탁계약 및 대리사무계약 등)

① 법 제4조 제1항 제1호에 따른 신탁계약(이하 "신탁계약"이라 한
다)에는 다음 각 호의 사항이 포함되어야 한다.

   1. 분양받은 자의 소유권등기 전날까지의 토지와 그 정착물의
   소유권 관리에 관한 사항

   2. 신탁받은 소유권의 처분에 관한 사항

3. 신탁을 정산할 때에 분양받은 자가 납부한 분양대금을 다른 채권 및 수익자의 권리보다 우선하여 정산하여야 한다는 사항

② 법 제4조 제1항 제1호에 따른 대리사무계약(이하 "대리사무계약"이라 한다)에는 다음 각 호의 사항이 포함되어야 한다.〈개정 2013. 3. 23.〉

1. 분양받은 자를 보호하기 위한 분양수입금 관리계좌의 개설에 관한 사항
2. 분양사업자는 분양수입금 총액을 신탁업자(『자본시장과 금융투자업에 관한 법률』에 따른 신탁업자를 말한다. 이하 같다)에게 양도하여야 한다는 사항
3. 분양대금은 신탁계약 및 대리사무계약에서 정한 토지매입비, 공사비, 설계비, 감리비 또는 그 밖의 부대사업비 등 해당 분양사업과 관련된 용도로만 사용할 수 있다는 사항
4. 그 밖에 신탁계약의 목적을 달성하기 위하여 국토교통부령으로 정하는 사항

2.
상가의 시설군 및 용도

· · · · · ·

가. 상가의 용도 확인의 필요성

상가를 매매하거나 임대할 경우 상가의 시설군 및 용도에 관한 기본적

인 지식이 있어야 한다. 이는 상가건물의 용도에 적합한 업종인지, 용도변경이 필요한 것인지 등을 알고 있어야 해당 상가에 대한 매매 및 거래를 할 수 있기 때문이다.

물론, 상가에 관해 매매 및 거래를 하면서 공인중개사를 선임한다면 공인중개사가 알아서 확인해 주겠지만, 공인중개사를 선임하지 않고 당사자 간 매매 및 거래를 하는 경우는 반드시 상가의 시설군 및 용도에 관한 이해와 지식이 필요하다고 할 것이다.

나. 건축법 등의 규정에 관하여

건축법에서는 건축물을 9개의 시설군으로 구분하고 있으며 건축법 시행령에서는 건축법 시행령에서는 아래 〈표〉와 같이 29개 용도로 구분하며 세부용도를 구체적으로 정하고 있다.

〈9개의 시설군과 29가지의 건축물 용도〉

순번	시설군	건축물 용도
1	자동차 관련 시설군	자동차 관련 시설군
2	산업 등의 시설군	(1) 운수시설
		(2) 창고시설
		(3) 공장
		(4) 위험물저장 및 처리시설
		(5) 자원순환 관련 시설
		(6) 묘지 관련 시설
		(7) 장례시설

순번	시설군	건축물 용도
3	전기통신 시설군	(1) 방송통신시설
		(2) 발전시설
4	문화 및 집회 시설군	(1) 문화 및 집회시설
		(2) 종교시설
		(3) 위락시설
		(4) 관광휴게시설
5	영업 시설군	(1) 판매시설
		(2) 운동시설
		(3) 숙박시설
		(4) 제2종 근린생활시설 중 다중 생활시설
6	교육 및 복지 시설군	(1) 의료시설
		(2) 교육연구시설
		(3) 노유자시설
		(4) 수련시설
		(5) 야영장시설
7	근린생활 시설군	(1) 제1종 근린생활시설(다중생활시설제외)
		(2) 제2종 근린생활시설
8	주거업무 시설군	(1) 단독주택
		(2) 공동주택
		(3) 업무시설
		(4) 교정 및 군사시설
9	그 밖의 시설군	(1) 동물 및 시설 관련 시설

-건축법 시행령-

제3조의5(용도별 건축물의 종류)

법 제2조 제2항 각 호의 용도에 속하는 건축물의 종류는 별표 1과
같다.

위 용도별 건축물 중에서 교육연구시설, 제1종 근린생활시설, 제2종 근
린생활설, 업무시설을 중점적으로 살펴보면 아래 〈표〉와 같다. 그 외 건축
물 용도는 본서의 말미에 첨부된 '[별지3]'을 참조하기 바란다.

3. 제1종 근린생활시설

가. 식품 · 잡화 · 의류 · 완구 · 서적 · 건축자재 · 의약품 · 의료기
기 등 일용품을 판매하는 소매점으로서 같은 건축물(하나의
대지에 두 동 이상의 건축물이 있는 경우에는 이를 같은 건축물로
본다. 이하 같다)에 해당 용도로 쓰는 바닥면적의 합계가 1천
제곱미터 미만인 것

나. 휴게음식점, 제과점 등 음료 · 차(茶) · 음식 · 빵 · 떡 · 과자 등
을 조리하거나 제조하여 판매하는 시설(제4호 너목 또는 제17
호에 해당하는 것은 제외한다)로서 같은 건축물에 해당 용도로
쓰는 바닥면적의 합계가 300제곱미터 미만인 것

다. 이용원, 미용원, 목욕장, 세탁소 등 사람의 위생관리나 의류
등을 세탁 · 수선하는 시설(세탁소의 경우 공장에 부설되는 것과

「대기환경보전법」, 「물환경보전법」 또는 「소음·진동관리법」에 따른 배출시설의 설치 허가 또는 신고의 대상인 것은 제외한다)

라. 의원, 치과의원, 한의원, 침술원, 접골원(接骨院), 조산원, 안마원, 산후조리원 등 주민의 진료·치료 등을 위한 시설

마. 탁구장, 체육도장으로서 같은 건축물에 해당 용도로 쓰는 바닥면적의 합계가 500제곱미터 미만인 것

바. 지역자치센터, 파출소, 지구대, 소방서, 우체국, 방송국, 보건소, 공공도서관, 건강보험공단 사무소 등 주민의 편의를 위하여 공공업무를 수행하는 시설로서 같은 건축물에 해당 용도로 쓰는 바닥면적의 합계가 1천 제곱미터 미만인 것

사. 마을회관, 마을공동작업소, 마을공동구판장, 공중화장실, 대피소, 지역아동센터(단독주택과 공동주택에 해당하는 것은 제외한다) 등 주민이 공동으로 이용하는 시설

아. 변전소, 도시가스배관시설, 통신용 시설(해당 용도로 쓰는 바닥면적의 합계가 1천 제곱미터 미만인 것에 한정한다), 정수장, 양수장 등 주민의 생활에 필요한 에너지공급·통신서비스제공이나 급수·배수와 관련된 시설

자. 금융업소, 사무소, 부동산중개사무소, 결혼상담소 등 소개업소, 출판사 등 일반업무시설로서 같은 건축물에 해당 용도로 쓰는 바닥면적의 합계가 30제곱미터 미만인 것

차. 전기자동차 충전소(해당 용도로 쓰는 바닥면적의 합계가 1천제곱미터 미만인 것으로 한정한다)

4. 제2종 근린생활시설

가. 공연장(극장, 영화관, 연예장, 음악당, 서커스장, 비디오물감상실, 비디오물소극장, 그 밖에 이와 비슷한 것을 말한다. 이하 같다)으로서 같은 건축물에 해당 용도로 쓰는 바닥면적의 합계가 500제곱미터 미만인 것

나. 종교집회장[교회, 성당, 사찰, 기도원, 수도원, 수녀원, 제실(祭室), 사당, 그 밖에 이와 비슷한 것을 말한다. 이하 같다]으로서 같은 건축물에 해당 용도로 쓰는 바닥면적의 합계가 500제곱미터 미만인 것

다. 자동차영업소로서 같은 건축물에 해당 용도로 쓰는 바닥면적의 합계가 1천 제곱미터 미만인 것

라. 서점(제1종 근린생활시설에 해당하지 않는 것)

마. 총포판매소

바. 사진관, 표구점

사. 청소년게임제공업소, 복합유통게임제공업소, 인터넷컴퓨터게임시설제공업소, 가상현실체험 제공업소, 그 밖에 이와 비슷한 게임 및 체험 관련 시설로서 같은 건축물에 해당 용도로 쓰는 바닥면적의 합계가 500제곱미터 미만인 것

아. 휴게음식점, 제과점 등 음료 · 차(茶) · 음식 · 빵 · 떡 · 과자 등을 조리하거나 제조하여 판매하는 시설(너목 또는 제17호에 해당하는 것은 제외한다)로서 같은 건축물에 해당 용도로 쓰는 바닥면적의 합계가 300제곱미터 이상인 것

자. 일반음식점

차. 장의사, 동물병원, 동물미용실, 「동물보호법」 제32조 제1항 제6호에 따른 동물위탁관리업을 위한 시설, 그 밖에 이와 유사

한 것

카. **학원**(자동차학원·무도학원 및 정보통신기술을 활용하여 원격으로
교습하는 것은 제외한다), **교습소**(자동차교습·무도교습 및 정보통
신기술을 활용하여 원격으로 교습하는 것은 제외한다), **직업훈련
소**(운전·정비 관련 직업훈련소는 제외한다)로서 같은 건축물에
해당 용도로 쓰는 바닥면적의 합계가 500제곱미터 미만인 것

타. 독서실, 기원

파. 테니스장, 체력단련장, 에어로빅장, 볼링장, 당구장, 실내낚
시터, 골프연습장, 놀이형시설(『관광진흥법』에 따른 기타유원시
설업의 시설을 말한다. 이하 같다) 등 주민의 체육 활동을 위한
시설(제3호 마목의 시설은 제외한다)로서 같은 건축물에 해당 용
도로 쓰는 바닥면적의 합계가 500제곱미터 미만인 것

하. 금융업소, 사무소, 부동산중개사무소, 결혼상담소 등 소개업
소, 출판사 등 일반업무시설로서 같은 건축물에 해당 용도로
쓰는 바닥면적의 합계가 500제곱미터 미만인 것(제1종 근린생
활시설에 해당하는 것은 제외한다)

거. **다중생활시설**(『다중이용업소의 안전관리에 관한 특별법』에 따른
다중이용업 중 고시원업의 시설로서 국토교통부장관이 고시하는 기
준과 그 기준에 위배되지 않는 범위에서 적정한 주거환경을 조성하
기 위하여 건축조례로 정하는 실별 최소 면적, 창문의 설치 및 크기
등의 기준에 적합한 것을 말한다. 이하 같다)로서 같은 건축물에
해당 용도로 쓰는 바닥면적의 합계가 500제곱미터 미만인 것

너. 제조업소, 수리점 등 물품의 제조·가공·수리 등을 위한 시설
로서 같은 건축물에 해당 용도로 쓰는 바닥면적의 합계가 500
제곱미터 미만이고, 다음 요건 중 어느 하나에 해당하는 것
1) 「대기환경보전법」, 「물환경보전법」 또는 「소음·진동관리

법」에 따른 배출시설의 설치 허가 또는 신고의 대상이 아
닌 것

2) 「물환경보전법」 제33조 제1항 본문에 따라 폐수배출시설의 설
치 허가를 받거나 신고해야 하는 시설로서 발생되는 폐수를
전량 위탁처리하는 것

더. 단란주점으로서 같은 건축물에 해당 용도로 쓰는 바닥면적의
합계가 150제곱미터 미만인 것

러. 안마시술소, 노래연습장

10. 교육연구시설(제2종 근린생활시설에 해당하는 것은 제외한다)

가. **학교**(유치원, 초등학교, 중학교, 고등학교, 전문대학, 대학, 대학교,
그 밖에 이에 준하는 각종 학교를 말한다)

나. **교육원**(연수원, 그 밖에 이와 비슷한 것을 포함한다)

다. **직업훈련소**(운전 및 정비 관련 직업훈련소는 제외한다)

라. **학원**(자동차학원ㆍ무도학원 및 정보통신기술을 활용하여 원격으로
교습하는 것은 제외한다), **교습소**(자동차교습ㆍ무도교습 및 정보통
신기술을 활용하여 원격으로 교습하는 것은 제외한다)

마. **연구소**(연구소에 준하는 시험소와 계측계량소를 포함한다) **바. 도**
서관

14. 업무시설

가. 공공업무시설: 국가 또는 지방자치단체의 청사와 외국공관의

> ### 건축물로서 제1종 근린생활시설에 해당하지 아니하는 것
>
> 나. 일반업무시설: 다음 요건을 갖춘 업무시설을 말한다.
>   1) 금융업소, 사무소, 결혼상담소 등 소개업소, 출판사, 신문사, 그 밖에 이와 비슷한 것으로서 제1종 근린생활시설 및 제2종 근린생활시설에 해당하지 않는 것
>   2) 오피스텔(업무를 주로 하며, 분양하거나 임대하는 구획 중 일부 구획에서 숙식을 할 수 있도록 한 건축물로서 국토교통부장관이 고시하는 기준에 적합한 것을 말한다)

★ 본서의 말미에 '[별지3]' '건축법 시행령에서의 용도별 건축물의 종류 별표1'을 첨부하였다. 세부적인 건축물 용도를 확인할 경우 활용할 수 있다고 할 것이다.

다. 용도변경에 관하여

(1) 허가, 신고, 건축물대장 기재 내용변경 신청

상가의 용도를 변경하려면 우선은 해당 상가의 건축물대장에서 건축물의 용도를 확인하고, 용도변경이 가능한 것인지, 만약 가능하다면 허가의 대상인지, 신고의 대상인지 여부를 확인해야 한다.

건축법에서는 아래 〈표〉와 같이 9개의 시설군에 관해서 정하고 있으며 용도변경에 관해서 9개의 시설군 중에서 상위군에 해당하는 용도로 변경하는 경우는 '허가의 대상'이 되며, 반대로 하위군에 해당하는 용도로 변경하는 경우는 '신고의 대상'이 된다고 정하고 있다.

실무적으로, 상위군으로 용도를 변경하는 경우 허가될 가능성이 높지 않으며, 하위군으로 용도를 변경하는 경우는 용도변경 될 가능성이 반대의 경우보다 상대적으로 높다. 나아가, 같은 시설군 안에서 용도를 변경하려는 경우는 '건축물대장 기재 내용의 변경을 신청'을 해야 한다고 정하고 있다.

쉽게 설명하자면, 근린생활시설군(제7군)에서 영업시설군(제5군)으로 용도를 변경하는 경우 허가의 대상이 되며, 반대로 영업시설군에서 근린생활시설군으로 용도를 변경하는 경우는 신고의 대상이 되는 것이다. 같은 시설군인 제1종 근린생활시설에서 제2종 근린생활시설로 용도를 변경하는 경우에는 건축물대장 기재 내용의 변경을 신청하면 된다.

-건축법-

제19조(용도변경)

① 건축물의 용도변경은 변경하려는 용도의 건축기준에 맞게 하여야 한다.

② 제22조에 따라 사용승인을 받은 건축물의 용도를 변경하려는 자는 다음 각 호의 구분에 따라 국토교통부령으로 정하는 바에 따라 특별자치시장·특별자치도지사 또는 시장·군수·구청장의 허가를 받거나 신고를 하여야 한다. 〈개정 2013.3.23, 2014.1.14〉

  1. 허가 대상: 제4항 각 호의 어느 하나에 해당하는 시설군(시설군)에 속하는 건축물의 용도를 상위군(제4항 각 호의 번호

가 용도변경하려는 건축물이 속하는 시설군보다 작은 시설군을 말한다)에 해당하는 용도로 변경하는 경우

2. 신고 대상: 제4항 각 호의 어느 하나에 해당하는 시설군에 속하는 건축물의 용도를 하위군(제4항 각 호의 번호가 용도변경하려는 건축물이 속하는 시설군보다 큰 시설군을 말한다)에 해당하는 용도로 변경하는 경우

③ 제4항에 따른 시설군 중 같은 시설군 안에서 용도를 변경하려는 자는 국토교통부령으로 정하는 바에 따라 특별자치시장·특별자치도지사 또는 시장·군수·구청장에게 건축물대장 기재내용의 변경을 신청하여야 한다. 다만, 대통령령으로 정하는 변경의 경우에는 그러하지 아니하다. 〈개정 2013.3.23., 2014.1.14.〉

④ 시설군은 다음 각 호와 같고 각 시설군에 속하는 건축물의 세부 용도는 대통령령으로 정한다.
  1. 자동차 관련 시설군
  2. 산업 등의 시설군
  3. 전기통신시설군
  4. 문화 및 집회시설군
  5. 영업시설군
  6. 교육 및 복지시설군
  7. 근린생활시설군
  8. 주거업무시설군
  9. 그 밖의 시설군

(2) 허가 대상의 경우

하위군에서 상위군의 용도로 변경하는 경우 허가대상이 된다. 구체적으로 학원을 예로 들어 보겠다. 아래 〈표〉에서 보듯이 학원의 경우 바닥면적이 500㎡ 미만인 경우에는 제7군 제2종 근린생활시설에 해당하며, 바닥면적이 500㎡ 이상인 경우에는 제6군 교육연구시설에 해당한다. 만약 제2종 근린생활시설인 2층이며 층별 바닥면적이 각 300㎡ 단독 상가건물 1층에서 학원을 하고 있다가 2층으로 확장하게 되면 제7군 제2종 근린생활시설에서 제6군 교육연구시설로 용도변경을 해야 한다. 그러나, 상위군으로의 변경은 허가사항에 해당하고, 쉽게 허가가 되지 않을 것이라고 예상할 수 있다.

-제2종 근린생활시설-

카. **학원**(자동차학원 · 무도학원 및 정보통신기술을 활용하여 원격으로 교습하는 것은 제외한다), **교습소**(자동차교습 · 무도교습 및 정보통신기술을 활용하여 원격으로 교습하는 것은 제외한다), **직업훈련소**(운전 · 정비 관련 직업훈련소는 제외한다)로서 같은 건축물에 해당 용도로 쓰는 바닥면적의 합계가 500제곱미터 미만인 것

-교육연구시설(제2종 근린생활시설에 해당하는 것은 제외한다)-

라. **학원**(자동차학원 · 무도학원 및 정보통신기술을 활용하여 원격으로 교습하는 것은 제외한다), **교습소**(자동차교습 · 무도교습 및 정보통신기술을 활용하여 원격으로 교습하는 것은 제외한다)

특히, 위와 같은 법을 위반해서 용도변경을 한 건축주와 공사시공자는 3년 이하의 징역이나 5억 원 이하의 벌금형에 처해질 수 있다는 점을 유의해야 한다(건축법 제108조 제1항 제1호).

(3) 신고 대상의 경우

상위군에서 하위군의 용도로 변경하는 경우 신고의 대상이 된다. 구체적으로 부동산중개사무소, 결혼상담소 등의 소개업소 용도로 사용하는 바닥면적의 합계가 30㎡ 이상 500㎡ 미만인 것은 제7군 제2종 근린생활시설에 해당한다. 그런데, 위 부동산중개사무소, 결혼상담소의 바닥면적이 500㎡ 이상이 되면 제8군 업무시설로 용도를 변경해야 한다.

위와 같이 상위군에서 하위군의 용도로 변경하는 경우 신고의 대상이 되며, 하위군에서 상위군의 용도로 변경하는 경우보다 상대적으로 쉽게 용도변경된다고 볼 수 있다.

---

4. 제2종 근린생활시설

하. 금융업소, 사무소, 부동산중개사무소, 결혼상담소 등 소개업소, 출판사 등 일반업무시설로서 같은 건축물에 해당 용도로 쓰는 바닥면적의 합계가 500제곱미터 미만인 것(제1종 근린생활시설에 해당하는 것은 제외한다)

---

14. 업무시설

가. 공공업무시설: 국가 또는 지방자치단체의 청사와 외국공관의
   건축물로서 제1종 근린생활시설에 해당하지 아니하는 것

나. 일반업무시설: 다음 요건을 갖춘 업무시설을 말한다.
   1) 금융업소, 사무소, 결혼상담소 등 소개업소, 출판사, 신문
      사, 그 밖에 이와 비슷한 것으로서 제1종 근린생활시설 및
      제2종 근린생활시설에 해당하지 않는 것
   2) 오피스텔(업무를 주로 하며, 분양하거나 임대하는 구획 중 일부
      구획에서 숙식을 할 수 있도록 한 건축물로서 국토교통부장관이
      고시하는 기준에 적합한 것을 말한다)

(4) 건축물대장 기재 내용변경 신청의 경우

같은 시설군 내에서 용도를 변경하는 경우 건축물대장 기재 내용변경 신
청을 하게 된다. 위와 같은 건축물대장 기재 내용변경 신청의 경우 전술한
허가의 대상, 신고의 대상과 달리 대부분 받아들여진다.

구체적인 예를 들어 보자. 패스트푸드, 커피전문점 등의 휴게음식점의
경우 바닥면적의 합계가 300㎡ 미만인 경우 제1종 근린생활시설에 해당하
고, 300㎡ 이상의 경우에는 제2종 근린생활시설에 해당한다. 참고로 제1종
근린생활시설 및 제2종 근린생활시설은 모두 제7군 근린생활시설군에 포
함된다.

단독 상가건물에서 바닥면적이 200㎡인 패스트푸드 점을 1층에서 운영하고 있다가 확장하여 동일 바닥면적의 2층에서 확장하여 영업하려고 한다면 총바닥면적이 300㎡를 넘는 400㎡가 되기 때문에 제1종에서 제2종 근린생활시설로 변경해야 한다. 그러나, 같은 근린생활시설군 내에 해당하기 때문에 허가나 신고의 대상이 아닌 건축물대장 기재 내용변경 신청을 하게 된다.

3. 제1종 근린생활시설

나. 휴게음식점, 제과점 등 음료 · 차(茶) · 음식 · 빵 · 떡 · 과자 등을 조리하거나 제조하여 판매하는 시설(제4호너목 또는 제17호에 해당하는 것은 제외한다)로서 같은 건축물에 해당 용도로 쓰는 바닥면적의 합계가 300제곱미터 미만인 것

4. 제2종 근린생활시설

아. 휴게음식점, 제과점 등 음료 · 차(茶) · 음식 · 빵 · 떡 · 과자 등을 조리하거나 제조하여 판매하는 시설(너목 또는 제17호에 해당하는 것은 제외한다)로서 같은 건축물에 해당 용도로 쓰는 바닥면적의 합계가 300제곱미터 이상인 것

(5) 건축물대장 기재 내용변경 신청도 필요 없는 경우

같은 시설군 내에서 용도를 변경하는 경우에는 건축물대장 기재 내용변

경 신청을 할 필요가 있었다. 그러나 같은 동일 용도에 속하는 용도를 변경하는 경우에는 건축물대장 기재 내용변경 신청도 필요가 없다.

구체적으로 예를 들어보면, 사진관, 바닥면적 300㎡ 이상의 휴게음식점, 일반음식점은 모두 제2종 근린생활시설에 해당한다. 상가건물 1층에서 사진관을 운영하다가 수익이 나지 않아 바닥면적 300㎡ 이상의 패스트푸드 가게 또는 일반음식점을 운영하려고 하는 경우 같은 용도에 속하기 때문에 건축물대장 기재 내용변경 신청을 할 필요가 없는 것이다.

4. 제2종 근린생활시설

바. 사진관, 표구점
아. 휴게음식점, 제과점 등 음료 · 차(茶) · 음식 · 빵 · 떡 · 과자 등을 조리하거나 제조하여 판매하는 시설(너목 또는 제17호에 해당하는 것은 제외한다)로서 같은 건축물에 해당 용도로 쓰는 바닥면적의 합계가 300제곱미터 이상인 것
자. 일반음식점

라. 자유업종

소위 자유영업이라는 업종은 대표적으로 의류, 화장품, 슈퍼마켓, 편의점, 휴대전화 대리점 등이 있다. 위 업종들은 영업신고증 등의 발급이 필요 없고 세무서에 사업자등록만 하고 영업할 수 있다. 이에 따라 용도변경을 고민하지 않아도 된다.

이해를 위해 예를 들어 보겠다. 우리가 흔히 말하는 슈퍼마켓(식품 · 잡화 등 일용품을 판매하는 소매점)의 경우 바닥면적의 합계가 1,000㎡ 미만인 경우 제 7군 제1종 근린생활시설에 해당하게 된다.

만약, 슈퍼마켓이 자유업종이 아니라고 가정한다면 단독 상가건물에서 1 층에서 900㎡의 슈퍼마켓을 운영하고 있다가 2층 900㎡를 확장하는 경우에 는 원칙적으로 제5군 판매시설로 용도변경을 신청해야 한다. 하위 시설에서 상위시설로의 변경이기 때문에 허가의 대상에 해당하고, 앞서 살펴보았듯이 허가를 받기가 쉽지 않다. 그러나, 슈퍼마켓의 경우 자유업종에 해당하기 때 문에 용도변경을 고민할 필요가 없이 사업자등록만 하고 영업을 하면 된다.

3. 제1종 근린생활시설

가. 식품 · 잡화 · 의류 · 완구 · 서적 · 건축자재 · 의약품 · 의료기 기 등 일용품을 판매하는 소매점으로서 같은 건축물(하나의 대지에 두 동 이상의 건축물이 있는 경우에는 이를 같은 건축물로 본다. 이하 같다)에 해당 용도로 쓰는 바닥면적의 합계가 1천 제곱미터 미만인 것

7. 판매시설

가. 도매시장(「농수산물유통 및 가격안정에 관한 법률」에 따른 농수산 물도매시장, 농수산물공판장, 그 밖에 이와 비슷한 것을 말하며, 그 안에 있는 근린생활시설을 포함한다)

3.
상가 임대차보호법의
주요 내용

. . . . . .

가. 서설

'상가건물 임대차보호법'은 상가건물의 임대차에 관해서 민법에 대한 특례를 규정하여 국민 경제생활의 안정을 보장함을 목적으로 하고 있는데, 실질적으로는 상가건물의 임차인을 보호하기 위해 제정되었다.

나. 적용 범위

상가건물 임대차보호법은 부가가치세법, 소득세법, 법인세법에 따라 사업자등록의 대상이 되는 상가건물의 임대차(임대차 목적물의 주된 부분을 영업용으로 사용하는 경우를 포함한다)에 대하여 적용한다. 다만, 상가건물 임대차위원회의 심의를 거쳐 일정한 보증금액을 초과하는 임대차에 대해서는 적용하지 않는다.

-상가건물 임대차보호법-

제2조(적용범위)

① 이 법은 상가건물(제3조제1항에 따른 사업자등록의 대상이 되는 건물을 말한다)의 임대차(임대차 목적물의 주된 부분을 영업용으로 사용하는 경우를 포함한다)에 대하여 적용한다. 다만, 제14조의2에 따른 상가건물임대차위원회의 심의를 거쳐 대통령령으로 정하는 보증금액을 초과하는 임대차에 대하여는 그러하지 아니하다.

② 제1항 단서에 따른 보증금액을 정할 때에는 해당 지역의 경제 여건 및 임대차 목적물의 규모 등을 고려하여 지역별로 구분하여 규정하되, 보증금 외에 차임이 있는 경우에는 그 차임액에 「은행법」에 따른 은행의 대출금리 등을 고려하여 대통령령으로 정하는 비율을 곱하여 환산한 금액을 포함하여야 한다. 〈개정 2010. 5. 17.〉

③ 제1항 단서에도 불구하고 제3조, 제10조 제1항, 제2항, 제3항 본문, 제10조의2부터 제10조의9까지의 규정, 제11조의2 및 제19조는 제1항 단서에 따른 보증금액을 초과하는 임대차에 대하여도 적용한다.

제3조(대항력 등)

① 임대차는 그 등기가 없는 경우에도 임차인이 건물의 인도와 「부가가치세법」 제8조, 「소득세법」 제168조 또는 「법인세법」 제

111조에 따른 사업자등록을 신청하면 그 다음 날부터 제3자에 대하여 효력이 생긴다. 〈개정 2013.6.7〉

-상가건물 임대차보호법 시행령-

제2조(적용범위)

① 「상가건물 임대차보호법」(이하 "법"이라 한다) 제2조 제1항 단서에서 "대통령령으로 정하는 보증금액"이란 다음 각 호의 구분에 의한 금액을 말한다. 〈개정 2008. 8. 21., 2010. 7. 21., 2013. 12. 30., 2018. 1. 26., 2019. 4. 2.〉

 1. 서울특별시 : 9억 원

 2. 「수도권정비계획법」에 따른 과밀억제권역(서울특별시는 제외한다) 및 부산광역시: 6억9천만 원

 3. 광역시(「수도권정비계획법」에 따른 과밀억제권역에 포함된 지역과 군지역, 부산광역시는 제외한다), 세종특별자치시, 파주시, 화성시, 안산시, 용인시, 김포시 및 광주시: 5억4천만 원

 4. 그 밖의 지역 : 3억7천만 원

② 법 제2조 제2항의 규정에 의하여 보증금 외에 차임이 있는 경우의 차임액은 월 단위의 차임액으로 한다.

③ 법 제2조 제2항에서 "대통령령으로 정하는 비율"이라 함은 1분의 100을 말한다.

다. 임대차 기간

상가건물 임대차보호법에서는 "기간을 정하지 않았거나 기간을 1년 미만으로 정한 임대차는 그 기간을 1년으로 본다고 정하고 있으며 임차인은 1년 미만으로 정한 기간이 유효함을 주장할 수 있다."고 정하고 있다.

즉, 상가건물 임대차에서 1년 미만의 기간인 6개월의 임대차 기간으로 정했다고 하더라도 임차인은 선택적으로 계약 기간이 1년이라고 주장하거나 6개월의 임대차 기간을 주장할 수 있다.

라. 대항력

상가건물 임대차보호법은 상가 임대차에서 임차인이 건물의 인도를 받고 사업자등록을 신청하면 그 다음 날부터 제3자에 대하여 효력이 생긴다. 즉, 임차건물의 양수인은 임대인의 지위를 승계한 것으로 보기 때문에 임차인은 새로운 소유자를 상대로 기존 임대인과의 임대차계약을 주장할 수 있고 보증금의 반환도 청구할 수 있다.

예를 들어, 임대인 '갑' 소유의 상가건물 중 1층에 관하여 임대차 기간 1년, 보증금 1억 원, 월세 500만 원으로 정하여 임차인 '을'이 임대차계약을 체결하고, 위 1층을 인도받아 사용하면서 사업자등록을 마쳤다면 '을'은 상가건물 임대차보호법상 대항력을 취득하게 된다. 이에 따라 위 임대인 '갑'이 상가건물을 '병'에게 매도하여 소유권이전등기를 경료한다고 하더라도 임차인 '을'은 새로운 소유자 '병'에게 자신의 임대차 기간을 주장할 수 있고, 임대차계약이 종료되면 위 '병'에게 보증금 반환을 청구할 수 있다.

마. 계약갱신청구권

상가건물의 임차인은 임대인을 상대로 임대차 기간이 만료되기 6개월 전부터 1개월 전까지 사이에 계약갱신청구권을 행사할 수 있고, 위와 같은 임차인의 계약갱신청구권은 최초의 임대차 기간을 포함하여 전체 임대차 기간이 10년을 초과하지 아니하는 범위에서 사용할 수 있다.

즉, 임차인이 원하는 경우 아래 〈표〉의 사유가 없다면 계약갱신청구권을 행사하여 10년까지 상가건물을 임차하여 사용할 수 있다. 또한, 임대인이 임대차 기간이 만료되기 6개월 전부터 1개월 전까지 임차인에게 갱신 거절의 통지 또는 조건 변경의 통지를 하지 않으면 그 기간이 만료된 때에 전 임대차와 동일한 조건으로 다시 임차한 것으로 보게 된다. 이때 임대차의 존속기간은 1년으로 보게 된다.

다만, 임대인은 아래 〈표〉와 같은 사유 "임차인이 3기의 차임액에 해당하는 금액에 이르도록 차임을 연체한 사실이 있는 경우" "임차인이 임대인의 동의 없이 목적 건물의 전부 또는 일부를 전대한 경우" "그 밖에 임차인으로서 의무를 현저히 위반하거나 임대차를 계속하기 어려운 중대한 사유가 있는 경우" 등의 사유가 있다면 임차인의 계약갱신청구권 행사를 거절할 수 있다.

-상가건물 임대차보호법-

제10조(계약갱신 요구 등)

① 임대인은 임차인이 임대차 기간이 만료되기 6개월 전부터 1개월 전까지 사이에 계약갱신을 요구할 경우 정당한 사유 없이 거절하지 못한다. 다만, 다음 각 호의 어느 하나의 경우에는 그러하지 아니하다.

1. 임차인이 3기의 차임액에 해당하는 금액에 이르도록 차임을 연체한 사실이 있는 경우
2. 임차인이 거짓이나 그 밖의 부정한 방법으로 임차한 경우
3. 서로 합의하여 임대인이 임차인에게 상당한 보상을 제공한 경우
4. 임차인이 임대인의 동의 없이 목적 건물의 전부 또는 일부를 전대(전대)한 경우
5. 임차인이 임차한 건물의 전부 또는 일부를 고의나 중대한 과실로 파손한 경우
6. 임차한 건물의 전부 또는 일부가 멸실되어 임대차의 목적을 달성하지 못할 경우
7. 임대인이 다음 각 목의 어느 하나에 해당하는 사유로 목적 건물의 전부 또는 대부분을 철거하거나 재건축하기 위하여 목적 건물의 점유를 회복할 필요가 있는 경우
    가. 임대차계약 체결 당시 공사시기 및 소요기간 등을 포함한 철거 또는 재건축 계획을 임차인에게 구체적으로 고지하고 그 계획에 따르는 경우
    나. 건물이 노후 · 훼손 또는 일부 멸실되는 등 안전사고의 우려가 있는 경우

다. 다른 법령에 따라 철거 또는 재건축이 이루어지는 경우
8. 그 밖에 임차인이 임차인으로서의 의무를 현저히 위반하거
나 임대차를 계속하기 어려운 중대한 사유가 있는 경우

② 임차인의 계약갱신요구권은 최초의 임대차 기간을 포함한 전
체 임대차 기간이 10년을 초과하지 아니하는 범위에서만 행사
할 수 있다.

바. 차임 등 증감청구권

상가건물 임대차보호법에 의하면 임차인은 계약갱신청구권을 행사하여
기존의 임대차 기간을 포함하여 총 10년간 임대차 기간을 연장할 수 있다.
위와 같은 10년의 기간 동안 다양한 사정이 발생하여 차임 또는 보증금이 적
절하지 않는 경우 이를 조절할 수 있는데 이를 차임증감청구권이라고 한다.

차임증감청구권에 관해서 상가건물 임대차보호법은 아래 〈표〉와 같이
차임 또는 보증금이 임차건물에 관한 조세, 공과금, 그 밖의 부담 증감이나
제1급 감염병 등에 의한 경제 사정의 변동으로 인하여 상당하지 않게 된 경
우 당사자는 장래의 차임 또는 보증금에 대하여 증감을 청구할 수 있다고
정하고 있다.

유의할 것은 위 차임증감청구권에 관해서 임대인이 차임 또는 보증금을
증액만 청구할 수 있는 것으로 오해하고 있는 경우가 있는데, 위 규정은 차
임 또는 보증금이 경제 사정 등의 변동으로 상당하지 않게 된 경우 임대인

이 위 차임 또는 보증금의 증액을 청구할 수도 있으나 임차인이 감액를 청구할 수도 있다고 정하고 있다.

다만, 위와 같은 차임 또는 보증금의 증액 청구는 청구 당시의 차임 또는 보증금의 100분의 5의 금액을 초과하지 못하도록 정하고 있고 위 증액 청구는 임대차계약 또는 약정한 차임 등의 증액이 있은 후 1년 이내에는 하지 못하게 제한하고 있다. 이에 반해 위 차임 또는 보증금의 감액청구에 관해서는 이를 제한하는 규정을 별도로 두고 있지 않다.

※ 자주 하는 질문

필자에게 상가건물 임대차보호법상의 차임증감청구권과 관련하여 두 가지 질문을 많이 한다. 위 질문은 위 상가건물 임대차보호법 조문의 해석을 통해 답을 구해야 한다.

필자에게 가장 많이 하는 질문은 "임대인이 임대차보증금과 차임을 동시에 인상할 수 있는가?"이다. 상가건물 임대차보호법에서는 차임증감 청구권과 관련하여 "차임 또는 보증금이 경제 사정의 변동으로 인하여 상당하지 아니하게 된 경우에는 당사자는 장래의 차임 또는 보증금에 대하여 증감을 청구할 수 있다."고 정하고 있다.

위 규정은 차임 또는 보증금에 대하여 증감을 청구할 수 있도록 규정하고 있으며 차임과 보증금을 동시에 인상하면 안 된다는 규정은 없기 때문에 차임과 보증금을 동시에 인상하는 것이 허용된다고 해석된다.

임대인이 차임 또는 보증금에 대해서 증감을 청구할 수 있는데, 차임 또는 보증금의 증액 청구는 청구 당시의 차임 또는 보증금의 100분의 5의 금액을 초과하지 못한다. 위와 같이 증액 청구는 임대차계약 또는 약정한 차임 등의 증액이 있은 후 1년 이내에는 하지 못한다.

위 질문 다음으로 필자에게 많이 하는 질문은 만약 임대인이 임대차계약 또는 약정한 차임 등의 증액이 있은 후 2년이 경과하여 차임 또는 보증금에 대해 증액 청구하는 경우에는 100분의 10의 금액을 초과하지 않는 범위 내에서 인상할 수 있는가이다.

상가 임대차보호법상 임대인의 차임 또는 보증금의 증액 청구는 임대차계약 또는 약정한 차임 등의 증액이 있은 후 1년 이내에 하지 못한다. 위와 같이 2년이 경과했다고 하더라도 100분의 10(100분의 5 × 2)의 금액을 초과하지 않는 범위 내에서 증액을 청구할 수 있는 것이 아니라, 임대차계약 또는 약정한 차임 등의 증액이 있은 후 몇 년이 경과했다고 하더라도 차임 또는 보증금의 증액 청구는 청구 당시의 차임 또는 보증금의 100분의 5의 금액을 초과하지 않는 범위 내에서 증액을 청구할 수 있다고 해석된다.

사. 권리금 보호

(1) 권리금이란?

상가에는 권리금이라는 특수한 형태의 관례상의 재산권이 존재하는 데 반해 이를 규율하는 법 규정이 전무하였다. 최근 상가건물 임대차보호법에서 위 권리금에 관해 명문의 규정을 두어 임대인이 정당한 이유 없이 임차인의 권리금 회수를 방해할 수 없도록 하는 방법으로 보호하고 있다.

상가건물 임대차보호법에서는 '권리금'에 관해서 "임대차 목적물인 상가건물에서 영업을 하는 자 또는 영업을 하려는 자가 영업시설, 비품, 거래처, 신용, 영업상의 노하우, 상가건물의 위치에 따른 영업상의 이점 등 유·무형의 재산적 가치의 양도 또는 이용 대가로 임대인, 임차인에게 보증금과 차임 이외에 지급하는 금전 등의 대가"라고 정의하고 있다.

(2) 권리금의 종류

실제 상가거래에서는 '바닥권리금' '영업권리금' '시설권리금' 등이 존재하는데, 지역에 따라 사용하는 단어와 해당 권리금의 범위가 다를 수 있다. 이에 아래에서 정의하는 바닥권리금, 영업권리금, 시설권리금에 관해서는 참고만 하기 바라며 상가건물 임대차보호법에서는 권리금의 종류를 위와 같이 구분하고 있지 않다.

위 권리금의 종류 중 '바닥권리금'은 좋은 자리에 위치한 상가에 대한 자릿세와 같은 것으로 빈 상가의 주인이 임차인에게 관행적으로 바닥권리금을 요구하는 경우가 있다.

'영업권리금'은 기존의 임차인이 상가에서 영업을 하면서 해당 상가가 알려지고 활성화된 것에 대한 대가의 일종으로 새로운 임차인에게 요구하는 경우가 있으며 대개는 기존 영업이익의 1년의 이익을 기준으로 삼고 있다.

'시설권리금'은 기존 임차인이 상가에서 사용하던 집기, 설치한 시설 및 인테리어를 양도하는 대가를 말하는 것으로 새로운 임차인이 위 시설을 인수하는 경우에 기존의 임차인이 새로운 임차인에게 요구하는 권리금이다.

기존에는 위 권리금에 관해서 법에서 규율하고 있지 않아, 법적인 보호를 받는 것이 쉽지 않았다. 그러나, 최근 상가건물 임대차보호법 개정으로 권리금에 관한 정의를 규정하고 기존 임차인의 새로운 임차인으로부터 권리금을 받을 수 있는 기회를 보장하고 있다.

(3) 권리금 회수기회 보호

상가건물 임대차보호법은 "임대인은 임대차 기간이 끝나기 6개월 전부터 임대차 종료 시까지 아래 〈표〉에 해당하는 행위를 함으로써 권리금 계약에 따라 임차인이 주선한 신규임차인이 되려는 자로부터 권리금을 지급받는 것을 방해해서는 안 된다."고 정하고 있다.

-상가건물 임대차보호법-

제10조의4(권리금 회수기회 보호 등)

① 임대인은 임대차 기간이 끝나기 6개월 전부터 임대차 종료 시까지 다음 각 호의 어느 하나에 해당하는 행위를 함으로써 권리금 계약에 따라 임차인이 주선한 신규임차인이 되려는 자로부터 권리금을 지급받는 것을 방해하여서는 아니 된다. 다만, 제10조 제1항 각 호의 어느 하나에 해당하는 사유가 있는 경우에는 그러하지 아니하다.

  1. 임차인이 주선한 신규임차인이 되려는 자에게 권리금을 요구하거나 임차인이 주선한 신규임차인이 되려는 자로부터 권리금을 수수하는 행위

  2. 임차인이 주선한 신규임차인이 되려는 자로 하여금 임차인

에게 권리금을 지급하지 못하게 하는 행위

3. 임차인이 주선한 신규임차인이 되려는 자에게 상가건물에 관한 조세, 공과금, 주변 상가건물의 차임 및 보증금, 그 밖의 부담에 따른 금액에 비추어 현저히 고액의 차임과 보증금을 요구하는 행위

4. 그 밖에 정당한 사유 없이 임대인이 임차인이 주선한 신규임차인이 되려는 자와 임대차계약의 체결을 거절하는 행위

위 〈표〉 중 "4. 그 밖에 '정당한 사유' 없이 임대인이 임차인이 주선한 신규임차인이 되려는 자와 임대차계약의 체결을 거절하는 행위"에서 '정당한 사유'란 아래 〈표〉와 같으며 아래 〈표〉의 사유가 있다면 임대인은 임차인이 주선한 신규임차인이 되려는 자와 임대차계약의 체결을 거절할 수 있다고 할 것이다.

-상가건물 임대차보호법-

1. 임차인이 주선한 신규임차인이 되려는 자가 보증금 또는 차임을 지급할 자력이 없는 경우

2. 임차인이 주선한 신규임차인이 되려는 자가 임차인으로서의 의무를 위반할 우려가 있거나 그 밖에 임대차를 유지하기 어려운 상당한 사유가 있는 경우

3. 임대차 목적물인 상가건물을 1년 6개월 이상 영리목적으로 사용하지 아니한 경우
4. 임대인이 선택한 신규임차인이 임차인과 권리금 계약을 체결하고 그 권리금을 지급한 경우

(4) 임대인의 손해배상 의무

임대인이 임차인의 권리금 회수기회를 방해하여 임차인에게 손해를 발생하게 한 때에는 그 손해를 배상해야 하는데, 그 손해배상액은 신규임차인이 임차인에게 지급하기로 한 권리금 및 임대차 종료 당시의 권리금 중 낮은 금액을 넘지 못한다.

(5) 임대차 종료 후 임대인이 상가를 이용하려고 하는 경우

상가 임차인이 임대 기간 만료 전에 임대인에게 자신이 주선하는 새로운 임차인과 임대차계약을 체결해 줄 것을 요청했으나, 임대인이 상가를 인도받아 자신이 직접 사용할 계획이라고 한 경우에는 임대인이 임차인에 손해배상해야 할까?

상가건물 임대차보호법은 임대인이 임차인의 권리금 회수기회를 방해하면 안 되고, 만약에 방해한 경우 손해배상을 해야 한다고 정하고 있다. 위와 같이 임대인이 임대차계약이 종료한 경우 상가를 인도받아 직접 이용하는 경우에도 임차인의 권리금 회수기회를 방해한 것인지에 관해서 명확히 규정하고 있지 않아 이에 대한 논쟁이 많았고 하급심 판결도 엇갈리는 경우가 있었다.

그러나, 위와 같이 임대인이 임대차계약이 종료된 후 상가를 인도받아 자신이 직접 이용하는 경우 기존 임차인은 새로운 임차인으로부터 권리금을 회수받지 못하게 되며 이는 결과적으로 기존 임차인으로 하여금 권리금 회수를 방해하는 것과 동일하다고 할 것이다. 이에 임대인은 임차인의 권리금 회수기회를 방해한 것에 해당하여 손해배상 의무를 가진다고 할 것입니다. 아래 〈표〉의 대법원 판결의 결론도 위와 동일하다.

-대법원 2019. 7. 4. 선고 2018다284226 판결 [손해배상(기)]-

상가 임차인인 갑이 임대차기간 만료 전 임대인인 을에게 갑이 주선하는 신규임차인과 임대차계약을 체결하여 줄 것을 요청하였으나, 을이 상가를 인도받은 후 직접 사용할 계획이라고 답변하였고, 이에 갑이 신규임차인 물색을 중단하고 임대차기간 만료일에 을에게 상가를 인도한 후 을을 상대로 권리금 회수 방해로 인한 손해배상을 구한 사안에서, 을이 갑의 신규임차인 주선을 거절하는 의사를 명백히 표시하였으므로 갑은 실제로 신규임차인을 주선하지 않았더라도 임대인의 권리금 회수기회 보호의무 위반을 이유로 을에게 손해배상을 청구할 수 있다고 보아야 하는데도, 이와 달리 본 원심판단에 법리오해의 잘못이 있다고 한 사례

위 대법원 판결에 의하면 임대인이 기존 임차인의 신규임차인의 주선을 거절하는 의사표시를 명백히 했다면, 실제 기존 임차인이 신규임차인을 주선하지 않는다고 하더라도 임대인을 상대로 권리금 회수방해를 원인으로 한 손해배상을 청구할 수 있다고 할 것이다.

이에 기존 임차인 입장에서는 임대인이 신규임차인의 주선을 거절하는 의사표시를 확보하는 것이 중요하다고 할 것인바, 임대인에게 내용증명을 보내서 답변을 받거나 기타 녹취하는 방법 등으로 위 의사표시를 확보해 두는 것이 필요하다.

(6) 권리금의 보호를 받지 못하는 경우

임차인은 아래 〈표〉의 임대차계약의 갱신 거절 사유가 있다면 권리금을 보호받지 못할 수 있다. 특히, 임차인이 3기의 차임액에 해당하는 금액에 이르도록 차임을 연체한 사실이 있거나, 임대인의 동의 없이 목적 건물의 전부 또는 일부를 전대한 경우 등에는 임대차계약에 따라 임대차계약의 갱신 거절 사유에 해당하여 권리금 보호를 받지 못할 수 있다.

-상가건물 임대차보호법상 갱신거절 사유-

1. 임차인이 3기의 차임액에 해당하는 금액에 이르도록 차임을 연체한 사실이 있는 경우
2. 임차인이 거짓이나 그 밖의 부정한 방법으로 임차한 경우
3. 서로 합의하여 임대인이 임차인에게 상당한 보상을 제공한 경우
4. 임차인이 임대인의 동의 없이 목적 건물의 전부 또는 일부를 전대(전대)한 경우
5. 임차인이 임차한 건물의 전부 또는 일부를 고의나 중대한 과실로 파손한 경우
6. 임차한 건물의 전부 또는 일부가 멸실되어 임대차의 목적을 달성하지 못할 경우

7. 임대인이 다음 각 목의 어느 하나에 해당하는 사유로 목적 건물의 전부 또는 대부분을 철거하거나 재건축하기 위하여 목적 건물의 점유를 회복할 필요가 있는 경우

    가. 임대차계약 체결 당시 공사시기 및 소요기간 등을 포함한 철거 또는 재건축 계획을 임차인에게 구체적으로 고지하고 그 계획에 따르는 경우

    나. 건물이 노후 · 훼손 또는 일부 멸실되는 등 안전사고의 우려가 있는 경우

    다. 다른 법령에 따라 철거 또는 재건축이 이루어지는 경우

8. 그 밖에 임차인이 임차인으로서의 의무를 현저히 위반하거나 임대차를 계속하기 어려운 중대한 사유가 있는 경우

(7) 상가건물 임대차권리금 표준계약서

국토교통부에서는 상가건물 임대차권리금 표준계약서를 배포하고 있다. 위 임대차권리금 표준계약서 제8조에서 권리금회수기회 보호에 관하여 아래 〈표〉와 같은 내용을 정하고 있으나 대부분 상가건물 임대차보호법의 내용과 동일하다.

-상가건물 임대차 표준계약서-

제8조(계약의 종료와 권리금회수기회 보호)

① 계약이 종료된 경우에 임차인은 임차 상가건물을 원상회복하

여 임대인에게 반환하고, 이와 동시에 임대인은 보증금을 임차인에게 반환하여야 한다.

② 임대인은 임대차기간이 끝나기 6개월 전부터 임대차 종료 시까지 「상가건물임대차보호법」 제10조의4 제1항 각 호의 어느 하나에 해당하는 행위를 함으로써 권리금 계약에 따라 임차인이 주선한 신규임차인이 되려는 자로부터 권리금을 지급받는 것을 방해하여서는 아니 된다. 다만, 「상가건물임대차보호법」 제10조 제1항 각 호의 어느 하나에 해당하는 사유가 있는 경우에는 그러하지 아니하다.

③ 임대인이 제2항을 위반하여 임차인에게 손해를 발생하게 한 때에는 그 손해를 배상할 책임이 있다. 이 경우 그 손해배상액은 신규임차인이 임차인에게 지급하기로 한 권리금과 임대차 종료 당시의 권리금 중 낮은 금액을 넘지 못한다.

④ 임차인은 임대인에게 신규임차인이 되려는 자의 보증금 및 차임을 지급할 자력 또는 그 밖에 임차인으로서의 의무를 이행할 의사 및 능력에 관하여 자신이 알고 있는 정보를 제공하여야 한다.

★ 본서의 말미에 '[별지7] 상가건물 임대차권리금 표준계약서'를 첨부하였다. 위 서식이 필요한 분이 있다면 참고하기 바란다.

위 표준계약서에 제8조에서 권리금에 관해서 정하고 있으나, 상가건물 임대차보호법에 규정된 내용을 기재한 것에 불과하여 위 표준계약서를 참고하여 임대차 권리금계약서를 작성하되, 추후 권리금에 관한 분쟁의 소지가 없도록 가능한 구체적이고 명확히 기재하는 것이 좋다.

아. 상가건물 임대차 정보 열람권

(1) 대부분 사람이 잘 모르는 권리

상가건물 임대차보호법에서는 상가건물의 임대차에 이해관계가 있는 자(상가건물의 임대인·임차인 등)는 임대인의 동의 여부를 불문하고 관할 세무서장에게 "해당 상가건물의 확정일자 부여일, 차임 및 보증금 등의 정보의 제공"을 요청할 수 있다.

상가건물 임대차보호법에서는 임대차계약을 체결하려는 자는 임대인의 동의를 받아 관한 세무서장에게 위 "상가건물의 확정일자 부여일, 차임 및 보증금 등의 정보의 제공"을 요청할 수 있다고 정하고 있다.

대다수 사람이 '상가건물 임대차에 이해관계가 있는 자' '임대차계약을 체결하려는 자'의 권리를 잘 알지 못한다. 임대인 또는 임대인이 되고자 하는 자들이 위 임대차 정보열람권을 행사하면 상가건물 임대차 현황을 파악할 수 있어 임대차계약을 체결해야 할지 여부, 임대차 조건이 적절한지 여부 등을 확인할 수 있어 임차인 또는 임차인이 되려는 자들이 알아 두면 좋은 제도이다.

-상가건물 임대차보호법-

제4조(확정일자 부여 및 임대차정보의 제공 등)
① 제5조 제2항의 확정일자는 상가건물의 소재지 관할 세무서장이 부여한다.

② 관할 세무서장은 해당 상가건물의 소재지, 확정일자 부여일, 차임 및 보증금 등을 기재한 확정일자부를 작성하여야 한다. 이 경우 전산정보처리조직을 이용할 수 있다.

③ 상가건물의 임대차에 이해관계가 있는 자는 관할 세무서장에게 해당 상가건물의 확정일자 부여일, 차임 및 보증금 등 정보의 제공을 요청할 수 있다. 이 경우 요청을 받은 관할 세무서장은 정당한 사유 없이 이를 거부할 수 없다.

④ 임대차계약을 체결하려는 자는 임대인의 동의를 받아 관할 세무서장에게 제3항에 따른 정보제공을 요청할 수 있다.

⑤ 확정일자부에 기재하여야 할 사항, 상가건물의 임대차에 이해관계가 있는 자의 범위, 관할 세무서장에게 요청할 수 있는 정보의 범위 및 그 밖에 확정일자 부여사무와 정보제공 등에 필요한 사항은 대통령령으로 정한다.

(2) 상가건물의 임대차에 이해관계가 있는 자

'상가건물의 임대차에 이해관계가 있는 자'는 임대인의 동의 없이 관할 세무서장에게 해당 상가의 확정일자 부여일, 차임 및 보증금 등의 정보를 요청할 수 있다.

위 '상가건물의 임대차에 이해관계가 있는 자'는 아래 〈표〉와 같이 "해당 상가건물 임대차 계약의 임대인 · 임차인, 해당 상가건물의 소유자, 상가건물 또는 대지의 등기부에 기록되어 있는 환매권자, 지상권자, 전세권자, 질권자, 저당권자, 근저당권자, 임차권자, 신탁등기의 수탁자, 가등기권리자, 압류채권자 및 경매개시결정의 채권자 등"이 있다.

-상가건물 임대차보호법 시행령-

제3조의2(이해관계인의 범위)

법 제4조 제3항에 따라 정보의 제공을 요청할 수 있는 상가건물의 임대차에 이해관계가 있는 자(이하 "이해관계인"이라 한다)는 다음 각 호의 어느 하나에 해당하는 자로 한다.

1. 해당 상가건물 임대차계약의 임대인 · 임차인

2. 해당 상가건물의 소유자

3. 해당 상가건물 또는 그 대지의 등기부에 기록된 권리자 중 <u>법무부령으로 정하는 자</u>

4. 법 제5조 제7항에 따라 우선변제권을 승계한 금융기관 등

5. 제1호부터 제4호까지에서 규정한 자에 준하는 지위 또는 권리를 가지는 자로서 임대차 정보의 제공에 관하여 법원의 판결을 받은 자

-상가건물 임대차계약서상의 확정일자 부여 및 임대차 정보제공에 관한 규칙-

제4조(이해관계인의 범위 등)

① 영 제3조의2 제3호에서 "법무부령으로 정하는 자"란 해당 상가건물 또는 대지의 등기부에 기록되어 있는 환매권자, 지상권자, 전세권자, 질권자, 저당권자 · 근저당권자, 임차권자, 신탁등기의 수탁자, 가등기권리자, 압류채권자 및 경매개시결정의 채권자를 말한다.

※ 위 〈표〉에서 상가건물 임대차보호법 시행령 제3조의2 제3호에서 '법무부령으로 정하는 자'라고 규정하고 있고, 상가건물 임대차계약서상의 확정일자 부여 및 임대차 정보제공에 관한 규칙(법무부령) 제4조 제1항에서 구체적으로 기재하고 있다.

(3) 임대차계약의 당사자가 요청할 수 있는 정보의 범위

임대차계약의 당사자는 관할 세무서장에게 '임대인 · 임차인의 인적사항' '상가건물의 소재지, 임대차 목적물 및 면적' '사업자등록 신청일' '보증금, 차임 및 임대차 기간' '확정일자 부여일' '임대차계약이 변경되거나 갱신된 경우에는 변경 · 갱신된 날짜, 새로운 확정일자 부여일, 변경된 보증금, 차임 및 임대차기간 등'이 기재된 서면의 열람 또는 교부를 요청할 수 있다.

-상가건물 임대차보호법 시행령-

제3조의3(이해관계인 등이 요청할 수 있는 정보의 범위)

① 제3조의2 제1호에 따른 임대차계약의 당사자는 관할 세무서장에게 다음 각 호의 사항이 기재된 서면의 열람 또는 교부를 요청할 수 있다.

1. 임대인 · 임차인의 인적사항(제3조제4항제3호에 따른 정보를 말한다. 다만, 주민등록번호 및 외국인등록번호의 경우에는 앞 6자리에 한정한다)
2. 상가건물의 소재지, 임대차 목적물 및 면적
3. 사업자등록 신청일
4. 보증금 · 차임 및 임대차기간
5. 확정일자 부여일

(4) 이해관계인이 요청할 수 있는 정보의 범위

임대차계약의 당사자가 아닌 이해관계인 또는 임대차계약을 체결하려는
자는 관할 세무서장에게 '상가건물의 소재지' '임대차 목적물 및 면적' '사업
자등록 신청일' '보증금 및 차임, 임대차 기간' '확정일자 부여일' '임대차계
약이 변경되거나 갱신된 경우에는 변경·갱신된 날짜, 새로운 확정일자 부
여일, 변경된 보증금, 차임 및 임대차 기간' 등의 사항이 기재된 서면의 열
람 또는 교부를 요청할 수 있다.

5. 임대차계약이 변경되거나 갱신된 경우에는 변경·갱신된
   날짜, 새로운 확정일자 부여일, 변경된 보증금·차임 및
   임대차기간
6. 그 밖에 법무부령으로 정하는 사항

(5) 임대차 정보제공 요청서

상가건물의 임대차에 관하여 이해관계가 있는 자와 임대차계약을 체결하는 자가 임대차 정보의 제공을 요청하는 경우에는 관할 세무서장에게 '임대차 정보제공 요청서'를 작성하여 제출하여야 한다.

★ 본서의 말미에 '[별지8] 임대차 정보제공 요청서' 서식을 첨부하였다. 위 서식이 필요한 분이 있다면 참고하기 바란다.

4.
상가 임대차에 관하여 많이 질의하는 내용

. . . . . .

가. 코로나 바이러스 확산과 임대차계약의 해지

2020년 3.경부터 코로나 바이러스가 국내에서 확산이 되면서 정부에서는 위 바이러스 확산 및 위중증 환자의 발생을 막기 위해서 영업시간 제한, 일정 인원수 이상의 집합금지 등의 조치를 하였다. 이로 인해 많은 자영업자가 매출에 직격탄을 맞으면서 큰 손실을 부담할 수밖에 없었다.

위와 같이 자영업자들이 매출이 급격히 감소된 상황에서 임대료, 임금 등을 감당할 수 없어 폐업을 하는 경우가 많은데, 임대차 기간이 종료되지 않아 임대료를 계속해서 지급해야 하는 상황이 발생했다.

위 상황에서 임차인은 임대차계약을 해지할 수 있을까? 기존의 상가건물 임대차보호법, 민법의 규정상으로는 임대차계약의 해지가 거의 불가능했으나, 후술하는 바와 같이 새로운 규정이 신설되었다.

상가건물 임대차보호법은 2022. 1. 4. 신규조항을 신설하여 임차인은 '감염병의 예방 및 관리에 관한 법률' 제49조 제1항 제2호에 따른 집합 제한 또는 금지 조치를 총 3개월 이상 받음으로써 발생한 경제 사정의 중대한 변동으로 폐업한 경우에는 임대차계약을 해지할 수 있다고 정하고 있다. 위 경우 임대인이 임대차계약의 해지를 통보를 받은 날부터 3개월이 지나면 효력이 발생한다고 정하고 있다.

-상가건물 임대차보호법-

제11조의2(폐업으로 인한 임차인의 해지권)

① 임차인은 「감염병의 예방 및 관리에 관한 법률」 제49조 제1항 제2호에 따른 집합 제한 또는 금지 조치(같은 항 제2호의2에 따라 운영시간을 제한한 조치를 포함한다)를 총 3개월 이상 받음으로써 발생한 경제사정의 중대한 변동으로 폐업한 경우에는 임대차계약을 해지할 수 있다.

② 제1항에 따른 해지는 임대인이 계약해지의 통고를 받은 날부터 3개월이 지나면 효력이 발생한다.

부칙 〈제18675호, 2022.1.4〉

제1조(시행일)
이 법은 공포한 날부터 시행한다.

제2조(임차인의 해지권에 관한 적용례)
제11조의 2의 개정규정은 이 법 시행 당시 존속 중인 임대차에 대해서도 적용한다.

-감염병의 예방 및 관리에 관한 법률-

제49조(감염병의 예방 조치)
① 질병관리청장, 시 · 도지사 또는 시장 · 군수 · 구청장은 감염병을 예방하기 위하여 다음 각 호에 해당하는 모든 조치를 하거나 그에 필요한 일부 조치를 하여야 하며, 보건복지부장관은 감염병을 예방하기 위하여 제2호, 제2호의2부터 제2호의4까지, 제12호 및 제12호의2에 해당하는 조치를 할 수 있다.
  2. 흥행, 집회, 제례 또는 그 밖의 여러 사람의 집합을 제한하거나 금지하는 것

코로나 바이러스 확산으로 인해 영업시간 제한, 일정한 인원 이상의 모

임이 금지되고 있는 상황에서 상대적으로 경제적 약자인 임차인의 보호하기 위해 위와 같은 규정을 신설한 취지는 충분히 공감할 수 있을 것이다.

다만, 임차인이 위 규정에 근거해서 임대차계약의 해지를 통보해서 임대인이 위 통보를 받아야 하고, 임대인이 통보를 받은 날로부터 3개월이 지나야 해지의 효과가 발생한다는 점에서 임차인은 임대차계약의 해지를 통보하고도 상당 기간 임차료를 부담해야 하는 상황이 발생한다.

나아가, 임대인의 입장에서는 코로나 바이러스 확산에 따른 집합 제한 또는 금지 조치 등으로 인하여 임대차계약이 해지되는 상황이 발생하고 이에 따라 예측하지 못한 시점에서 임대차 보증금을 반환해야 하는 상황이 발생하게 될 수 있다.

참고로, 상가건물 임대차보호법 부칙에서는 위 제11조의2 규정은 기존에 체결된 임대차계약이라고 하더라도 위 법 시행 당시에 존속 중인 임대차계약에도 적용된다고 규정하고 있어, 임대차계약의 체결 시점과 상관없이 적용될 수 있다고 할 것이다.

나. 차임연체액이 2기에 달하는 경우 임대차계약의 해지 가능성

만약, 상가건물 임대차보호법의 적용을 받은 상가건물에 관한 임대차계약에 있어서 임대차계약서에 "임차인의 차임 연체액이 2기의 차임액에 달하는 때에 임대인은 임대차 계약을 해지할 수 있다."고 정하는 경우 위 계약서의 내용은 유효할까?

상가건물 임대차보호법에서는 "임차인의 차임연체액이 3기의 차임액에 달하는 때에는 임대인은 계약을 해지할 수 있다." "상가건물 임대차보호법을 위반한 약정으로서 임차인에게 불리한 것은 효력 없다."고 정하고 있다. 그런데, 상가건물에 관한 임대차계약에서 "임차인의 차임 연체액이 2기의 차임액에 달하는 때에 임대인은 임대차 계약을 해지할 수 있다."고 정하고 있어 위 약정은 임차인에게 불리한 것으로 무효라고 생각할 수 있다.

그러나, 대법원은 위와 같은 약정이 유효하다고 판단하고 있다는 점을 반드시 유의해야 한다. 민법에서는 "건물 기타 공작물의 임대차에는 임차인의 차임연체액이 2기의 차임액에 달하는 때에는 임대인은 계약을 해지할 수 있다."고 정하고 있다.

-상가건물 임대차보호법-

제10조의8(차임연체와 해지)
임차인의 차임연체액이 3기의 차임액에 달하는 때에는 임대인은 계약을 해지할 수 있다.

제15조(강행규정)
이 법의 규정에 위반된 약정으로서 임차인에게 불리한 것은 효력이 없다.

-민법-

제640조(차임연체와 해지)
건물 기타 공작물의 임대차에는 임차인의 차임연체액이 2기의
차임액에 달하는 때에는 임대인은 계약을 해지할 수 있다.

상가건물 임대차보호법은 민법에 있어서 특별법의 지위를 가지기 때문에 상가건물 임대차보호법에서의 규정이 민법의 규정과 상충되는 경우에는 상가건물 임대차보호법이 우선적으로 적용되는 것이 타당하다고 할 것이다. 이에 임차인의 차임연체액이 3기의 차임액에 달하는 경우에 한해 임대인이 임대차계약을 해지할 수 있다고 생각할 수도 있다.

그러나, 대법원은 "민법 제640조(건물 기타 공작물의 임대차에는 임차인의 차임연체액이 2기의 차임액에 달하는 때에는 임대인은 계약을 해지할 수 있다.)"와 동일한 내용을 정한 약정이 상가건물 임대차보호법의 규정에 위반되고 임차인에게 불리한 것으로서 위 법 제15조에 의하여 효력이 없다고 할 수 없다."라고 판단하여 위 계약서 조항의 그 유효성을 인정하고 있다.

또한, 대법원은 상가건물 임대차보호법 제10조 제1항이 민법 제640조에서 정한 계약해지에 관하여 별도로 규정하고 있지 않아, 상가건물 임대차보호법 제10조 제1항 가 민법 제640조에 대한 특례에 해당한다고 볼 수 없다고 판단하고 있다. 따라서, 임대차계약서에서 임차인의 차임연체액이 2기의 차임액에 달하는 경우 임대차계약을 해지할 수 있다고 정하고 있는

경우 임대인은 임대차계약을 해지할 수 있다는 점을 알아 두어야 한다.

-대법원 2014. 7. 24. 선고 2012다28486 판결 [건물명도등]-

[1] 상가건물 임대차보호법에서 정한 임대인의 갱신요구거절권은 계약해지권과 행사시기, 효과 등이 서로 다를 뿐만 아니라, 상가건물 임대차보호법 제10조 제1항이 민법 제640조에서 정한 계약해지에 관하여 별도로 규정하고 있지 아니하므로, 상가건물 임대차보호법 제10조 제1항 제1호가 민법 제640조에 대한 특례에 해당한다고 할 수 없다.

그러므로 상가건물 임대차보호법의 적용을 받는 상가건물의 임대차에도 민법 제640조가 적용되고, 상가건물의 임대인이라도 임차인의 차임연체액이 2기의 차임액에 이르는 때에는 임대차계약을 해지할 수 있다. 그리고 같은 이유에서 민법 제640조와 동일한 내용을 정한 약정이 상가건물 임대차보호법의 규정에 위반되고 임차인에게 불리한 것으로서 위 법 제15조에 의하여 효력이 없다고 할 수 없다.

[2] 갱신 전후 상가건물 임대차계약의 내용과 성질, 임대인과 임차인 사이의 형평, 상가건물 임대차보호법 제10조와 민법 제640조의 입법 취지 등을 종합하여 보면, 상가건물의 임차인이 갱신 전부터 차임을 연체하기 시작하여 갱신 후에 차임연체액이 2기의 차임액에 이른 경우에도 임대차계약의 해지사유인 '임차인의 차임연체액이 2기의 차임액에 달하는 때'에

해당하므로, 이러한 경우 특별한 사정이 없는 한 임대인은 2기 이상의 차임연체를 이유로 갱신된 임대차계약을 해지할 수 있다.

다. 임차인의 차임 연체액이 3기에 달하는 경우의 의미

상가건물 임대차보호법 제10조의 8에서는 "임차인의 차임 연체액이 3기의 차임액에 달하는 때에는 임대인은 계약을 해지할 수 있다."고 정하고 있다. 대다수 사람이 위 규정의 의미와 관련해서 임차인이 3번 차임을 연체한 사실이 있다면 임대인이 임대차계약을 해지할 수 있는 것으로 생각하는 경우가 있는데, 위 규정을 잘못 해석한 것이다.

위 규정에서 차임연체액이 3기의 차임액에 달하는 경우란 임차인이 차임을 3번 연체한 사실이 있는 것이 아니라, 임대차계약의 해지 시점에 차임연체액이 3기의 차임액 이상이어야 하는 것이다.

이해하기 쉽게 간단한 예를 들어 설명하겠다. 가령, 임대인과 임차인이 상가건물에 관하여 월 100만 원의 차임료를 지급하기로 임대차계약을 체결했다고 가정해 보자. 임차인이 2022년 1월에 차임료 지급했으나, 2월에는 지급하지 못했고, 다시 3월에 차임을 지급하고, 4월에 지급하지 못했다. 이후 5월에 차임을 지급하지 못했고 6월에 2개월분의 차임 200만 원을 지급했다.

날짜	차임료	지급한 차임료	연체차임
2022. 1.	100만 원	100만 원	0원
2022. 2.	100만 원	미지급	100만 원
2023. 3.	100만 원	100만 원	100만 원
2022. 4.	100만 원	미지급	200만 원
2022. 5.	100만 원	미지급	300만 원
2022. 6.	100만 원	200만 원	100만 원

위와 같은 상황에서 임대인은 2022. 6. 임차인의 차임연체액이 3기에 달하는 경우에 해당하여 임대차계약을 해지할 수 있을까? 결론은 임대인은 차임연제액이 3기에 달하는 경우에 해당한다고 주장하여 임대차계약을 해지할 수 없다.

즉, 임대인이 임차인이 차임연체액이 3기에 달하여 임대차계약을 해지하는 경우 과거에 차임을 계속해서 연체한 사실이 있다고 하더라도 위 사실만으로 임대차계약을 해지할 수 없다.

따라서, 임대인이 임대차계약을 해지하기 위해서는 임대인은 임차인의 차임연체액이 3기에 달하는 시점에 내용증명을 보내 위 사유로 임대차계약을 해지한다는 의사표시를 해 두어야 한다. 위와 같은 해지의 의사표시를 하지 않고, 이후 임차인이 위 차임연체액을 변제한다면 임대인으로는 과거의 연체 사실만으로 임대차계약을 해지할 수 없다.

앞서 본 사례에서 임대인은 2022. 5. 임차인의 차임연체액이 3기에 달하는 시점에 내용증명을 보내 임대차계약의 해지 의사표시를 하지 않으면, 2022. 6.에는 임차인이 2기의 차임을 변제하였기 때문에 더 이상 차임연체액이 3기에 달하는 경우에 해당한다고 볼 수 없어 임대차계약을 해지하기가 어렵다.

라. 임대차계약 종료 시 원상회복

(1) 원상회복의무의 부담

임대차계약이 종료되는 경우 임차인은 원상회복의 의무를 부담하게 된다. 임대차계약서에서는 임차인의 임대차계약의 종료 시 원상회복의 의무만 기재하고 있고, 구체적으로 어떻게 원상회복을 해야 하는지 정하지 않는 경우가 많다.

물론, 특별한 사정이 있는 경우에는 상가건물에 관한 임대차계약에서 임차인의 원상회복의무를 면제하다는 내용을 정하는 경우도 있으나, 위 규정은 특별한 사정이 없는 한 임차인에게 불리하다고 볼 수 없어 유효하다고 할 것이다.

(2) 원상회복의무의 범위

대법원은 아래 〈표〉와 같이 임차인의 원상회복의무에 관해서 임차인이 임차목적물을 수리하거나 변경한 때에는 원칙적으로 수리·변경 부분을 철거하여 임대 당시의 상태로 사용할 수 있도록 해야 한다고 판단하고 있다. 다만, 개별적인 임대차계약의 경위와 내용이 다르기 때문에 원상회복의 의무는 구체·개별적으로 정해져야 한다고 판단하고 있다.

-대법원 2019. 8. 30. 선고 2017다268142 판결 [손해배상(기)]-

[1] 임차인이 임대인에게 임차목적물을 반환하는 때에는 원상회복의무가 있다(민법 제654조, 제615조). 임차인이 임차목적물을 수리하거나 변경한 때에는 원칙적으로 수리·변경 부분을 철거하여 임대 당시의 상태로 사용할 수 있도록 해야 한다. 다만 원상회복의무의 내용과 범위는 임대차계약의 체결 경위와 내용, 임대 당시 목적물의 상태, 임차인이 수리하거나 변경한 내용 등을 고려하여 구체적·개별적으로 정해야 한다.

나아가, 실무상 임대차계약서 등을 작성할 때 원상회복의무 범위를 정함에 있어서 내부와 외부를 구분하지 않는 경우가 많다. 그러나, 건물의 외부에 부착된 간판 및 기타 부착물에 관해서도 원상회복의 의무 범위에 포함된다고 할 것이며 이에 관해서 명확하게 기재하는 것이 추후 분쟁의 발생 방지에 도움이 된다.

(3) 원상회복 비용의 보증금에서의 공제

임대인의 입장에서는 임대차계약 종료 시에 임차인이 인테리어 시설 등에 관한 원상회복의무를 이행하지 않는다면 난감할 수밖에 없다. 새로운 임차인이 기존의 시설을 그대로 사용하지 않는 한 원상회복되지 않은 상태로 새로운 임차인을 구하기 어렵기 때문이다.

또한, 임대인이 임의대로 임차목적물에 들어가 철거업자들과 함께 기존 임차인의 인테리어 시설 등을 철거하다가 손괴죄 등 형사상 처벌을 받을 수도 있으며, 철거를 한다고 하더라도 그 철거비용이 적절했는지 여부에 관해서 분쟁이 발생할 수도 있다.

다만, 아래 〈표〉의 대법원 판결에서는 임대차 종료 시에 임차인이 인테리어 시설 등을 철거하지 않자 임대인이 위 인테리어 시설을 철거하고 철거비용을 임차인에게 반환할 보증금에서 공제하였는데, 위와 같은 임대인의 철거 비용 공제가 타당하다고 판단하고 있다.

-대법원 2019. 8. 30. 선고 2017다268142 판결 [손해배상(기)]-

[2] 갑 주식회사가 점포를 임차하여 커피전문점 영업에 필요한 시설 설치공사를 하고 프랜차이즈 커피전문점을 운영하였고, 을이 이전 임차인으로부터 위 커피전문점 영업을 양수하고 병 주식회사로부터 점포를 임차하여 커피전문점을 운영하였는데, 임대차 종료 시 을이 인테리어시설 등을 철거하지 않자 병 회사가 비용을 들여 철거하고 반환할 보증금에서 시설물 철거비용을 공제한 사안에서, 임대차계약서에 임대차 종료 시 을의 원상회복의무를 정하고 있으므로 병 회사가 철거한 시설물이 점포에 부합되었다고 할지라도 임대차계약의 해석상 을이 원상회복의무를 부담하지 않는다고 보기 어렵고, 병 회사가 철거한 시설은 프랜차이즈 커피전문점의 운영을 위해 설치된 것으로서 점포를 그 밖의 용도로 사용할 경우에는 불필요한 시설이고, 을이 비용상환청구권을 포기하였다고 해서 병 회사가 위와 같이 한정된 목적으로만 사용할 수 있는 시설

의 원상회복의무를 면제해 주었다고 보기 어려우므로, 병 회
사가 비용을 들여 철거한 시설물이 을의 전 임차인이 설치한
것이라고 해도 을이 철거하여 원상회복할 의무가 있다고 보
아 병 회사가 을에게 반환할 보증금에서 병 회사가 지출한 시
설물 철거비용이 공제되어야 한다고 판단한 원심판결을 수긍
한 사례.

그러나, 실제 임대차계약 관계에서 임대인이 임의대로 임차목적물에 출
입하여 인테리어 시설 등을 철거하는 경우 기존의 임차인이 손괴죄 등으로
형사상 고소하며 민사상 손해배상을 청구하는 경우가 있어 주의해야 한다.

(4) 원상회복의무와 관련된 분쟁 및 예방법

임차인은 특별한 사정이 없는 한 임대할 당시의 상태대로 원상회복의무
를 부담한다고 할 것이고, 위 의무 이행을 위해 임대차계약 당시 임대차 목
적물에 관해 사진 등을 촬영해 두는 것이 필요하고 임대차계약서에 구체적
인 원상회복의무 이행의 방법, 범위 등을 정해 두는 것이 좋다. 가능하다면
계약서에 임대차계약 당시의 현황을 촬영한 사진을 첨부하는 것도 좋은 방
법이다.

특히, 임대차계약서에 임대차계약이 종료되었음에도 불구하고 임차인이
명도의무, 원상회복의무 등을 이행하지 않는 경우에 손해배상을 얼마로 할
것인지를 위약금 조항으로 금액을 특정하여 정해 두면 추후 분쟁이 발생하
는 것을 방지할 수 있고, 분쟁이 발생하더라도 의무위반의 사실만을 입증

해서 미리 정해 놓은 손해배상금을 청구하면 되기 때문에 비교적 간단하게 분쟁을 마칠 있다.

위와 같은 위약금 조항을 미리 정해 두어 임차인으로 하여금 원상회복의무의 이행을 간접적으로 강제할 수도 있어, 미리 원상회복의무에 관한 분쟁을 방지하는데도 효과가 있다고 할 것이다.

나아가, 임대인의 입장에서는 임차인이 임대차계약이 종료되었고 원상회복의무를 면제한 것도 아닌데도 불구하고 원상회복의무를 이행하지 않는다면, 내용증명 등으로 원상회복의 의무 이행을 최고해야 한다.

최고를 이행했음에도 불구하고 임차인이 원상회복의무를 이행하지 않는다면 임대인의 비용으로 원상회복의무를 이행하고 임차인에게 반환할 보증금에서 위 원상회복 비용을 공제하는 방법을 고려해 볼 수도 있을 것이다.

다만, 전술하였듯이 위 과정에서 임차인이 임대인을 상대로 형사상 고소 및 민사상 손해배상을 청구할 수도 있기 때문에 임대인의 비용으로 원상회복의무를 이행하는 경우에는 필자를 포함하여 부동산 전문 변호사와 미리 상의하기를 권한다.

또한, 위 원상회복의무에 관한 비용을 공제하기 위해서 해당 비용을 입증할 수 있는 철거용역업체의 견적서 및 영수증, 구체적인 작업 내역서 등을 미리 확보해 두는 것이 좋다.

마. 적정한 임대차 보증금

(1) 임대차 보증금을 받는 이유

상가 임대차에 있어서 보증금이 어느 정도면 적절할까? 이에 대해 답을 하기 위해서는 우선, 상가 임대차에서 임대차 보증금을 왜 받는지부터 그 목적을 알아볼 필요가 있다.

임대차보증금은 임차인의 의무 이행을 금전으로 보증하는 것이다. 예를 들어 임차인의 차임료를 지급하지 않거나, 임대차계약이 끝났음에도 계속해서 점유하는 경우 또는 원상회복의무를 이행하지 않는 경우에 임대인은 임대차 보증금에서 밀린 차임료 또는 원상회복 미이행으로 임대인이 사용한 비용을 공제함으로써 손해를 방지할 수 있다.

나아가, 임대인은 임차인으로부터 보증금을 지급받아 임대차계약 종료 시까지 보관하여 임차인으로 하여금 임대차계약상의 의무위반을 사전에 방지할 수 있는 예방 장치이기도 하다.

(2) 적정한 보증금은 얼마일까?

전술했듯이 임대차 보증금은 임차인의 임대차계약상의 의무위반을 예방함과 동시에 의무위반 시 임대인에게 발생하는 손해를 전보(塡補)할 수 있는 금원으로 임대인 보호를 위한 장치이다.

그렇다면, 임대인 입장에서는 임차인이 임대차계약상 의무위반을 했고 이로 인해 임대인이 임차인을 상대로 소송을 제기하여 승소하고 강제집행할 때까지의 기간을 고려하여 임대차 보증금을 산정할 필요가 있다.

가령, 임차인이 3개월 치 차임료를 지급하지 않았고 이를 이유로 임대인이 임대차계약의 해지를 통보했으나, 임차인이 원상회복 및 명도를 하지 않고 있다고 가정해 보자.

임대인은 임차인을 상대로 해당 상가건물에 관하여 명도소송을 진행하게 될 것이고 1심에서 승소판결을 받을 때까지 대략 6개월~12개월의 기간이 필요할 것이다. 이후 임대인은 임차인을 상대로 강제집행을 하게 될 것이고 위 강제집행에 대략 1~2개월의 기간이 필요하다고 할 것이다.

결론적으로 임대인은 위와 같은 소송절차를 고려해서 최소한 '1년의 차임료 상당액' 이상의 금액을 임대차 보증금으로 받을 필요가 있다. 그래야만 임차인이 임대차계약상의 의무를 위반하여 소송까지 진행하게 되었을 때, 임대인에게 발생할 수 있는 손해의 발생을 상당 부분 방지할 수 있다고 할 것이다.

물론, 법적인 분쟁이 1년 이상 진행될 수 있으며, 그동안 임차인이 차임료 및 관리비를 지급하지 않는다면 더 많은 손해가 발생할 수도 있기 때문에 '1년의 차임료 상당액'은 임대차 보증금을 정하는 최소한의 기준임을 유의해야 한다.

(3) 임차인의 의무위반 가능성
- 임대차 보증금을 최대한 줄이려는 임차인

임대의 목적에 따라 다를 수 있으나, 대개의 임차인들은 임대차 보증금은 임대차계약이 종료되었을 때 임차인으로서 임대차계약상의 의무를 위반하지 않으면 돌려받는 돈이지만, 차임료는 매달 지급하고 돌려받지 못하는 돈이라고 생각하기 때문에 임대차 보증금을 높게 하고 차임료를 낮게 하려는 경향이 있다.

이에 임대차 보증금을 높게 하고 차임료를 낮게 하려는 임차인의 경우 임대차계약상의 의무위반을 하는 경우가 상대적으로 낮다. 그러나, 반대로 임대차 보증금을 낮게 하고 차임료를 많이 정하려고 하는 임차인의 경우에는 임대차계약을 위반하더라도 보증금에서 공제하고 못 돌려받으면 그만이라고 생각하는 경우가 종종 있다.

그러나, 임대인은 임차인이 보증금을 낮게 하는 대신 차임료를 더 준다고 하면 어차피 돌려줄 임대차 보증금을 낮게 하고 매월 차임료를 더 높게 받는 것이 이익이라고 판단하여 임대차계약을 체결하는 경우가 있다.

위와 같은 경우 임차인이 임대차계약상의 의무를 위반하여 임대차계약이 해지되었음에도 불구하고, 차임료를 지급하지 않으며 계속해서 퇴거하지 않는 경우 임대인으로서는 명도소송, 부당이득금 반환 등의 소송을 제기해야 한다.

임대인이 임차인을 상대로 명도소송, 부당이득금반환 등의 소송을 진행하다 보면 임차인이 차임료를 지급하지 않아 임대차계약체결 시 시세보다 낮게 받은 보증금에서 밀린 차임료를 모두 공제되는 경우가 많다. 결국에는 임대인이 계속해서 발생하는 손해를 방지하기 위해 울며 겨자 먹기 식으로 그동안 발생한 손해를 감수하고 임차인에게 수백만 원의 이사비까지

지급하고 합의하는 경우가 발생한다. 임대인의 입장에서 더 길게 소송을 진행하여 승소를 한다고 하더라도 그동안 새로운 임차인을 구하지 못하는 등 더 큰 손해가 발생할 수도 있다는 사실을 깨닫게 되기 때문이다.

결론적으로, 임대인은 임차인으로부터 1년 치 차임료 상당액 이상을 임대차 보증금을 받아야 하고, 임대차 보증금을 낮게 하고 대신 임차료를 높게 준다는 임차인을 조심해야 한다.

바. 착한 임대인 무조건 좋은 걸까?

(1) 착한 임대인의 출현

최근 들어 대한민국에서 임대인이 임차인으로부터 받는 차임료를 불로소득으로 생각하는 경우가 많아졌다. 임대인의 월 차임료 수입에 대해 한편으로는 부러움의 대상이 되는 반면 또 다른 면에서는 사회적으로 경계의 대상이 되고 있다.

특히, 2020. 3.경부터 시작된 코로나 바이러스의 확산으로 인해 임차인들의 경영난으로 인해 임대료를 깎아 주는 소위 '착한 임대인'이라는 단어가 유행하면서, 정부에서는 '착한 임대인'에게 세제 혜택을 주기도 한다.

(2) 착한 임대인의 맹점

국가·사회적으로 '착한 임대인'이 존경받는 것은 어찌 보면 당연하다고 할 것이며 사회적으로 적극 장려되는 것이 타당하다고 볼 수도 있겠으나, 부동산의 가치적인 측면에서 보면 바람직하다고만 볼 수 없다.

가령, 월 차임료로 300만 원을 받는 비슷한 상가가 여러 개가 있고, 임대인이 모두 다르다고 가정해 보자. 임대인 중 한 명이 임차인의 사정을 고려해서 월 차임료를 200만 원을 받기로 하고 계속해서 차임료를 올리지 않았다고 가정해 보자.

대부분의 임대인들이 상가를 매수하는 주요 목적은 매월 차임료 상당의 수입을 얻고 추후 적정한 가격으로 상가를 매도하는 것이다. 상가 매매의 주요 목적이 차임료 상당액의 수입을 얻기 위한 것이기 때문에 상가를 매수하는 자들이 매매목적물에서 월 차임료를 얼마나 받았는지, 투자금액 대비 어느 정도 수익률이 나오는지를 중요하게 생각한다.

그런데, 만약 위와 같이 월 차임료 300만 원을 받아야 하는 상가에서 임차인의 입장을 고려해서 200만 원을 받았다면, 해당 상가를 매수하려는 매수인은 의구심이 들 수밖에 없다. 다른 상가들은 대부분 월 차임료로 300만 원을 받았는데 무슨 이유로 해당 상가는 월 200만 원을 받았을까? 라는 생각과 함께 해당 목적물에 하자가 있는지, 기타 법률상 문제가 있는지 의심하게 될 것이다. 또한, 매수인이 해당 임차인까지 인수해야 하는 경우에는 다른 상가보다 낮게 책정된 월 차임료로 인해 해당 물건을 매수하지 않을 가능성이 높다.

임대인이 오랜 기간 해당 상가를 소유하고 임차할 예정이며, 적은 임차료를 받더라도 상관없다고 생각한다면 소위 '착한 임대인'이 되더라도 별다른 문제는 없겠으나, 해당 상가를 가까운 미래에 처분할 생각이 있다면 주위 시세와 비교하여 적절한 차임료를 받는 것이 좋다.

제8장

부동산에 관한
분쟁 예방과 대책

제소 전 화해 – 명도소송 등을 하지 않기 위한 강력한 예방책

• • • • • •

가. 제소 전 화해란?

제소 전 화해제도는 민사상 소송이 제기되기 이전에 당사자 간의 합의한 사항을 법원의 단독 판사 앞에서 확인을 받는 것인데, 그 효과가 확정 판결의 효과와 동일하다.

제소 전 화해가 확정 판결의 효과와 동일하다는 의미가 크게 와닿지 않을 수도 있는데, 다음의 예를 보면 제소 전 화해에 확정 판결과 동일한 효력이 있다는 것이 얼마나 큰 위력이 있는지 알 수 있다.

가령, 상가건물에 관한 임차인이 임대차계약상의 의무를 위반했고 이에 임대인이 임대차계약을 해지했다고 가정해 보자. 위와 같이 임차인이 계약상의 의무를 위반했음에도 불구하고 임대차 목적물에 관해 원상회복을 하고 임대인에게 인도해 주지 않으면, 임대인은 임차인을 상대로 위 임대차 목적물을 인도해 달라는 소송을 제기해야 한다.

위와 같은 명도소송은 1심만 하더라도 소장 제출 시부터 1심 판결을 받는 때까지 대략 6개월에서 1년 정도가 걸린다. 임대인이 위 명도소송 1심에서 승소한다고 하더라도 임차인이 항소하게 되면 또다시 항소심을 6개월에서 1년 정도를 진행해야 한다. 항소심에서 임대인이 승소하더라도 임차인이 상고를 하게 되면 또다시 대법원에서 6개월~12개월 정도를 더 진행해야 한다.

임대인은 위와 같이 임차인이 상고하여 대법원까지 가서 재판이 진행되었다면 위 대법원 재판이 확정되어야 임차인을 상대로 임대차 목적물을 인도해 달라는 강제집행 할 수 있다.

물론, 혹자는 임대인이 1심에서 승소한 후 가집행선고를 받아 가집행을 할 수도 있지 않냐고 이의를 제기할 수 있겠으나, 위 임대인의 가집행에 관하여 임차인은 강제집행정지를 신청하여 집행을 정지시킬 수 있고, 위 가집행은 말 그대로 임시적인 가(假)집행이므로, 원칙적으로 재판이 확정되어야 본집행을 할 수 있다고 할 것이다.

그런데, 임대인과 임차인 사이에 '제소 전 화해'를 했고, 임차인이 위 제소 전 화해상의 의무를 위반해서 임대인에게 명도의 의무를 부담한다면, 임대인은 화해조서를 근거로 하여 명도소송을 제기함이 없이 곧바로 강제집행할 수 있다. 앞서 살펴본 예로 제소 전 화해 절차로 얼마나 많은 시간적, 비용적인 면을 절약할 수 있는지 실감할 수 있을 것이다.

나. 제소 전 화해 절차

(1) 개략적인 절차

제소 전 화해의 절차는 '제소전화해신청서 작성 및 법원 제출 → 법원에서 화해기일 지정→ 화해기일에서의 진행 → 화해조서의 성립 및 확정 → 화해조서의 송달' 순으로 진행된다.

★ 본서의 말미에 '[별지9] 제소전화해신청서'를 첨부하였다. 제소 전 화해 신청을 고려하는 분들에게 참고가 되었으면 한다.

위와 같은 제소 전 화해 절차는 제소전화해신청서를 법원에 접수한 날로부터 법원에서 화해기일지정 통지서가 송달되기까지 약 3개월가량의 시간이 필요하다. 다만, 각 지역의 법원 사정에 따라 소요되는 시간은 다를 수 있어 일률적으로 말하기는 어렵다.

(2) 화해기일에서의 절차

화해기일에서는 당사자들이 출석하여 진행되며, 담당 판사가 화해 조항의 내용을 살펴보고 필요하다면 내용을 추가 및 수정, 삭제가 이뤄지기도 한다. 유의할 점은, 화해 조항의 내용이 불명확하거나 정리가 필요한 경우에는 다음 기일을 한 번 더 지정하여 진행하는 경우도 있기 때문에 사전에 화해 조항을 명확하고 다른 해석의 여지가 없이 최대란 간결하게 기재하는 것이 좋다.

★ 본서의 말미에 '[별지10]로 화해조서'를 첨부하였다. 제소전화해 제도의 이해에 도움이 되길 바란다.

(3) 화해조서의 송달

위와 같이 화해기일이 진행되고 화해가 성립하면 법원에서는 양 당사자의 주소지로 화해조서를 송달해 준다. 제소 전 화해의 당사자는 송달받은 화해조서로 추후 당사자 일방(대부분의 경우 임차인)의 채무불이행 시 강제집행을 할 수 있다. 다만, 절차상 위 화해조서로 곧바로 강제집행을 할 수 있는 것은 아니고 위 화해조서에 의한 집행문을 부여받고 송달증명원을 발급 후 별도의 강제집행신청서를 작성 및 접수해야 하는 절차가 필요하다.

2.
명도소송
· · · · · ·

가. 명도(인도)소송의 의의

과거에는 명도소송이라고 불렀으나 최근에는 인도소송이라고 부르는 것이 더 바람직하다고 할 것이다. 다만, 현재까지도 실무상 명도소송이라는 단어를 많이 사용하고 있어 독자들의 이해 편의를 위해 본서에서는 명도소송이라고 기재하겠다.

명도(인도)소송은 정당한 권한 없이 부동산을 점유하고 있는 자를 상대로 부동산을 인도받기 위해서 제기하는 소송을 말한다. 가령, 임차인이 임대차 기간이 갱신되지 않고 종료하였고 이에 임대인이 보증금을 반환해 주었음에도 불구하고 임차인이 임차목적물을 인도해 주지 않는 경우 임대인은 임차인을 상대로 명도소송을 제기할 수 있을 것이다.

나. 최악을 방지하기 위한 소송인 명도소송

앞서 예로든 사례에서 임대인이 임차인을 상대로 명도소송을 제기하는 경우에 임대인은 거의 100% 승소할 수 있을 것이다. 원칙적으로 소송비용은 패소한 자가 부담하게 되기 때문에 임대인이 위 소송 과정에서 사용한 비용의 상당 부분도 임차인이 부담하게 될 것이다.

그럼에도 불구하고, 필자는 다음의 이유로 임대인의 명도소송을 권하지 않으며, 소송을 해야 한다고 하더라도 조정 절차 등을 통해서 소송을 종결하는 것을 권한다. 실무적으로도 명도소송을 진행하는 대부분의 재판부에서도 되도록 조정 절차를 통해서 문제를 해결하려는 경향이 있다.

우선, 명도소송을 1심만 진행하더라도 6개월에서 1년 정도의 시간이 걸린다. 위 소송 과정에서 변호사 또는 법무사 선임 비용, 점유이전금지가처분 등의 비용이 들어가는 것은 피할 수 없다. 나아가, 소송에서 승소하더라도 임차인이 임대차 목적물을 인도해 주지 않으면 강제집행을 할 수밖에 없고 위 강제집행에 비용이 들게 된다.

그런데, 임차인이 자신이 패소할 것을 알고 있음에도 불구하고 끝까지 임대차 목적물을 인도해 주지 않는 경우는 대개 임차인에게 더 이상 물러설 곳이 없는 경우이거나 임차인이 악의적으로 강제집행을 당할 때까지 임차목적물을 사용해서 수익을 내려고 하는 경우일 것이다. 심지어, 임차인이 임대인의 강제집행을 고의적으로 방해하는 경우까지 있다.

다. 최대한 협의할 것

임대인은 임차인에게 자력이 있는 경우라면 소송비용 등을 모두 청구할 수도 있을 것이나, 소송 및 강제집행까지 1년 가까운 시간을 허비하는 것보다 하루라도 빨리 임차인과 협의하여 임차목적물을 인도받고 새로운 임차인에게 임대하여 임대수익을 창출하는 것이 훨씬 유리하다고 할 것이다.

위 방법은 임차인이 별도의 자력이 없어 임대인의 소송비용 등을 배상할 능력이 안되는 경우에 사용할 수 있는 좋은 방법이기도 하다. 나아가, 전 임차인이 명도소송으로 강제집행을 당해 쫓겨났다는 이야기가 돌면 새로운 임차인도 해당 임대차 목적물을 임차하는 것을 꺼려할 수도 있기에 필자는 최대한 협의로 좋게 끝내는 것을 권하는 것이다.

또한, 법원에 명도소송을 제기했다고 하더라도 재판부에서는 조정기일을 진행하는 경우가 많다. 특히 조정기일에서 조정관 등이 소송이 계속 진행되어 임대인이 승소한다고 하더라도 추후 강제집행을 해야 하고 강제집행을 하는데 비용이 들기 때문에 적절한 선에서 조정(합의)을 할 것을 권하는 경우가 많다.

임대인의 입장에서 소송까지 진행하였고 소송 진행 과정에서 각종 비용을 부담한 상황에서 조정에 응하는 것이 납득하기 어렵다고 생각하는 경우가 있으나, 조정기일에서 위와 같은 상황설명을 듣고 조정이 이뤄지는 경우가 많다.

위와 같이 재판을 진행하여 조정기일에서 합의를 하는 것보다, 가능하다면 소송제기 전에 협의하여 적절한 선에서 합의를 하는 것이 임대인과 임차인 모두에게 시간 · 절차적 비용을 절약하는 데 도움이 된다고 할 것이다. 물론, 도저히 대화가 되지 않는 임대인 또는 임차인의 경우에는 어쩔수 없이 소송을 진행하여 강제집행을 해야 한다.

라. 영업신고증 폐업신고의 필요성

임대인이 임차인을 상대로 명도소송을 제기하면서 임차인의 기존 영업신고증에 의한 폐업신고 절차를 잘 고려하지 않는 경우가 많다. 이는 영업신고증에 의한 폐업신고 절차에 대해서 잘 모르기 때문일 수도 있으나, 자칫 잘못하면 명도소송에서 승소하더라도 기존의 영언신고증에 의한 폐업신고 절차가 이행되지 않아 새로운 임차인이 기존의 임차인과 동일한 업종으로 영업으로 임대할 수 없어 임대가 어려워지는 경우가 발생할 수 있다.

위와 같은 영업신고증에 의한 폐업신고의 절차는 임차인의 원상회복의무의 범위에 포함되는 것이기 때문에 임차인의 협력을 얻어 위 절차를 이행하는 것이 이상적이라 할 것이나, 임차인이 협력을 거부한다면 명도소송을 제기하면서 위 영업신고증에 관한 폐업신고 절차의 이행을 구하는 내용을 청구취지에 기재할 필요가 있다.

-대법원 2008. 10. 9. 선고 2008다34903 판결 [건물명도]-

임대차종료로 인한 임차인의 원상회복의무에는 임차인이 사용하고 있던 부동산의 점유를 임대인에게 이전하는 것은 물론 임대인이 임대 당시의 부동산 용도에 맞게 다시 사용할 수 있도록 협력할 의무도 포함한다. 따라서 임대인 또는 그 승낙을 받은 제3자가 임차건물 부분에서 다시 영업허가를 받는 데 방해가 되지 않도록 임차인은 임차건물 부분에서의 영업허가에 대하여 폐업신고절차를 이행할 의무가 있다.

명도소송은 다른 소송에 비해서 간단하다고 할 수도 있을 것이며 이에 당사자가 직접 소송을 진행하는 경우도 있다. 다만, 당사자가 직접 명도소송을 진행하더라도 위와 같이 영업신고증에 관한 폐업신고 절차를 요구하는 내용이 들어가야 하는 경우도 있기 때문에 가능하다면 필자를 포함한 부동산 전문 변호사와 상의해서 진행할 것을 권한다.

3.
명도(인도)단행가처분
– 명도소송의 응급처치

가. 명도(인도)단행가처분이란?

명도단행가처분은 현재 불법적인 점유를 하고 있는 자의 불법점유가 명확하고 명확할 때 본안소송의 확정이 없이 위 명도단행가처분 결정만으로 위 불법적인 점유를 해소하는 절차이다.

명도단행 '가처분'의 명칭에서 알 수 있듯이 보전 절차인 가처분의 일종이며, 본안소송인 명도소송에서 수회의 변론기일이 진행되는 것과는 다르나, 1회 정도의 심문기일을 지정하여 진행한다.

명도소송보다 절차적인 시간이 짧고 가처분 결과만으로 불법적인 점유를 해소할 수 있다면 당연히 명도소송을 제기하기 전에 또는 명도소송을 제기하는 것보다 명도단행가처분을 신청하는 게 좋은 것이 아니냐고 물어보는 경우가 많으나 후술하는 바와 같이 그 요건이 까다롭고 인용률 또한 높지 않다는 점을 유의해야 한다.

나. 명도단행가처분의 까다로운 요건

민사집행법은 가처분의 목적에 관해서 아래 〈표〉와 같이 "가처분은 다툼이 있는 권리관계를 위해서 임시의 지위를 정하기 위해 할 수 있는데, 이 경우 가처분은 특히 계속되는 권리관계에 끼칠 현저한 손해를 피하거나 급박한 위험을 막기 위해서 또는 그 밖의 필요한 이유가 있을 경우에 해야 한다."고 정하고 있다.

-민사집행법-

제300조(가처분의 목적)

① 다툼의 대상에 관한 가처분은 현상이 바뀌면 당사자가 권리를 실행하지 못하거나 이를 실행하는 것이 매우 곤란할 염려가 있을 경우에 한다.

② 가처분은 다툼이 있는 권리관계에 대하여 임시의 지위를 정하기 위하여도 할 수 있다. 이 경우 가처분은 특히 계속하는 권리관계에 끼칠 현저한 손해를 피하거나 급박한 위험을 막기 위하여, 또는 그 밖의 필요한 이유가 있을 경우에 하여야 한다.

명도단행가처분을 신청한 재판부에서는 위 '현저한 손해' '급박한 위험' '그 밖의 필요한 이유'에 관해서 가처분을 인용할 경우 당사자의 이해관계, 본안소송에서의 승패의 예상 그리고 그 외 제반 사정을 종합적으로 고려하여 가처분 인용 여부를 결정하게 되는데, 명도단행가처분의 경우 매우 엄격한 보전의 필요성을 요구한다.

다. 명도단행가처분이 인용되는 경우

법원에서는 명도단행가처분을 인용하는 경우 신청자에게 고도의 보전 필요성을 요구하기 때문에 실무상 명도단행가처분이 인용되는 경우가 많지 않다. 그렇기 때문에 명도단행가처분으로 빠른 시간 내 불법점유자의 점유를 해소할 수 있다고 단순하게 생각하고 위 가처분을 신청하는 것은 바람직하지 못하다.

다만, 다음의 세 가지의 경우에는 명도단행가처분이 상대적으로 인용되는 경우가 많다. 첫 번째는 본안소송에서 승소하여 강제집행을 통해서 불법점유자의 점유를 해소했는데 또다시 불법점유를 하는 경우이다. 두 번째는 당사자 간에 명도에 관해 합의를 하였고 합의금까지 모두 지급했는데도 불구하고 위 약정을 위반해서 점유하면서 나가지 않는 경우이다. 세 번째는 재개발 · 재건축 정비사업에서 보상 절차가 완료되는 등 점유자가 사업시행자에게 목적물을 인도할 의무가 발생했음에도 불구하고 다수의 세대 중에서 불과 1~2개 세대 정도가 명도를 거부하고 있어 위 정비사업에 큰 손해가 발생하는 경우이다.

위와 같이 세 가지의 경우 외에는 명도단행가처분을 신청하더라도 잘 인용되지 않으며 위 세 가지의 경우라고 하더라도 엄격한 요건을 충족하는 것을 전제로 명도단행가처분을 신청해야 한다. 이후 1~2회의 심문기일까지 진행해야 하기 때문에 반드시 필자를 포함한 부동산 전문 변호사와 상의해서 진행할 것을 권한다.

라. 명도단행가처분이 인용된 경우 유의점

명도단행가처분을 신청하여 어렵게 인용 결정을 받아 가처분 집행이 되었다고 하더라도 유의해야 할 점이 있다. 명도단행가처분의 집행으로 신청자가 점유를 회복했다고 하더라도 이는 임시적인 조치로 점유를 회복한 것으로 최종적인 점유를 회복하기 위해서는 명도소송을 진행하여 확정 승소 판결을 받아야 한다는 것이다.

특히, 대법원에서는 아래 〈표〉와 같이 "가처분이 집행됨으로써 그 목적물이 채권자에게 인도되었다고 하더라도 그와 같은 잠정적인 상태를 고려함이 없이 그 목적물의 점유는 채무자에게 있다."고 판단하고 있다.

참고로, 명도단행가처분 등의 가처분 및 각종 가압류 사건에서 '채권자'는 위 가처분을 신청하는 신청자(대표적인 예 : 임대인)라고 생각하면 되고, '채무자'는 위 가처분의 상대방인 피신청인(대표적인 예 : 임차인)이라고 이해하면 될 것이다.

-대법원 1996. 12. 23. 선고 95다25770 판결 [손해배상(기)]-

처분의 피보전권리는 채무자가 소송과 관계없이 임의로 의무를 이행하거나 본안소송에서 피보전권리가 존재하는 것으로 판결이 확정됨에 따라 채무자가 의무를 이행한 때에 비로소 법률상 실현되는 것이어서 채권자의 만족을 목적으로 하는 이른바 단행가처분의 집행에 의하여 피보전권리가 실현된 것과 마찬가지의 상태가 사실상 달성되었다 하더라도 그것은 어디까지나 임시적인 것에 지나지 않고, <u>가처분이 집행됨으로써 그 목적물이 채권자에게 인도되었다고 하더라도 그와 같은 잠정적인 상태를 고려함이 없이 그 목적물의 점유는 채무자에게 있다.</u>

위 대법원 판결에서 가처분집행이 되어 그 목적물이 채권자에게 인도되었다고 하더라도 그 목적물의 점유가 '채무자'에게 있다고 판단한 점을 유의 있게 봐야 한다. 이는 대다수 사람이 채권자가 명도단행가처분으로 채무자로부터 목적물을 인도받았으면 채권자에게 점유가 인정된다고 생각하기 때문이다.

또한, 법학에 관심이 있는 것이 아니라면 가처분과 본안소송의 의미에 관해서도 정확히 구분하여 알지 못하는 경우가 있어 단지 점유를 회복한 현상에만 의미를 두는 경우가 있다.

대법원은 가처분집행으로 목적물이 채권자에게 인도되었다고 하더라도 여전히 채무자의 점유로 보고 있기 때문에 채권자가 위 명도단행가처분 이후 명도소송을 제기하여 승소확정 판결 이전에 위 목적물의 소유권을 제3자에게 이전하여 목적물에 관한 소유권이나 점유를 회복할 수 없는 상태가 되면 이는 채무자의 점유를 침탈하여 불법행위가 성립한다고 판단하고 있다.

위와 같이 채권자에게 불법행위가 성립되면 채무자는 채권자에게 위 불법행위를 원인으로 한 손해배상을 청구할 수도 있다.

-대법원 1996. 12. 23. 선고 95다25770 판결 [손해배상(기)]-

목적물을 경락받은 집행채권자가 유치권자인 집행채무자의 점유하에 있던 목적물을 단행가처분의 집행을 통하여 인도받은 후 제

3자에게 처분·인도하고 그 목적물에 관하여 소유권이전등기까지 경료하여 그 제3자로 하여금 목적물에 관한 완전한 소유권을 취득하게 하여 버림으로써 목적물에 관한 소유권이나 점유를 환원시킬 수 없는 새로운 사태가 만들어진 경우, 그때 비로소 가처분의 집행채권자로서 인도집행받은 목적물의 점유를 타에 이전하거나 점유명의를 변경하여서는 아니되는 가처분의 결정취지에 반하여 점유를 타에 이전하여 그 점유명의를 변경한 것이 되고 집행채무자의 점유를 침탈하여 유치권을 상실하게 하는 불법행위를 저지른 것이라고 보아야 한다.

4.
지급명령신청 – 미지급 차임을 받기 위한 간단한 조치

• • • • • • •

가. 지급명령신청이란?

임대차계약에서 임차인이 차임을 지급하지 않는 경우 임대인은 임대차계약의 해지를 고려할 수도 있겠으나, 임대차계약의 해지보다는 차임을 지급받는 것을 원하는 경우도 있다. 위와 같이 임대인이 임차인을 상대로 차임의 지급을 구하는 경우 비교적 절차적으로 간단한 '지급명령신청' 제도를 이용할 수 있다.

지급명령이란 "금전 기타의 대체물 또는 유가증권의 일정 수량의 지급을 목적으로 하는 청구에 관해서 채권자의 일방적 신청이 있으면 채무자를 심문하지 않고 채무자에게 그 지급을 명하는 재판"을 말한다.

본안소송에서는 임대인(원고) 차임을 연체한 임차인(피고)를 상대로 차임을 지급해 달라는 소장을 법원에 접수하게 되면, 법원에서는 위 소장을 임차인에게 송달하고 임차인이 위 소장을 송달받은 내에 30일 이내에 답변서를 제출하면 법원에서는 변론기일을 지정하여 재판을 진행한다.

이에 반해서 임대인(채권자)가 지급명령을 신청하게 되면 법원에서는 채권자의 신청 내용대로 지급명령을 하게 된다. 물론 추후 상세히 설명하겠으나 임차인(채무자)이 위 지급명령에 관하여 이의를 하게 되면 본안소송 절차가 진행되게 된다.

나. 지급명령신청의 장점

지급명령신청의 절차가 비교적 간단하고, 채권자가 지급명령신청서를 접수하기 위해 법원에 방문하는 것 외에는 법원에 출석할 필요가 없다. 물론, 최근에는 전자소송을 통해 인터넷상으로 지급명령신청도 가능하기 때문에 위 전자소송을 이용한다면 지급명령신청과 관련하여 법원에 갈 일은 없다고 할 것이다.

★ '전자소송'은 대한민국 법원에서 운영하는 전자소송시스템을 이용해서 각종 신청서, 소장, 준비서면 등을 제출하여 소송절차를 진행하는 소송을 말한다. (전자소송 인터넷 주소 : https://ecfs.scourt.go.kr)

다. 지급명령신청 시 유의점

지급명령신청은 절차적으로 간단하고 비용이 적게 드는 장점이 있지만 크게 두 가지 사항을 유의해야 한다. 첫째는 지급명령을 채무자가 송달을 받지 않으면 지급명령은 확정될 수가 없어 본안소송이 진행하게 된다. 두 번째는 지급명령을 상대방이 송달을 받았다고 하더라도 송달받은 날로부터 2주 이내에 이의를 하게 되면 그 이의에 정당한 사유가 있는지는 묻지 않고 본안소송이 진행하게 된다는 점이다.

위와 같이 지급명령을 신청했으나 상대방이 지급명령을 송달을 받지 않거나 이의를 신청하게 되면 본안소송이 진행되게 되고 이로 인해 지급명령신청을 하지 않고 바로 본안소송을 제기한 경우보다 더 많은 시간이 소요되는 경우가 발생하게 된다.

따라서, 지급명령신청을 고려한다면 상대방이 송달을 받을 수 있는지 여부를 확인하고 지급명령에 관해 이의를 제기할 가능성이 높은지도 고려해서 송달을 받지 않거나 이의를 신청할 가능성이 있다고 판단되면 처음부터 지급명령신청이 아닌 본안소송을 제기하는 것이 좋다.

제9장

재개발·재건축
물건
투자 및 거래

1.
서설

· · · · · ·

　우리나라는 도시화율이 높은 나라 중 한 곳이다. 상대적으로 짧은 기간 동안 도시화가 급격하게 진행되었고 상대적으로 개발되지 않았거나 오래된 아파트의 경우 재개발·재건축을 피할 수 없다고 할 것이다. 따라서, 부동산 매매·거래에 있어서 재개발·재건축에 대한 지식과 이해는 필수적이라 할 것이다.

　본서를 통해서 재개발·재건축에 대한 전문지식을 쌓을 수는 없다고 하더라도, 재개발 및 재건축 사업을 구분하고, 재개발·재건축에 관련된 용어, 정비사업의 개요, 어느 경우에 조합원 자격이 인정되는지, 입주권이 부여되는지 여부 정도는 알아 두면 재개발·재건축 물건에 관해 투자 및 거래할 때 도움이 될 것이다.

참고로, 독자 중에서 재개발·재건축 정비사업에 관해 좀 더 자세한 내용을 알고 싶은 독자들은 필자가 발간한 "조현기 변호사의 쉽게 이해하는 재개발·재건축 정비사업 해설집"을 참고하길 바란다.

2.
재개발 정비사업과
재건축 정비사업의 구분

가. 재개발 정비사업

도정법에서 정하고 있는 재개발 사업의 정의는 "정비기반시설이 열악하고 노후·불량건축물이 밀집한 지역에서 주거환경을 개선하거나 상업지역·공업지역 등에서 도시기능의 회복 및 상권 활성화 등을 위하여 도시환경을 개선하기 위한 사업"을 말한다.

이해하기 쉽게 설명하자면 과거 소위 '달동네'라고 불렸던 지역과 같이 도로망 등의 시설이 제대로 갖춰지지 않고 노후·불법 건축물이 많은 지역에서 위 노후·불법 건축물을 철거하고 새 아파트 등을 건설하는 재개발 사업을 하는 것이라 생각하면 이해가 편할 것이다.

-도시정비법-

제2조(정의)

이 법에서 사용하는 용어의 뜻은 다음과 같다.

2. "정비사업"이란 이 법에서 정한 절차에 따라 도시기능을 회복
하기 위하여 정비구역에서 정비기반시설을 정비하거나 주택
등 건축물을 개량 또는 건설하는 다음 각 목의 사업을 말한다.
　나. 재개발사업: 정비기반시설이 열악하고 노후 · 불량건축물
이 밀집한 지역에서 주거환경을 개선하거나 상업지역 · 공
업지역 등에서 도시기능의 회복 및 상권활성화 등을 위하
여 도시환경을 개선하기 위한 사업.

나. 재건축 정비사업

재건축 사업은 "정비기반시설은 양호하나 노후 · 불량건축물에 해당하는 공동주택이 밀집한 지역에서 주거환경을 개선하기 위한 사업"을 말한다.

이해하기 쉽게 생각하면, 재개발 정비사업이 소위 '달동네'를 개발하는 것이라면, 재건축은 도로 등 정비기반시설은 양호하지만 오래된 아파트 밀집된 곳에서 기존의 아파트 등을 철거하고 새 아파트 등을 건축하는 사업이라고 생각하면 된다.

-도시정비법-

제2조(정의)

이 법에서 사용하는 용어의 뜻은 다음과 같다.

2. "정비사업"이란 이 법에서 정한 절차에 따라 도시기능을 회복
하기 위하여 정비구역에서 정비기반시설을 정비하거나 주택
등 건축물을 개량 또는 건설하는 다음 각 목의 사업을 말한다.
    다. 재건축사업: 정비기반시설은 양호하나 노후 · 불량건축물
    에 해당하는 공동주택이 밀집한 지역에서 주거환경을 개
    선하기 위한 사업.

다. 재개발과 재건축 정비사업의 구분

재개발과 재건축 사업의 차이점에 관해서 물어보는 경우가 종종 있는데, 재개발 사업은 정비기반시설이 열악한 곳에서 이루어지는 반면 재건축 사업은 정비기반시설이 양호한 곳에서 이뤄진다.

또한, 재개발 정비사업에서의 조합원 자격은 토지 '또는' 건축물의 소유자인 반면에 재건축 사업에서는 정비구역에 위치하는 토지 '및' 건축물의 소유자이다. 그 외에도 재개발 · 재건축 정비사업은 이주정착금 등이 인정되는지 여부, 매도청구소송 대상인지 여부 등에서도 차이가 있다고 할 것이다.

3.
용어의 정리 -
재개발·재건축에서 알고 있어야 할 것들

- - - - - - -

가. 도시 및 주거환경정비법

재개발 · 재건축 정비사업의 근거 규정인 도시 및 주거환경정비법은 줄여서 '도정법'이라고 많이 부르는데, 위 법은 '도시기능의 회복이 필요하거나 주거환경이 불량한 지역을 계획적으로 정비하고 노후 · 불량 건축물을 효율적으로 개량하기 위하여 필요한 사항을 규정함으로써 도시환경을 개선하고 주거생활의 질을 높이는 데 이바지함을 목적'으로 하고 있다.

※ 본서에서는 독자들이 도정법의 근거 규정을 쉽게 확인할 수 있게 도정법 등의 근거 규정을 제시하였다. 또한, 법에서 시행령 등에 구체적인 내용을 정할 것을 위임하고 있는 경우 해당 시행령의 내용을 연결하여 기재하는 방법으로 해당 내용을 확인하기 쉽게 하였다.

-도정법-

제1조(목적)

이 법은 도시기능의 회복이 필요하거나 주거환경이 불량한 지역을 계획적으로 정비하고 노후 · 불량건축물을 효율적으로 개량하기 위하여 필요한 사항을 규정함으로써 도시환경을 개선하고 주거생활의 질을 높이는 데 이바지함을 목적으로 한다.

나아가, 본서에서는 법조문을 나열할 때 편의상 '도정법 → 도정법 시행령 → 도정법 시행규칙 → 토지보상법 → 토지보상법 시행령 → 토지보상법 시행규칙'의 순서로 기재하도록 하겠다. 독자들이 본서를 읽을 때 위 순서대로 기재되어 있다는 점을 참고하길 바란다.

나-1. 종전자산평가액

재개발 사업에서는 사업계획승인 후 손실보상, 분담금 추산액 산정 등을 위해 조합원들의 토지 등 부동산에 관해 감정평가를 실시하게 되고, 위 조합원들의 보유 부동산의 감정평가액을 종전자산평가액이라고 한다.

참고로, 도정법에서는 사업시행자는 사업시행계획인가의 고시가 있은 날부터 120일 이내에 토지 등 소유자에게 분양대상자별 종전의 토지 또는 건축물에 관해 사업시행계획인가의 고시가 있는 날을 기준으로 한 가격을 감정평가하여 통지할 의무를 정하고 있다(법 제72조 제1항).

나-2. 감정평가액

정비사업에서 조합원들, 토지 등 소유자들, 관계자들이 말하는 '감정평가액'이란 구체적인 사안에 따라 다를 수 있겠으니 대게 사업시행계획 승인 후에 조합원의 토지 등 부동산 자산에 관해 감정평가사를 통한 감정평가액을 의미한다(후술하는 바와 같이 이를 정확히 표현하자면 종전자산평가액이 맞다고 할 것이다).

참고로 정비조합에서는 사업시행계획 승인 후에 감정평가를 실시하면서 본격적으로 정비사업을 진행하고 있다고 홍보하기도 한다.

다. 종후자산평가액

재개발 사업이 완료되어 해당 사업으로 인한 총자산의 총액을 말한다. 종후자산평가액은 이해하기 쉽게 기술하자면 조합원 분양 수입에 일반분양을 통한 수익을 합한 금액이라고 생각하면 된다.

라. 비례율

정비사업에서의 비례율이란 전술한 종전자산평가액에서 종후자산평가액에서 총사업 비용을 공제한 금액이 차지하는 비율을 말하는 것이다. 즉, 간단히 말해 재개발·재건축 정비사업을 통해 종전자산평가액에 비해서 종후자산평가액이 얼마나 증가했느냐는 것으로 해당 사업의 수익률이 어느 정도인지를 알 수 있는 지표이며 비례율이 높을수록 해당 사업의 수익률이 높다고 볼 수 있다.

▶ 비례율 = [(종후자산가치 총액 - 총사업비)/종전자산가치 총액] × 100

마. 권리가액

권리가액이란 정비조합의 조합원이 주장할 수 있는 자산의 가치로 전술한 종전자산가치 평가액에서 비례율을 곱한 금액이다. 위 권리가액을 기초로 추후 납입해야 할 분담금 등이 정해지게 되는데, 조합원 분양가에서 조합원의 권리가액을 뺀 금액이 조합원의 분담금이 되는 것이다.

▶ 조합원 권리가액 = 조합원 종전자산가치 평가액 × 비례율

▶ 조합원 분담금 = 조합원 분양가 − 조합원 권리가액

바. 조합원 분담금

정비조합의 조합원들이 아파트 등을 분양받기 위해서 부담해야 하는 금액을 말하는 것으로, 조합원 아파트 분양가에서 전술한 권리가액을 공제한 금액을 말한다.

▶ 조합원 분담금 = 조합원 분양가 − 조합원 권리가액

사. 입주권과 분양권

혹자는 입주권과 분양권을 구분해서 조합원이 아파트를 분양받을 수 있는 권리를 '입주권'이라고 지칭하고, 일반분양을 통해 아파트를 분양할 수 있는 권리를 '분양권'이라고 구분하여 말하는 경우가 있다. 잘못되었다고 할 수는 없으나, 도정법 제72조에서 "조합원들의 분양신청 및 분양공고"라고 기재하고 있는 것으로 보아 도정법상으로만 봤을 때는 반드시 입주권과 분양권으로 구분할 수 있다고 보기는 어렵다고 할 것이다.

필자의 개인적인 견해로는 의미만 통한다면 반드시 입주권과 분양권을 반드시 구분할 필요는 없다고 할 것이나, 조합원과 일반분양받는 자의 권리를 구분하기 위해 위와 같이 선별하여 사용하는 것은 무방하다고 생각한다. 본서에는 의미에 혼돈을 가져오지 않는 전제하에서 특별히 구분하지는 않겠다.

아. 재개발 · 재건축 사업의 시행자

(1) 재개발 사업

재개발 사업에 관한 시행방법으로는 "조합이 시행"하거나 "조합이 조합원의 과반수 동의를 받아 시장 · 군수 등, 토지주택공사등, 건설업자, 등록사업자 또는 대통령령으로 정하는 요건을 갖춘자와 공동으로 진행하는 방법" "토지등소유자가 20인 미만인 경우에는 토지등소유자가 시행하거나 토지등소유자가 토지등소유자의 과반수의 동의를 받아 시장 · 군수등, 토지주택공사등, 건설업자, 등록사업자 또는 대통령령으로 정하는 요건을 갖춘자와 공동으로 시행하는 방법"이 있다(법 제25조 제1항).

-도정법-

제25조(재개발사업 · 재건축사업의 시행자)

① 재개발사업은 다음 각 호의 어느 하나에 해당하는 방법으로 시행할 수 있다.

  1. 조합이 시행하거나 조합이 조합원의 과반수의 동의를 받아 시장 · 군수등, 토지주택공사등, 건설업자, 등록사업자 또는 대통령령으로 정하는 요건을 갖춘 자와 공동으로 시행하는 방법

  2. 토지등소유자가 20인 미만인 경우에는 토지등소유자가 시행하거나 토지등소유자가 토지등소유자의 과반수의 동의를 받아 시장 · 군수등, 토지주택공사등, 건설업자, 등록사업자 또는 대통령령으로 정하는 요건을 갖춘 자와 공동으로 시행하는 방법

실무상 재개발 사업에서 조합이 시행하는 경우가 많기 때문에 본서에서는 조합이 시행하는 경우를 중심으로 기술하도록 하겠다. 따라서 본서에 기재하는 사업시행자는 특별한 사정이 없다면 조합이라고 보면 된다.

(2) 재건축 사업

재건축 사업은 "조합이 시행"하거나 "조합이 조합원의 과반수의 동의를 받아 시장·군수등, 토지주택공사등, 건설업자 또는 등록사업자와 공동으로 시행"할 수 있다(법 제25조 제2항). 재건축 사업도 전술한 재개발 사업과 마찬가지로 조합이 시행하는 경우가 많기 때문에 본서에서는 조합이 시행하는 경우를 중심으로 기술하도록 하겠다.

-도정법-

제25조(재개발사업·재건축사업의 시행자)
② 재건축사업은 조합이 시행하거나 조합이 조합원의 과반수의 동의를 받아 시장·군수등, 토지주택공사등, 건설업자 또는 등록사업자와 공동으로 시행할 수 있다.

자. 토지 등 소유자

도정법에서는 "정비사업의 조합원은 토지 등 소유자"로 한다고 정하고 있다(법 제39조 제1항). 그리고 토지 등 소유자의 정의에 관하여 재개발 사업의 경우에는 "정비구역에 위치한 토지 또는 건축물의 소유자 '또는' 그 지상권자"로 정하고 있고, 재건축 사업의 경우에는 "정비구역에 위치한 건축물

'및' 그 부속토지의 소유자"라고 정하고 있다.

-도정법-

제39조(조합원의 자격 등)

① 제25조에 따른 정비사업의 조합원(사업시행자가 신탁업자인 경우
에는 위탁자를 말한다. 이하 이 조에서 같다)은 토지등소유자(재건
축사업의 경우에는 재건축사업에 동의한 자만 해당한다)로 하되, 다
음 각 호의 어느 하나에 해당하는 때에는 그 여러 명을 대표하
는 1명을 조합원으로 본다. 다만, 「국가균형발전 특별법」 제18
조에 따른 공공기관지방이전 및 혁신도시 활성화를 위한 시책
등에 따라 이전하는 공공기관이 소유한 토지 또는 건축물을
양수한 경우 양수한 자(공유의 경우 대표자 1명을 말한다)를 조합
원으로 본다. 〈개정 2017.8.9, 2018.3.20〉

제2조(정의)

이 법에서 사용하는 용어의 뜻은 다음과 같다. 〈개정 2017.8.9,
2021.1.5, 2021.1.12, 2021.4.13〉

9. "토지등소유자"란 다음 각 목의 어느 하나에 해당하는 자를 말
한다. 다만, 제27조 제1항에 따라 「자본시장과 금융투자업에
관한 법률」 제8조 제7항에 따른 신탁업자(이하 "신탁업자"라 한
다)가 사업시행자로 지정된 경우 토지등소유자가 정비사업을
목적으로 신탁업자에게 신탁한 토지 또는 건축물에 대하여는
위탁자를 토지등소유자로 본다.

　가. 주거환경개선사업 및 재개발사업의 경우에는 정비구역에
위치한 토지 또는 건축물의 소유자 또는 그 지상권자

나. 재건축사업의 경우에는 정비구역에 위치한 건축물 및 그
부속토지의 소유자

정비사업의 조합원은 토지 등 소유자라고 정하고 있으나, 재건축 사업에
서는 토지 등 소유자가 재건축 사업에 동의한 자에 한하여 조합원이 된다
는 점, 재개발 사업과 재건축 사업에서의 토지 등 소유자의 의미가 다르다
는 점을 유의해야 한다.

나아가, 토지 등 소유자라고 하더라도 일정한 경우 조합원이 될 수 없거
나 여러 명을 대표하는 1인을 조합원으로 보는 경우가 있어 유의해야 한다.

4.
정비사업의 개요

가. 서설

정비사업의 전체적인 과정을 알면 정비사업에 관해 알고 싶은 필요한 부
분을 쉽게 찾아볼 수 있다. 도정법의 규정을 보면 사업의 진행단계별로 규
정한 것도 진행단계별로 필요한 조문을 쉽게 찾아볼 수 있게 하기 위한 입
법자의 의도라고 생각된다.

본서에서도 독자들의 정비사업에 관한 전반적인 이해를 돕기 위해서 본 장에서는 정비사업의 대략적인 진행 과정을 소개하고자 한다. 독자들은 본 서를 통해서 정비사업의 대략적인 흐름만 알고 가면 충분하다고 할 것이다.

나. 정비 기본계획의 수립 및 정비구역의 지정

(1) 기본계획의 수립

도정법에서는 "특별시장 · 광역시장 · 특별자치시장 · 특별자치도지사 또는 시장은 관할 구역에 대하여 도시 · 주거환경정비기본계획(이하 편의상 '기본계획'이라고만 한다)을 10년 단위로 수립해야 한다. 다만, 도지사가 대도시가 아닌 시로서 기본계획을 수립할 필요가 없다고 인정하는 시에 대해서는 기본계획을 수립하지 않을 수 있다."고 정하고 있다(법 제4조 제1항). 이에 원칙적으로 특별시장, 광역시장 등은 관할 구역에 대해서 기본계획을 10년 단위로 수립해야 할 의무를 부담한다고 할 것이다.

기본계획의 수립권자는 기본계획을 수립하기 위해서는 14일 이상 주민에게 공람하여 의견을 들어야 하며, 제시된 의견이 타당하다고 인정되면 이를 기본계획에 반영해야 하고 위 공람과 함께 지방의회의 의견도 들어야 한다(법 제6조 제1항, 제2항).

(2) 정비구역의 지정

특별시장 · 광역시장 · 특별자치시장 · 특별자치도지사 · 시장 또는 군수(광역시의 군수는 제외하며, 이하 "정비구역의 지정권자"라 한다)는 기본계획에 적합한 범위에서 노후 · 불량건축물이 밀집하는 등 대통령령으로 정하는 요건에 해당하는 구역에 대하여 정비계획을 결정하여 정비구역을 지정(변경지정을 포함한다)할 수 있다(법 제8조 제1항).

위 정비구역으로 지정된 지역이 재개발·재건축의 방식으로 개발이 된다는 것이고 이제 드디어 정비사업이 진행될 수 있는 길이 생겼다고 할 수 있다. 나아가, 정비구역의 지정권자는 정비구역의 진입로 설치를 위해 필요한 경우에 진입로 지역과 그 인접지역을 포함하여 정비구역을 지정할 수 있고, 정비구역의 지정을 위해 직접 정비계획을 입안할 수 있다(제8조 제3항, 제4항).

다. 조합설립추진위원회

정비구역으로 지정되었으면 이제 본격적으로 정비사업을 진행할 수 있는 길이 생겼다고 볼 수 있다. 위와 같이 정비사업을 진행할 수 있는 길에서 해당 정비구역에서 조합설립인가를 위해 활동하는 단체가 바로 조합설립추진위원회이다.

재개발 사업에서는 조합설립인가를 받기 위해서 "토지 등 소유자의 4분의 3 이상의 동의 및 토지면적의 1/2 이상의 토지소유자의 동의"가, 재건축 사업에서는 "주택단지의 공동주택의 각 동별 구분소유자의 과반수 동의와 주택단지의 전체 구분소유자의 4분의 3 이상 및 토지면적의 4분의 3 이상의 토지소유자의 동의"가 필요하다(법 제35조 제2항, 제3항).

위와 같은 조합설립인가 요건을 충족하기 위해 토지 소유자 등으로부터 조합설립인가 신청 동의서를 받아 조합설립인가 절차를 진행하는 것이 바로 조합설립추진위원회의 주된 역할이다.

라. 조합설립인가

조합설립인가를 받게 되면 해당 토지 등 소유자는 조합원이 되는 것이고 재개발 조합이라는 '법인'이 만들어지게 되며 행정청과 유사한 지위를 얻게 된다. 조합설립인가를 받았다면 본격적으로 정비사업을 진행하게 되고 조합장 및 임원들의 선출, 대의원회의 구성, 그리고 서울을 제외한 지역에서는 시공사를 선정하게 된다(서울특별시에서는 사업계획승인 이후 시공사를 선정하게 되어 있다).

마. 시공사의 선정

정비사업에서 시공사의 선정은 매우 중요하다. 어느 시공사가 되느냐에 따라 사업의 원활한 추진 여부, 시공사로부터의 대출이 가능한지 여부 및 대출금액의 정도, 향후 입주할 아파트의 가치 등이 정해지기 때문이다. 또한 어느 시공사가 선정되느냐에 따라 해당 정비사업의 수익성도 가늠해 볼 수 있다. 이는 대형 시공사들은 수익성이 높은 정비사업에 참여하는 경향이 있기 때문이다.

바. 사업시행계획인가

사업시행계획인가는 일반적인 주택 등 건설에 있어서 '건축 허가'와 비슷한 개념으로 생각하면 이해하기 쉽다. 정비사업에서는 새로 지을 아파트를 몇 동으로 할 것이며 몇 개의 호실로 건설할 것이며 그 배치는 어떻게 할 것인지 등의 사업시행계획을 정하게 되고 이에 관한 관청이 인가를 내주면 사업시행계획인가를 받게 되는 것이다.

사업시행계획인가를 받게 되면 조합원들이 소유하고 있는 토지 등 부동산에 대한 감정평가와 분양신청이 진행하게 된다. 해당 분양신청에서 분양신청을 하지 않게 되면 현금청산자가 된다(조합규약에 따라 다를 수 있으나 추후 분양계약을 하지 않는 방법으로 현금청산자가 되면 되기 때문에 신중하게 고민하되, 되도록 분양신청해 두는 것이 좋다고 생각된다). 재개발·재건축 정비조합이 사업시행계획인가까지 받았다면 정비사업에 성공할 가능성이 높다고 할 수 있다.

사업시행계획에 어떠한 내용이 포함되는지는 아래 〈표〉의 도정법 내용을 참고하면 이해하기 쉽다.

-도정법-

제52조(사업시행계획서의 작성)

① 사업시행자는 정비계획에 따라 다음 각 호의 사항을 포함하는 사업시행계획서를 작성하여야 한다. 〈개정 2018.1.16, 2021.4.13〉

1. 토지이용계획(건축물배치계획을 포함한다)
2. 정비기반시설 및 공동이용시설의 설치계획
3. 임시거주시설을 포함한 주민이주대책
4. 세입자의 주거 및 이주 대책
5. 사업시행 기간 동안 정비구역 내 가로등 설치, 폐쇄회로 텔레비전 설치 등 범죄예방대책
6. 제10조에 따른 임대주택의 건설계획(재건축사업의 경우는 제외한다)
7. 제54조 제4항, 제101조의5 및 제101조의6에 따른 국민주택 규모 주택의 건설계획(주거환경개선사업의 경우는 제외한다)
8. 공공지원민간임대주택 또는 임대관리 위탁주택의 건설계

획(필요한 경우로 한정한다)

9. 건축물의 높이 및 용적률 등에 관한 건축계획

10. 정비사업의 시행과정에서 발생하는 폐기물의 처리계획

11. 교육시설의 교육환경 보호에 관한 계획(정비구역부터 200미
    터 이내에 교육시설이 설치되어 있는 경우로 한정한다)

12. 정비사업비

13. 그 밖에 사업시행을 위한 사항으로서 대통령령으로 정하
    는 바에 따라 시 · 도조례로 정하는 사항

사. 관리처분계획인가

사업시행계획승인은 정비조합과 관할 관청 사이의 관계를 정립하는 것
이라면, 관리처분인가는 조합원과 정비조합 간 사이의 관계를 정립하는 것
이다. 조합에서는 조합원 분양신청 마지막 날을 기준으로 관리처분계획을
수립하게 되고 조합원들에게 종전자산 및 부담금 내역을 통지하게 된다.
이후 사업시행자(조합)는 관리처분계획인가를 신청하게 되는데, 관리처분인
가를 받게 되면 드디어 철거 및 이주가 시작되며 철거 및 이주가 완료되면
착공을 하게 된다.

실무적으로 관리처분계획인가가 났다면 해당 정비사업은 거의 성공했다
고 판단하게 된다. 관리처분계획에 어떠한 내용이 포함되는지는 아래 〈표〉
의 도정법 내용을 참고하면 이해하기 쉽다.

-도정법-

제74조(관리처분계획의 인가 등)

① 사업시행자는 제72조에 따른 분양신청 기간이 종료된 때에는 분양신청의 현황을 기초로 다음 각 호의 사항이 포함된 관리처분계획을 수립하여 시장·군수등의 인가를 받아야 하며, 관리처분계획을 변경·중지 또는 폐지하려는 경우에도 또한 같다. 다만, 대통령령으로 정하는 경미한 사항을 변경하려는 경우에는 시장·군수등에게 신고하여야 한다.〈개정 2018. 1. 16.〉

1. 분양설계
2. 분양대상자의 주소 및 성명
3. 분양대상자별 분양예정인 대지 또는 건축물의 추산액(임대관리 위탁주택에 관한 내용을 포함한다)
4. 다음 각 목에 해당하는 보류지 등의 명세와 추산액 및 처분방법. 다만, 나목의 경우에는 제30조 제1항에 따라 선정된 임대사업자의 성명 및 주소(법인인 경우에는 법인의 명칭 및 소재지와 대표자의 성명 및 주소)를 포함한다.
   가. 일반 분양분
   나. 공공지원민간임대주택
   다. 임대주택
   라. 그 밖에 부대시설·복리시설 등
5. 분양대상자별 종전의 토지 또는 건축물 명세 및 사업시행계획인가 고시가 있은 날을 기준으로 한 가격(사업시행계획인가 전에 제81조 제3항에 따라 철거된 건축물은 시장·군수등에게 허가를 받은 날을 기준으로 한 가격)

6. 정비사업비의 추산액(재건축사업의 경우에는 「재건축초과이익 환수에 관한 법률」에 따른 재건축부담금에 관한 사항을 포함한다) 및 그에 따른 조합원 분담규모 및 분담시기
7. 분양대상자의 종전 토지 또는 건축물에 관한 소유권 외의 권리명세
8. 세입자별 손실보상을 위한 권리명세 및 그 평가액
9. 그 밖에 정비사업과 관련한 권리 등에 관하여 대통령령으로 정하는 사항

아. 이주 및 착공

종전의 토지 또는 건축물의 소유자, 전세권자, 임차권자 등 권리자는 관리처분계획인가의 고시가 있은 때에는 이전고시가 있는 날까지 종전의 토지 또는 건축물을 사용하거나 수익할 수 없다(법 제81조 제1항).

위 규정을 근거로 사업시행자는 관리처분계획 인가가 나면 정비조합에서는 이주 기간을 정하여 조합원들로 하여금 이주를 독려하게 된다. 이는 조합원들이 집을 비워야 해당 건축물을 철거할 수 있고, 위 철거 후 착공할 수 있기 때문이다. 또한, 관리처분계획의 인가 이후 본격적으로 수용절차, 명도소송 등을 진행하게 된다.

자. 입주 및 해산, 청산

정비사업의 완성으로 신축 아파트가 완공되면 조합원 및 일반분양자들이 입주를 시작하게 된다. 위와 같이 조합원 및 일반분양자들이 입주를 하

게 되면 정비사업은 종료되었기 때문에 해산절차를 진행하고 남은 재산을 청산하는 절차를 진행하게 된다. 이렇게 하여 청산절차가 완료되면 드디어 정비사업은 완전히 종료하게 되는 것이다.

지금까지 재개발 · 재건축 정비사업의 대략적인 진행에 관해서 알아보았다. 본서를 통해 재개발 · 재건축 정비사업에 관해 세부적인 내용을 전달하는 것이 목적이 아닌 대략적인 재개발 · 재건축 정비사업의 특징에 관해서 설명하기 위한 것으로 보다 상세한 내역은 필자의 "조현기 변호사의 쉽게 이해하는 재개발 · 재건축 정비조합 해설집"을 참고하길 바란다.

5.
조합원 자격의 일반

● ● ● ● ● ●

가. 조합원의 자격

재개발 · 재건축 정비사업에서 토지 등의 소유자에게 조합원 자격이 있는데 법에서는 아래 〈표〉와 같이 "정비사업의 조합원은 토지등소유자(재건축사업의 경우에는 재건축사업에 동의한 자만 해당한다)로 한다."고 정하고 있다. 따라서 조합원 자격이 있는지 여부를 알기 위해서는 토지 등 소유자의 의미를 파악해야 한다.

또한, 재개발 · 재건축 정비사업에서 조합원 자격이 인정된다고 하더라도 무조건 입주권이 주어지는 것은 아니기 때문에 조합원 자격이 인정된다고 하더라도 다시 한번 더 입주권이 부여되는지 여부를 검토해야 한다는 점을 유의해야 한다.

나. 토지 등 소유자의 의미

법에서는 재개발 · 재건축에서의 토지 등의 소유자에 관해서 그 정의를 달리 정하고 있다. 이는 재개발 · 재건축 정비사업을 구별하는 차이점이기도 하다. 재개발 · 재건축 정비사업이 잘 구분되지 않는 분들에게는 위 정비사업의 조합원 자격의 차이점만 알아 두더라도 두 정비사업을 구분하는 데 있어 용이하다 할 것이다.

-도정법-

제39조(조합원의 자격 등)

① 제25조에 따른 정비사업의 조합원(사업시행자가 신탁업자인 경우에는 위탁자를 말한다. 이하 이 조에서 같다)은 **토지등소유자**(재건축사업의 경우에는 재건축사업에 동의한 자만 해당한다)로 하되, 다음 각 호의 어느 하나에 해당하는 때에는 그 여러 명을 대표하는 1명을 조합원으로 본다.

'재개발 사업'에서의 토지 등의 소유자는 "정비구역에 위치한 토지 또는 건축물의 소유자 또는 그 지상권자"라고 정하고 있고, '재건축 사업'에서는 "정비구역에 위치한 건축물 및 그 부속토지의 소유자"라고 정하고 있다.

이에 재개발 사업의 경우 정비구역 내에 토지 또는 건축물 하나만 소유하고 있다고 하더라도 조합원 자격이 있으나, 재건축 사업의 경우 건축물과 그 부속토지를 모두 소유하고 있어야 조합원 자격이 인정된다.

-도시정비법-

제2조(정의)

9. "토지등소유자"란 다음 각 목의 어느 하나에 해당하는 자를 말한다. 다만, 제27조 제1항에 따라 「자본시장과 금융투자업에 관한 법률」 제8조 제7항에 따른 신탁업자(이하 "신탁업자"라 한다)가 사업시행자로 지정된 경우 토지등소유자가 정비사업을 목적으로 신탁업자에게 신탁한 토지 또는 건축물에 대하여는 위탁자를 토지등소유자로 본다.
   가. 주거환경개선사업 및 재개발사업의 경우에는 정비구역에 위치한 토지 또는 건축물의 소유자 또는 그 지상권자
   나. 재건축사업의 경우에는 정비구역에 위치한 건축물 및 그 부속토지의 소유자

이해하기 쉽게 설명해 보자면 정비기반시설이 열악하고 노후·불량한 단독주택이 밀접한 지역인 소위 '달동네'에서 '재개발 정비사업'을 하는 경우 토지 또는 건축물 중 하나의 소유권만 가지고 있다고 하더라도 토지 등 소유자에 해당하여 조합원이 될 수 있다.

이에 반해 정비기반시설이 양호하나 오래된 아파트가 있는 곳에서 새 아

파트를 건축하는 '재건축 정비사업'을 하는 경우 대지 지분이 있는 오래된 아파트, 빌라를 소유한 자에게 조합원 자격이 인정되는 것이다.

다. 유의점

도정법 제39조 제1항에서 "정비사업의 조합원은 토지 등 소유자로 한다."고 정하고 있어 토지 등 소유자에게 원칙적으로 조합원 자격이 있다고 볼 수 있으나, 위 법에서 다양한 예외사항을 정하고 있다는 점, 재건축 정비사업의 경우 재건축 정비사업에 동의한 자만 조합원이 된다는 점 등을 유의할 필요가 있다.

6.
조합원 자격의 제한
· · · · · ·

가. 공유자의 경우

재개발·재건축 정비사업은 기존의 오래된 건축물을 철거하고 새 아파트 등을 짓는 사업이며 정비사업을 추진이 다른 부동산 가격에도 상당한 영향을 주기 때문에 부동산 투기를 방지하고 정비사업의 수익성도 함께 고려해야 한다.

이에, 도정법에서는 일정한 예외사유가 존재하나 토지 등의 공유소유자에게 해당 공유자의 수에 해당하는 조합원 자격을 공유소유자에게 각각 주어 입주권을 부여하지 않는다. 이는 지나친 부동산 투기를 방지하고, 정비사업의 사업성도 보호하기 위함이라 할 것이다.

도정법에서는 아래〈표〉와 같이 "토지 또는 건축물의 소유권과 지상권이 여러 명의 공유에 속한 때"에는 여러 명을 대표하는 한 명을 조합원으로 본다고 정하고 있다. 위 법조문의 해석과 관련해서 '여러 명을 대표하는 한 명을 조합원으로 본다.'는 의미에 관해 의견이 분분했다. 그러나, 해당 내용을 해석하는 대법원 판결이 있어 위 판결을 중심으로 해석하면 되겠다.

-도정법-

제39조(조합원의 자격 등)

① 제25조에 따른 정비사업의 조합원(사업시행자가 신탁업자인 경우에는 위탁자를 말한다. 이하 이 조에서 같다)은 토지등소유자(재건축사업의 경우에는 재건축사업에 동의한 자만 해당한다)로 하되, 다음 각 호의 어느 하나에 해당하는 때에는 그 여러 명을 대표하는 1명을 조합원으로 본다. 다만, 「국가균형발전 특별법」 제18조에 따른 공공기관지방이전 및 혁신도시 활성화를 위한 시책 등에 따라 이전하는 공공기관이 소유한 토지 또는 건축물을 양수한 경우 양수한 자(공유의 경우 대표자 1명을 말한다)를 조합원으로 본다. 〈개정 2017. 8. 9., 2018. 3. 20.〉

　1. 토지 또는 건축물의 소유권과 지상권이 여러 명의 공유에 속하는 때

대법원은 공유자 전원을 1인으로 조합원으로 보되 공유자 전원을 대리할

대표 조합원 1인을 선출하여 그 1인을 조합에 등록하도록 하여 조합 운영의 절차적 편의를 도모한다고 판단하고 있다. 즉, 위 "여러 명을 대표하는 한 명을 조합원으로 본다."는 의미는 한 명의 조합원 지위를 다수인이 공유한다는 의미로 보고 있다.

-대법원 2009. 2. 12. 선고 2006다53245 판결 [소유권이전등기등]-

구 주택건설촉진법(2002. 12. 30. 법률 제6852호로 개정되기 전의 것) 제44조의3 제6항은 "재건축조합원 중 1세대가 2주택 이상을 소유하거나 1주택을 2인 이상이 공유지분으로 소유하는 경우에는 이를 1조합원으로 보며 1주택만 공급한다."고 규정하고 있다. 그런데 구 주택건설촉진법에 의하여 설립된 재건축조합의 규약이 1주택을 2인 이상이 공유지분으로 소유하는 경우에 관하여 규정하면서 위 법조항의 문언과는 다소 다르게 공유자 중 1인을 조합원으로 보고 그 1인을 조합원으로 등록하도록 하고 있더라도, 이를 공유자 중 대표조합원 1인 외의 나머지 공유자를 재건축조합과의 사단적 법률관계에서 완전히 탈퇴시켜 비조합원으로 취급하겠다는 취지로 해석할 수는 없고, 공유자 전원을 1인의 조합원으로 보되 공유자 전원을 대리할 대표조합원 1인을 선출하여 그 1인을 조합에 등록하도록 함으로써 조합 운영의 절차적 편의를 도모함과 아울러, 조합규약이나 조합원총회 결의 등에서 달리 정함이 없는 한 공유자 전원을 1인의 조합원으로 취급하여 그에 따른 권리분배 등의 범위를 정하겠다는 의미로 보아야 한다.

나. 여러 명의 토지 등 소유자가 1세대에 속하는 경우

앞서 살펴보았듯이 토지 또는 건축물의 소유권과 지상권이 여러 명이 공유하고 있는 경우 대표하는 한 명을 조합원으로 본다. 그러나, 토지 또는 건축물의 소유권을 여러 명이 공유하는 것이 아니라 여러 명이 각각 토지 또는 건축물의 소유권을 가지는 경우 각각 조합원으로 인정하게 된다.

다만, 위 여러 명의 토지 등 소유자가 1세대에 속하는 경우 그 여러 명을 대표하는 한 명을 조합원으로 본다. 이는 '1세대 1조합원 자격의 원칙'을 선언한 것으로 볼 수 있다.

이 경우 동일한 세대별 주민등록표상에 등재되어 있지 아니한 배우자 및 미혼인 19세 미만인 직계비속은 1세대로 보며 1세대로 구성된 여러 명의 토지 등 소유자가 조합설립인가 후 세대를 분리하여 동일한 세대에 속하지 아니하는 경우에도 이혼 및 19세 이상 자녀의 분가를 제외하고는 1세대로 본다고 정하고 있다는 점을 유의해야 한다.

-도정법-

제39조(조합원의 자격 등)

① 제25조에 따른 정비사업의 조합원(사업시행자가 신탁업자인 경우에는 위탁자를 말한다. 이하 이 조에서 같다)은 토지등소유자(재건축사업의 경우에는 재건축사업에 동의한 자만 해당한다)로 하되, 다음 각 호의 어느 하나에 해당하는 때에는 그 여러 명을 대표

하는 1명을 조합원으로 본다. 다만, 「국가균형발전 특별법」 제 18조에 따른 공공기관지방이전 및 혁신도시 활성화를 위한 시책 등에 따라 이전하는 공공기관이 소유한 토지 또는 건축물을 양수한 경우 양수한 자(공유의 경우 대표자 1명을 말한다)를 조합원으로 본다. 〈개정 2017. 8. 9., 2018. 3. 20.〉

1. 토지 또는 건축물의 소유권과 지상권이 여러 명의 공유에 속하는 때

2. 여러 명의 토지등소유자가 1세대에 속하는 때. 이 경우 동일한 세대별 주민등록표상에 등재되어 있지 아니한 배우자 및 미혼인 19세 미만의 직계비속은 1세대로 보며, 1세대로 구성된 여러 명의 토지등소유자가 조합설립인가 후 세대를 분리하여 동일한 세대에 속하지 아니하는 때에도 이혼 및 19세 이상 자녀의 분가(세대별 주민등록을 달리하고, 실거주지를 분가한 경우로 한정한다)를 제외하고는 1세대로 본다.

다시 한번 말하지만, 정비구역 내 다수인이 1세대에 속하는 경우 다수의 토지 등을 소유하고 있다고 하더라도 다수인이 각각 조합원으로 인정되는 것이 아니라, 대표하는 한 명을 조합원으로 보게 된다. 특히 1세대에 속하지 않는다고 하더라도 배우자 및 미혼인 19세 미만의 직계비속의 경우 1세대로 보며 위 1세대에 구성원을 대표하는 한 명을 조합원으로 보게 된다는 점을 반드시 유의해야 한다.

위와 같은 사정을 고려하지 않고 여러 명의 토지 등 소유자가 1세대에 속

하면서 다수의 건축물 또는 토지를 소유하고 있으면서 각각의 소유권자에게 독자적인 조합원 입주권을 목적으로 한 매매계약을 체결하게 되면 매수인에게 독자적인 조합원 자격이 인정되지 않아 현금청산이 될 수도 있다. 이에 따라 매수인이 매도인을 상대로 한 손해배상 소송 등을 제기하여 복잡한 소송관계가 진행될 수도 있다.

이는 1세대에 속하는 다수의 토지 등 소유자 각각에게 조합원 자격이 인정되어 다수의 입주권이 인정되는 상황을 방지하기 위한 것으로, 부동산 투기 방지, 정비사업의 수익성 보호를 위한 조치라고 할 것이다.

다. 조합설립인가 후 다물건자로부터 양수한 경우

조합설립인가 후 1명의 토지 등 소유자로부터 토지 또는 건축물의 소유권이나 지상권을 양수하여 여러 명이 소유하게 된 경우 양도자·양수인 중 대표하는 1명을 조합원으로 보게 되고 1개의 입주권이 인정된다(법 제39조 제1항 제3호).

위 규정을 반대해석하면 정비구역 내 여러 개의 부동산을 소유한 자가 조합설립 인가 이전에 매도한다면 매수인은 조합원 자격을 가질 수 있다고 할 것이다. 복잡한 내용은 모른다고 하더라도 정비구역에서 조합설립인가의 시점이 조합원 자격에 상당한 영향을 미친다는 사실은 알고 있어야 한다.

이는 재개발·재건축 물건을 거래하는 경우 양도자가 정비구역 내 다수의 부동산을 소유하고 있는지 여부, 해당 정비구역의 조합설립인가 여부 등을 반드시 확인해야 하는 이유이기도 하다.

-도정법-

제39조(조합원의 자격 등)

① 제25조에 따른 정비사업의 조합원(사업시행자가 신탁업자인 경우에는 위탁자를 말한다. 이하 이 조에서 같다)은 토지등소유자(재건축사업의 경우에는 재건축사업에 동의한 자만 해당한다)로 하되, 다음 각 호의 어느 하나에 해당하는 때에는 그 여러 명을 대표하는 1명을 조합원으로 본다. 다만, 「국가균형발전 특별법」 제18조에 따른 공공기관지방이전 및 혁신도시 활성화를 위한 시책 등에 따라 이전하는 공공기관이 소유한 토지 또는 건축물을 양수한 경우 양수한 자(공유의 경우 대표자 1명을 말한다)를 조합원으로 본다. 〈개정 2017. 8. 9., 2018. 3. 20.〉

   3. 조합설립인가(조합설립인가 전에 제27조 제1항 제3호에 따라 신탁업자를 사업시행자로 지정한 경우에는 사업시행자의 지정을 말한다. 이하 이 조에서 같다) 후 1명의 토지등소유자로부터 토지 또는 건축물의 소유권이나 지상권을 양수하여 여러 명이 소유하게 된 때

이는 정비구역 내 다수의 토지 등 소유권을 가지고 있는 자에게 원칙상 1개의 입주권을 준다는 의미이다. 조합설립인가 후 다수의 토지 등 소유권 중 일부를 다른 자에게 양도, 매매 등을 한다고 하더라도 1개의 입주권만 인정되어 양수인이 독자적인 조합원 지위를 취득하거나 입주권을 취득하지 못한다는 의미이다.

윗부분은 정비구역 내 물건을 매매하면서 가장 많은 중개사고가 발생하는 부분이며 필자에게 자문을 많이 구하고 실제 소송이 많이 제기되는 부분이기도 하다. 이를 방지하기 위해 조합설립인가 후 정비구역의 물건을 구입하는 분들은 반드시 필자를 포함한 재개발 · 재건축 전문 변호사에게 자문을 구할 것을 권한다.

또한, 매수인의 입장에서는 해당 물건의 매매가 '조합원 자격을 취득하여 독자적인 입주권을 얻기 위한 것이라는 점'을 해당 매매계약서 등에 명기하고 위약금 등을 명확히 기재해 두는 것이 필요하다. 위와 같은 문구를 기재하는 것은 매수인이 매매계약서상 매수의 동기를 표시하는 것인데, 추후 해당 계약해제, 손해배상 소송에서 법원의 판단에 있어 매우 중요한 판단기준이 된다.

참고로, 위 내용을 계약서에 명시적으로 기재하지 않고 구두로 언급하였다면 해당 내용을 녹음 등으로 확보해 두는 것이 좋다. 다만, 매매계약서에 명시적으로 명시한 것에 비해서는 상대적으로 법원에서 인정받기가 쉽지 않다.

※ 자주 하는 질문

2020년경 광주고등법원에서 조합설립인가 후 다물건자로부터 하나의 부동산을 매수한 경우 매수인에게 독자적인 분양권이 있다고 판단하였고 이후 대법원에서 위 내용이 확정된 일이 있었다. 위 판결을 두고 다물건자로부터 부동산을 매수한 자에게도 독자적인 분양권이 인정되는지에 관해서 논란이 되고 있는데, 위 판결과 반대되는 내용의 고등법원 판결도 있어 추후 대법원의 입장을 기다려 봐야 할 것으로 보인다.

라. 투기과열지구에서의 양도 · 양수

(1) 원칙적 양도 · 양수의 금지

투기과열지구로 지정된 지역에서 재건축 사업을 시행하는 경우에는 조합설립인가 후, 재개발 사업을 시행하는 경우에는 관리처분계획의 인가 후 해당 정비사업의 건축물 또는 토지를 양수한 자는 조합원이 될 수 없다.

-도정법-

제39조(조합원의 자격 등)

② 「주택법」 제63조 제1항에 따른 **투기과열지구**(이하 "투기과열지구"라 한다)로 지정된 지역에서 재건축사업을 시행하는 경우에는 조합설립인가 후, 재개발사업을 시행하는 경우에는 제74조에 따른 관리처분계획의 인가 후 해당 정비사업의 건축물 또는 토지를 양수(매매 · 증여, 그 밖의 권리의 변동을 수반하는 모든 행위를 포함하되, 상속 · 이혼으로 인한 양도 · 양수의 경우는 제외한다. 이하 이 조에서 같다)한 자는 제1항에도 불구하고 조합원이 될 수 없다. 다만, 양도인이 다음 각 호의 어느 하나에 해당하는 경우 그 양도인으로부터 그 건축물 또는 토지를 양수한 자는 그러하지 아니하다. 〈개정 2017.10.24, 2020.6.9, 2021.4.13〉

 1. **세대원**(세대주가 포함된 세대의 구성원을 말한다. 이하 이 조에서 같다)의 근무상 또는 생업상의 사정이나 질병치료(「의료법」 제3조에 따른 의료기관의 장이 1년 이상의 치료나 요양이 필요하다고 인정하는 경우로 한정한다) · **취학 · 결혼**으로 세대원이 모두 해당 사업구역에 위치하지 아니한 특별시 · 광역시 · 특별자치시 · 특별자치도 · 시 또는 군으로 이전하

는 경우

2. 상속으로 취득한 주택으로 세대원 모두 이전하는 경우

3. 세대원 모두 해외로 이주하거나 세대원 모두 2년 이상 해외에 체류하려는 경우

4. 1세대(제1항 제2호에 따라 1세대에 속하는 때를 말한다) 1주택자로서 양도하는 주택에 대한 소유기간 및 거주기간이 대통령령으로 정하는 기간 이상인 경우

5. 제80조에 따른 지분형주택을 공급받기 위하여 건축물 또는 토지를 토지주택공사등과 공유하려는 경우

6. 공공임대주택, 「공공주택 특별법」에 따른 공공분양주택의 공급 및 대통령령으로 정하는 사업을 목적으로 건축물 또는 는 토지를 양수하려는 공공재개발사업 시행자에게 양도하려는 경우

7. 그 밖에 불가피한 사정으로 양도하는 경우로서 대통령령으로 정하는 경우

(2) 투기과열지구 지정 현황

서울특별시의 경우 전역 25개 구는 2017. 8. 3. 투기과열지구로 지정되어 현재 2022. 1.까지 투기과열지구로 지정되어 있다. 해당 지역이 투기과열지구로 지정되어 있는지 여부는 국토교통부 홈페이지에서 쉽게 확인할 수 있고 계속해서 변동사항이 발생하고 있어 위 홈페이지에서 수시로 직접 확인하기 바란다.

〈투기과열지구 지정 현황〉

지정일자	지정지역
2017. 8. 3.	서울특별시 전역(25개區), 경기도 과천시, 세종특별자치시주[1]
2017. 9. 6.	경기도 성남시 분당구, 대구광역시 수성구
2018. 8. 28.	경기도 광명시, 하남시
2020. 6. 19.	경기도 수원시, 성남시 수정구, 안양시, 안산시 단원구, 구리시, 군포시, 의왕시, 용인시 수지구·기흥구, 동탄2택지개발지구주[2], 인천광역시 연수구, 남동구, 서구, 대전광역시 동구, 중구, 서구, 유성구
2020. 12. 18.	경상남도 창원시 의창구 – 대산면, 동읍 및 북면제외(북면 감계리 일원 감계지구, 무동리 일원 무동지구는 투지과열지구 지정을 유지)

위 조합원이 될 수 없다는 의미는 해당 물건에 관해 양도·양수 자체를 할 수 없다는 뜻은 아니고, 해당 물건을 양수하더라도 조합원 지위가 인정되지 않아 입주권이 부여되지 않고 현금청산자가 된다는 의미이다. 따라서 정비구역 내 물건을 거래하는 경우 해당 정비사업이 투기과열지구 내에 위치하고 있는지 확인해야 하고 재건축·재개발 정비사업인지 여부에 따라 조합설립인가 또는 관리처분계획인가를 받았는지 여부도 반드시 확인해야 한다.

· · · · · · · · · ·

1   건설교통부고시 제2006-418호(2006.10.13.)에 따라 지정된 행정중심복합도시 건설 예정지역으로, 「신행정수도 후속대책을 위한 연기·공주지역 행정중심복합도시 건설을 위한 특별법」 제15조제1호에 따라 해제된 지역을 포함

2   화성시 반송동·석우동, 동탄면 금곡리·목리·방교리·산척리·송리·신리·영천리·오산리·장지리·중리·청계리 일원에 지정된 동탄2택지개발지구에 한함

법 제39조 제1항 제2호에서 조합설립인가 후 다물건자로부터 양수한 자에게 독자
적인 조합원 자격이 인정되지 않는다는 취지와 법 39조 제2항에서의 투기과열지구
에서의 재건축의 경우 조합설립인가 후, 재개발의 경우 관리처분계획인가 후 조합원
지위 양수해도 양수인에게 독자적인 조합원 지위가 인정되지 않는다는 것이 어떠한
차이가 있는 것인지 물어보는 경우가 있다.

간단하게 설명하자면 법 제39조 제1항 제3호에서는 투기과열지구 여부
와 관계없이 조합설립인가 후 다물건자로부터 건축물 또는 토지 중 일부를
양수하더라도 양수인에게 독자적인 조합원 자격을 인정하지 않는다는 취
지이다. 이에 반해서 법 제39조 제2항의 경우는 투기과열지구에서 조합원
지위를 일정한 시기 이후에는 정비구역 내 물건을 양도·양수하더라도 양
수인은 조합원이 될 수 없다는 취지이다.

(3) 양도·양수가 예외적으로 허용되는 경우

투기과열지구에서 원칙적으로 재건축 사업을 시행하는 경우 조합설립인
가 후, 재개발 사업을 시행하는 경우 관리처분계획인가를 받은 후에는 해
당 정비사업의 건축물 또는 토지를 양도·양수하더라도 양수인에게 조합
원 지위가 인정되지 않는다.

다만, 법에서는 아래 〈표〉와 같이 양도인의 "세대원의 근무상 또는 생업
상의 사정이나 질병치료·취학·결혼으로 세대원 모두 해당 사업구역에
위치하지 아니한 특별시·광역시·특별자치도·시 또는 군으로 이전하는
경우" "상속으로 취득한 주택으로 세대원 모두 이전하는 경우" "세대원 모

두 해외로 이주하거나 세대원 모두 2년 이상 해외에 체류하려는 경우" "1세대 1주택자로서 양도하는 주택에 대한 소유 기간 10년 이상 및 거주 기간이 5년 이상인 경우" 등의 사유가 있는 경우에 한하여 양수인에게 조합원 지위를 인정하고 있다.

-도정법-

제39조(조합원의 자격 등)

② 「주택법」 제63조 제1항에 따른 투기과열지구(이하 "투기과열지구"라 한다)로 지정된 지역에서 재건축사업을 시행하는 경우에는 조합설립인가 후, 재개발사업을 시행하는 경우에는 제74조에 따른 관리처분계획의 인가 후 해당 정비사업의 건축물 또는 토지를 양수(매매·증여, 그 밖의 권리의 변동을 수반하는 모든 행위를 포함하되, 상속·이혼으로 인한 양도·양수의 경우는 제외한다. 이하 이 조에서 같다)한 자는 제1항에도 불구하고 조합원이 될 수 없다. 다만, 양도인이 다음 각 호의 어느 하나에 해당하는 경우 그 양도인으로부터 그 건축물 또는 토지를 양수한 자는 그러하지 아니하다. 〈개정 2017.10.24, 2020.6.9, 2021.4.13〉

1. 세대원(세대주가 포함된 세대의 구성원을 말한다. 이하 이 조에서 같다)의 근무상 또는 생업상의 사정이나 질병치료(「의료법」 제3조에 따른 의료기관의 장이 1년 이상의 치료나 요양이 필요하다고 인정하는 경우로 한정한다)·취학·결혼으로 세대원이 모두 해당 사업구역에 위치하지 아니한 특별시·광역시·특별자치시·특별자치도·시 또는 군으로 이전하는 경우

2. 상속으로 취득한 주택으로 세대원 모두 이전하는 경우

3. 세대원 모두 해외로 이주하거나 세대원 모두 2년 이상 해외에 체류하려는 경우

4. 1세대(제1항 제2호에 따라 1세대에 속하는 때를 말한다) 1주택자로서 양도하는 주택에 대한 소유기간 및 거주기간이 대통령령으로 정하는 기간 이상인 경우

5. 제80조에 따른 지분형주택을 공급받기 위하여 건축물 또는 토지를 토지주택공사등과 공유하려는 경우

6. 공공임대주택, 「공공주택 특별법」에 따른 공공분양주택의 공급 및 대통령령으로 정하는 사업을 목적으로 건축물 또는 토지를 양수하려는 공공재개발사업 시행자에게 양도하려는 경우

7. 그 밖에 불가피한 사정으로 양도하는 경우로서 대통령령으로 정하는 경우

-도정법 시행령-

제37조(조합원)

① 법 제39조 제2항 제4호에서 "대통령령으로 정하는 기간"이란 다음 각 호의 구분에 따른 기간을 말한다. 이 경우 소유자가 피상속인으로부터 주택을 상속받아 소유권을 취득한 경우에는 피상속인의 주택의 소유기간 및 거주기간을 합산한다.

1. 소유기간: 10년

2. 거주기간(「주민등록법」 제7조에 따른 주민등록표를 기준으로 하며, 소유자가 거주하지 아니하고 소유자의 배우자나 직계존비속

이 해당 주택에 거주한 경우에는 그 기간을 합산한다): 5년

② 법 제39조 제2항 제6호에서 "대통령령으로 정하는 사업"이란 공공재개발사업 시행자가 상가를 임대하는 사업을 말한다. 〈신설 2021. 7. 13.〉

③ 법 제39조 제2항 제7호에서 "대통령령으로 정하는 경우"란 다음 각 호의 어느 하나에 해당하는 경우를 말한다. 〈개정 2020. 6. 23., 2021. 7. 13.〉

 1. 조합설립인가일부터 3년 이상 사업시행인가 신청이 없는 재건축사업의 건축물을 3년 이상 계속하여 소유하고 있는 자(소유기간을 산정할 때 소유자가 피상속인으로부터 상속받아 소유권을 취득한 경우에는 피상속인의 소유기간을 합산한다. 이하 제2호 및 제3호에서 같다)가 사업시행인가 신청 전에 양도하는 경우

 2. 사업시행계획인가일부터 3년 이내에 착공하지 못한 재건축사업의 토지 또는 건축물을 3년 이상 계속하여 소유하고 있는 자가 착공 전에 양도하는 경우

 3. 착공일부터 3년 이상 준공되지 않은 재개발사업 · 재건축사업의 토지를 3년 이상 계속하여 소유하고 있는 경우

 4. 법률 제7056호 도시 및 주거환경정비법 일부 개정법률 부칙 제2항에 따른 토지등소유자로부터 상속 · 이혼으로 인하여 토지 또는 건축물을 소유한 자

 5. 국가 · 지방자치단체 및 금융기관(「주택법 시행령」 제71조 제1호 각 목의 금융기관을 말한다)에 대한 채무를 이행하지 못하여 재개발사업 · 재건축사업의 토지 또는 건축물이 경매 또는 공매되는 경우

6. 「주택법」 제63조 제1항에 따른 투기과열지구(이하 "투기과열
지구"라 한다)로 지정되기 전에 건축물 또는 토지를 양도하
기 위한 계약(계약금 지급 내역 등으로 계약일을 확인할 수 있
는 경우로 한정한다)을 체결하고, 투기과열지구로 지정된 날
부터 60일 이내에 「부동산 거래신고 등에 관한 법률」 제3
조에 따라 부동산 거래의 신고를 한 경우

위 도정법 제39조 제2항 제7호에서는 "7. 그 밖에 불가피한 사정으로 양
도하는 경우로서 대통령령으로 정하는 경우"에 예외적으로 양수인에게 조
합원 자격을 인정한다고 정하며 구체적인 내용을 시행령에 위임하고 있다.
위 시행령 규정은 최근에 개정된 내용으로 반드시 확인할 필요가 있다.

이에 위 시행령의 내용을 살펴보면 "조합설립인가일부터 3년 이상 사업
시행인가 신청이 없는 재건축사업의 건축물을 3년 이상 계속하여 소유하
고 있는 자가 사업시행인가 신청 전에 양도하는 경우" "사업시행계획인가
일부터 3년 이내에 착공하지 못한 재건축사업의 토지 또는 건축물을 3년
이상 계속하여 소유하고 있는 자가 착공 전에 양도하는 경우" " 착공일부터
3년 이상 준공되지 않은 재개발사업 · 재건축사업의 토지를 3년 이상 계속
하여 소유하고 있는 경우" 등의 경우에는 양수인에게 조합원 자격을 인정
하게 된다.

필자의 개인적인 생각에 투기과열지구에서의 부동산 투기를 방지하기
위해 위와 같이 재건축 · 재개발 정비사업에서 일정한 시점 이후에 정비구

역 내 물건을 취득하더라도 양수인에게 조합원 지위를 인정하지 않는다는 취지에는 일부 공감할 수 있다. 그러나 이에 관해 복잡하고 너무 많은 예외를 복잡하게 설정하고 있어 투기과열지구 내 재건축·재개발 물건의 매매에 있어서 과연 위와 같은 예외를 모두 인지하고 해당 예외사유에 해당하는지를 확인하여 거래할 수 있을지 의문이다.

설령, 정비구역 내 물건을 거래함에 있어 부동산 전문가인 부동산 중개업사를 통한다고 하더라도 위와 같은 예외사유에 해당하는지 확인이 쉽지 않을 것으로 보이고, 공인중개사 없이 사적인 거래에 있어서는 더더욱 확인이 어려울 것이다.

추측건대, 매수인은 조합원 지위가 있다고 생각하여 매수했는데 실제로는 매도인에게 예외 조항에 해당하지 않았고 이로 인해 매수인에게 조합원 지위가 인정되지 않아 매도인·매수인·공인중개사 사이에 손해배상 등의 소송문제가 발생할 여지가 크다고 본다.

필자의 개인적인 생각에 위 법에서 복잡한 예외사유를 정하고 있으나 그 입법 취지가 사실상 투기과열지구 내 재건축·재개발 물건을 양도·양수 자체를 하지 말라는 것으로 생각된다.

필자는 위 예외사유를 본서에서 하나씩 상세한 설명을 기재하려고 했으나 너무 많은 예외사유로 인하여 위 사유를 모두 기재하여 설명하는 것이 분량상 어렵다는 생각이 들어 해당 법조문을 인용하고 필요한 부분만 설명하는 방식을 취하였다. 추후 재개발·재건축 정비사업의 조합원 자격에 관해 따로 책을 발간할 예정에 있다.

-재개발·재건축 정비사업의 포인트-

- 재개발 · 재건축 정비사업을 대략적으로라도 구분할 수 있어야 한다.
- 재개발 · 재건축 정비사업의 대략적인 사업의 흐름을 알고 있어야 한다.
- 재개발 · 재건축 정비사업에서 조합원 자격이 인정되는지, 조합원 자격이 인정된다고 하더라도 입주권이 부여되는지 여부를 한번 더 파악하는 것이 중요하다.
- 재개발 · 재건축 정비사업 내 물건을 매입하는 경우 조합원 자격이 인정되는지, 입주권이 부여되는지 여부에 관해서 의문이 생긴다면 부동산 전문가의 자문을 구할 것을 권한다.

제10장

지역주택조합
물건
투자 및 거래

지역주택조합이란?

· · · · · ·

　지역주택조합은 아파트 등을 건설할 토지가 없는 상태에서 외부 투자자들이 지역주택조합을 만들어 토지를 매입하고 난 후 매입한 토지상에 아파트를 건설하게 된다. 재개발·재건축의 경우 기존 토지 등 소유권자들이 조합을 구성하여 기존의 건물을 철거하고 새 아파트를 건설한다는 점에서 차이가 있다.

　위와 같이 지역주택조합은 토지를 확보하지 않은 상황에서 외부 투자자들을 조합원으로 하여 위 조합원들의 분담금을 재원으로 아파트를 건설할 토지를 확보하기 때문에 토지를 확보하지 않아도 되는 재개발·재건축 조합에 비해 상대적으로 주택사업의 성공확률이 낮을 수밖에 없다.

　또한, 재개발·재건축의 경우 도시 및 주거환경정비법(이하 편의상 '도정법'

이 적용되며 위 도정법은 재개발·재건축 정비사업에서 사업단계별로 체계적이고 구체적으로 규정하고 있다. 이에 반해 지역주택조합은 '주택법'이 적용되는데 위 도정법에 비해서 상대적으로 주택조합의 운영에 관한 규제가 덜하며 구체적인 규정이 부족하다.

2.
지역주택조합 주택사업의 개요

지역주택조합은 '추진위원회의 설립 및 창립총회 → 조합설립인가 → 사업계획승인 → 착공 → 입주 → 조합해산 및 청산의 절차'로 진행된다. 지역주택조합은 해당 조합의 내부사정 및 토지확보율에 따라 사업 진행의 속도가 굉장히 차이가 많이 난다.

사업 진행이 원활한 곳은 창립총회를 개최한 후 5년 내에 사업계획승인을 받아 착공하는 곳이 있는 반면 사업 진행이 원활하지 않는 곳은 창립총회 후 5년 내에 조합설립인가조차 받지 못하고 사업이 지연되는 곳이 있다.

만약, 지역주택조합에 투자 및 내 집 마련을 목적으로 조합원 가입을 고려한다면 해당 지역주택조합의 주택사업의 특징에 관해서 대략적으로라도 공부하고, 해당 지역주택조합의 사업 진행이 어떠한지, 토지확보율이 어느 정도인지 반드시 확인하고 가입하는 것이 좋다.

3.
용어의 정리
– 지역주택조합에서 알고 있어야 할 것들

. . . .

가. 지역주택조합

재개발은 노후된 지역의 토지 등 부동산 소유자들이 조합원이 되어 조합을 설립하고 해당 지역에 새 아파트를 건설하는 것이다. 이에 반해 지역주택조합은 해당 지역의 토지 등 소유자가 아닌 외부 투자자들이 조합을 구성하여 해당 지역의 토지를 매수하여 아파트를 건설하는 것이다.

지역주택조합은 외부 투자자들이 토지를 매입해서 새 아파트를 건설하기 때문에 기존의 토지 등 소유자가 조합원이 되는 재개발 정비사업에 비해 주택사업의 성공률이 낮은 편이다. 어쩌면 지역주택조합의 주택사업은 재개발과 달리 아파트를 건설한 토지가 없는 상태에서 주택사업을 시작하기 때문에 상대적으로 성공률이 낮은 것은 필연적이라 할 수도 있다. 지역주택조합의 조합원이 되고자 하는 자들, 투자하고자 하는 자들은 위 지역주택조합의 특징을 반드시 알고 있어야 한다.

나. 업무대행사

지역주택조합은 외부 투자자들이 모여서 조합원이 되어 조합을 결성하여 주택사업을 추진한다. 조합원 중에서 조합장, 이사, 감사 등 임원을 선출하게 되며 위 집행부 구성원들이 주택사업에 경험이 없는 경우가 많다. 이에 지역주택조합에서는 조합원 모집, 토지확보, 총회 개최 및 진행 등 조합의 주요 업무를 대행해 줄 업무대행사를 선정하는 경우가 많다.

지역주택조합에서 업무대행사를 선정하면서 체결하는 업무대행계약서를 잘 작성해야 할 필요성은 아무리 강조해도 지나치지 않다. 첫 단추부터 잘못 맞추게 되면 조합의 업무 전반을 해야 하는 업무대행사에게 끌려갈 수밖에 없다. 이는 필자가 업무대행사의 용역계약서 등의 검토 및 자문이 반드시 필요하다고 강조하는 이유이기도 하다.

주택사업의 사업 주체는 지역주택조합이며 및 해당 조합의 조합원이며 이에 주택사업에 관한 최종적인 결정권은 조합 및 조합원이 당연히 가져야 하는 것이다. 주택사업의 실패하면 그 책임을 부담하는 것도 조합 및 조합원이기 때문이다.

다. 조합설립인가

지역주택조합은 추진위원회라는 이름으로 시작하게 된다. 이후 조합설립인가 요건을 갖추어 구청 등 관할에 조합설립인가를 신청하게 되는데, 조합설립인가를 받게 되며 드디어 지역주택조합이 탄생하게 된 것이고 본격적으로 주택사업을 추진하게 된다. 이에 지역주택조합의 설립인가를 받게 되면 해당 조합에서 현수막을 걸고 대대적인 홍보를 하는 경우가 많다.

주택법에서는 조합설립인가 신청 시 필요한 서류에 관해 아래 〈표〉와 같이 정하고 있다. 간혹 일부 지역주택조합에서 조합원 모집을 위해 조합설립인가 신청을 했다고 홍보하는 경우가 있는데 조합설립인가신청서에 아래 〈표〉와 같은 서류가 포함되지 않으면 조합설립인가를 받을 가능성이 낮다. 실제 조합설립인가 신청이 되었다면 해당 신청서에 아래 기재 서류가 모두 첨부되었는지 확인할 필요가 있다.

-주택법 시행령-

제20조(주택조합의 설립인가 등)

① 법 제11조 제1항에 따라 주택조합의 설립·변경 또는 해산의 인가를 받으려는 자는 신청서에 다음 각 호의 구분에 따른 서류를 첨부하여 주택건설대지(리모델링주택조합의 경우에는 해당 주택의 소재지를 말한다. 이하 같다)를 관할하는 시장·군수·구청장에게 제출해야 한다. 〈개정 2019. 10. 22., 2020. 7. 24.〉

1. 설립인가신청: 다음 각 목의 구분에 따른 서류

　가. 지역주택조합 또는 직장주택조합의 경우

　　1) 창립총회 회의록

　　2) 조합장선출동의서

　　3) 조합원 전원이 자필로 연명(連名)한 조합규약

　　4) 조합원 명부

　　5) 사업계획서

　　6) 해당 주택건설대지의 80퍼센트 이상에 해당하는 토지의 사용권원을 확보하였음을 증명하는 서류

　　7) 해당 주택건설대지의 15퍼센트 이상에 해당하는 토지의 소유권을 확보하였음을 증명하는 서류

　　8) 그 밖에 국토교통부령으로 정하는 서류

-주택법 시행규칙-

제7조(주택조합의 설립인가신청 등)

① 영 제20조 제1항 각 호 외의 부분에 따른 신청서는 별지 제9호 서식에 따른다.

② 영 제20조 제1항 제1호가목5)에 따른 사업계획서에는 다음 각 호의 사항을 적어야 한다.

    1. 조합주택건설예정세대수

    2. 조합주택건설예정지의 지번 · 지목 · 등기명의자

    3. 도시 · 군관리계획(「국토의 계획 및 이용에 관한 법률」 제2조제4호에 따른 도시 · 군관리계획을 말한다. 이하 같다)상의 용도

    4. 대지 및 주변 현황

③ 영 제20조 제1항 제1호가목8)에서 "국토교통부령으로 정하는 서류"란 다음 각 호의 서류를 말한다. 〈개정 2020. 7. 24.〉

    1. 고용자가 확인한 근무확인서(직장주택조합의 경우만 해당한다)

    2. 조합원 자격이 있는 자임을 확인하는 서류

라. 사업계획승인

사업계획승인 신청을 간단하게 말하면 '건축 허가'로 볼 수 있다. 해당 지역주택조합에서 몇 동, 몇 세대, 몇 평의 아파트를 건설할 것인지 사업계획을 세워 구청 등 관할청에서 승인을 받고 아파트를 본격적으로 건설하게 된다. 위와 같은 조합의 사업계획을 관할청으로부터 승인받는 것을 사업계획승인이라고 한다.

마. 도시 및 주거환경정비법

도시 및 주거환경정비법은 재개발 및 재건축을 규율하는 법이다. 줄여서 '도정법'이라고 많이 부른다. 지역주택조합을 설명하는데 갑자기 도정법을 언급하는 것을 의문스러워할 수 있으나 재개발 및 재건축 사업과 지역주택조합에 비슷한 면이 많아 지역주택조합을 규율하는 주택법에 근거 규정이 없는 경우 위 도정법 및 관련 사례를 차용하여 해석하기도 한다. 이에 지역주택조합을 이해하기 위해서 도정법을 알아 두면 많은 도움이 된다.

참고로, 도정법은 제1조에서 그 목적을 "이 법은 도시기능의 회복이 필요하거나 주거환경이 불량한 지역을 계획적으로 정비하고 노후 · 불량건축물을 효율적으로 개량하기 위하여 필요한 사항을 규정함으로써 도시환경을 개선하고 주거생활의 질을 높이는 데 이바지함을 목적으로 한다."라고 정하고 있다.

바. 주택법

지역주택조합에 관해서는 주택법에서 규율하고 있다. 다만, 도정법에 비해서 그 내용이 상대적으로 부족한 부분이 있다. 그러나 어찌 되었든 지역주택조합의 설립, 운영하는 근간이 되는 법이다. 따라서 지역주택조합에 조합원이 되고자 하는 자를 포함하여 지역주택조합의 임직원, 업무대행사 임직원 등은 반드시 주택법 및 주택법 시행령, 주택법 시행규칙 확인하고 해석할 수 있어야 하겠다.

참고로, 주택법 제1조에서 그 목적을 "이 법은 쾌적하고 살기 좋은 주거환경 조성에 필요한 주택의 건설 · 공급 및 주택시장의 관리 등에 관한 사항을 정함으로써 국민의 주거안정과 주거수준의 향상에 이바지함을 목적으로 한다."라고 정하고 있다.

4.
지역주택조합 조합원의 자격

· · · · · ·

지역주택조합 조합원이 되기 위해서는 일정한 자격이 필요하다. 조합원의 자격에 관해서는 주택법 시행령 제21조에서 아래 〈표〉와 같이 정하고 있다. 만약, 아래 〈표〉의 조합원 자격에 해당하지 않음에도 불구하고 조합가입계약을 체결하게 되면 추후 아파트를 분양받을 수 없을 뿐만 아니라, 경우에 따라서 지급한 분담금, 업무대행비 등을 포함한 금원의 반환을 구하는 소송을 해야 하는 경우가 발생하기 때문에 반드시 조합원 자격이 충족되는지 확인해야 한다.

나아가, 조합원 자격은 조합설립인가 신청일 이후 조합가입계약을 체결하는 경우는 조합가입계약체결 시부터, 조합설립인가 신청일 이전 조합가입계약을 체결하는 경우는 조합설립인가신청 시부터 입주 시까지 조합원 자격이 계속해서 유지되어야 한다는 점을 유의하고, 중간에 조합원 자격을 상실하게 되면 일정액을 위약금 등으로 공제하고 분담금 반환이 이루어지기 때문에 주의를 요한다.

특히, 후술하는 바와 같이 지역주택조합의 주택건설대지가 투기과열지구 안에 있는 경우에는 조합원 자격이 조합설립인가 신청일 1년 전의 날부터 충족되어야 한다는 점을 유의해야 한다.

참고로, 많은 분이 지역주택조합에서 조합원 자격이 있는지 여부에 관하여 조합가입계약체결 시 확인해 줄 것이라 생각하지만, 조합 또는 조합을 대신하여 조합원 모집업무를 수행하는 분양대행사 등에서는 조합에 가입하려고 하는 자에게 조합원 자격을 설명하고 조합설립인가 신청 시까지 조합원 자격을 충족한다는 확약서를 받는 경우가 많으므로 스스로 조합원 자격이 있는지를 확인해야 할 필요가 있다.

-주택법 시행령-

제21조(조합원의 자격)

① 법 제11조에 따른 주택조합의 조합원이 될 수 있는 사람은 다음 각 호의 구분에 따른 사람으로 한다. 다만, 조합원의 사망으로 그 지위를 상속받는 자는 다음 각 호의 요건에도 불구하고 조합원이 될 수 있다.〈개정 2019. 10. 22.〉

1. 지역주택조합 조합원: 다음 각 목의 요건을 모두 갖춘 사람

가. 조합설립인가 신청일(해당 주택건설대지가 법 제63조에 따른 투기과열지구 안에 있는 경우에는 조합설립인가 신청일 1년 전의 날을 말한다. 이하 같다)부터 해당 조합주택의 입주 가능일까지 주택을 소유(주택의 유형, 입주자 선정방법 등을 고려하여 국토교통부령으로 정하는 지위에 있는 경우를 포함한다. 이하 이 호에서 같다)하는지에 대하여 다음의 어느 하나에 해당할 것

1) 국토교통부령으로 정하는 기준에 따라 세대주를 포함한 세대원[세대주와 동일한 세대별 주민등록표에 등재되어 있지 아니한 세대주의 배우자 및 그 배우자와 동일한 세대를 이루고 있는 사람을 포함한다. 이하 2)에서 같다] 전원이 주택을 소유하고 있지 아니한 세대의 세대주일 것

2) 국토교통부령으로 정하는 기준에 따라 세대주를 포함한 세대원 중 1명에 한정하여 주거전용면적 85제곱미터 이하의 주택 1채를 소유한 세대의 세대주일 것

나. 조합설립인가 신청일 현재 법 제2조 제11호가목의 구분에 따른 지역에 6개월 이상 계속하여 거주하여 온 사람일 것

다. 본인 또는 본인과 같은 세대별 주민등록표에 등재되어 있지 않은 배우자가 같은 또는 다른 지역주택조합의 조합원이거나 직장주택조합의 조합원이 아닐 것

조합원 자격과 관련해서 세대주로서 세대원 전원이 주택을 소유하고 있지 아니할 것을 요구하며 주택을 소유하고 있지 않거나 85㎡ 이하의 주택 1채를 소유할 것을 요구한다. 특히, 위 조합원 자격요건은 조합설립인가 신청일(해당 주택건설대지가 투기과열지구 안에 있는 경우에는 조합설립인가 신청일 1년 전의 날)부터 입주 시까지 요구하기 때문에 조합가입계약을 체결할 때 조합설립인가가 언제 났으며 자신에게 위 조합원 자격이 있는지 여부를 반드시 확인하고 조합가입계약을 체결하는 것이 좋다.

특히, 위 조합설립인가 신청일은 주택건설대지가 법 제63조에 따른 투기과열지구 안에 있는 경우에는 조합설립인가 신청일 1년 전의 날로 기준을 정해야 하기 때문에 투기과열지구에서 조합원 가입을 하는 경우 유의해야 한다. 참고로 서울특별시 전역 25개 구는 2017. 8. 3. 투기과열지구로 지정되어 현재까지 투기과열지구로 지정되어 있다.

〈투기과열지구 지정 현황〉

지정일자	지정지역
2017. 8. 3.	서울특별시 전역(25개區), 경기도 과천시, 세종특별자치시주[1]
2017. 9. 6.	경기도 성남시 분당구, 대구광역시 수성구
2018. 8. 28.	경기도 광명시, 하남시
2020. 6. 19.	경기도 수원시, 성남시 수정구, 안양시, 안산시 단원구, 구리시, 군포시, 의왕시, 용인시 수지구·기흥구, 동탄2택지개발지구주[2], 인천광역시 연수구, 남동구, 서구, 대전광역시 동구, 중구, 서구, 유성구
2020. 12. 18.	경상남도 창원시 의창구 - 대산면, 동읍 및 북면제외(북면 감계리 일원 감계지구, 무동리 일원 무동지구는 투지과열지구 지정을 유지)

※ 독자들은 반드시 현재의 투기과열지구 현황을 확인하기 바란다. 참고로 투기과열지구 현황은 국토교통부 홈페이지에 가면 쉽게 확인할 수 있다.

. . . .

1 건설교통부고시 제2006-418호(2006.10.13.)에 따라 지정된 행정중심복합도시 건설 예정지역으로, 「신행정수도 후속대책을 위한 연기·공주지역 행정중심복합도시 건설을 위한 특별법」 제15조제1호에 따라 해제된 지역을 포함

2 화성시 반송동·석우동, 동탄면 금곡리·목리·방교리·산척리·송리·신리·영천리·오산리·장지리·중리·청계리 일원에 지정된 동탄2택지개발지구에 한함

지역주택조합 주택사업의 장·단점

· · · · · ·

가. 지역주택조합 주택사업의 장점

지역주택조합의 가장 큰 장점은 저렴한 비용으로 조합가입계약을 체결하고 새 아파트를 구입할 수 있다는 점, 까다로운 청약조건 없이 조합원 자격요건을 갖춘 경우 조합원 가입을 할 수 있다는 점이다. 다만, 조합의 상황에 따라 추가부담금이 발생하는 경우가 있어 어느 정도 저렴한 비용으로 구입할 수 있을지는 일률적으로 말하기는 어렵다.

나. 지역주택조합 주택사업의 단점

지역주택조합의 단점은 아파트를 건설할 토지를 확보하지 못한 상황에서 외부 조합원들의 자금으로 주택사업을 진행한다는 점이다. 즉, 지역주택조합은 위와 같이 아파트를 건설한 토지를 확보하지 못한 상태에서 토지를 매입하는 방식으로 주택사업을 진행하기 때문에 주택사업이 시작되면 매입하고자 하는 토지주들은 조금이라도 높은 가격으로 매도하려고 하기 때문에 자연스럽게 지가가 상승하게 된다.

위와 같이 지가가 상승하더라도 조합의 입장에서는 주택사업을 진행하기 위해 토지를 매입할 수밖에 없고 위 토지자금을 마련하기 위해서는 조합원들이 납입하는 분담금으로 충당해야 한다. 기 납입한 분담금 등으로도 부족하게 되면 조합원들이 추가분담금을 납부할 의무를 부담할 가능성이 높다. 실제 주택사업이 성공적으로 이뤄지는 지역주택조합에서 대부분 조합원들에게 추가분담금이 발생하고 있다.

다. 주택법에 관하여

지역주택조합의 주택사업은 재개발 · 재건축의 정비사업과는 다른 사업이고 다르게 규율되어야 할 필요도 있다. 그러나, 재개발 · 재건축을 규율하는 도정법과 달리 지역주택조합을 규율하는 주택법은 최근 여러 차례 개정되었으나 아직까지도 도정법 법조문에 비해 미흡한 부분이 많다. 이에 대한 보완책이 필요하다고 할 것이다.

6.
피해야 할 지역주택조합의 유형
. . . . . .

가. 위험한 지역주택조합의 선별

지역주택조합의 예비조합들이 필자에게 가장 많이 하는 질문은 "위험한 지역주택조합을 어떻게 알아볼 수 있는가?"라는 것이다. 이에 지역주택조합 주택사업 추진에 문제 있는지를 간단하게 확인할 수 있는 세 가지 방법을 알아보겠다. 지역주택조합에 관심이 있어 조합원 가입계약체결을 고려하는 분들은 아래에서 제시하는 유형의 지역주택조합은 반드시 피하도록 해야 할 것이다.

나. 다수의 형사사건이 진행되는 경우

지역주택조합 집행부에서 어떻게 주택사업을 추진하는지는 해당 집행부가 아니라면 다 알기가 어렵다. 지역주택조합과 같은 수백 세대에서 수천 세대의 아파트를 짓는 주택사업에서 다수의 민사소송이 진행되는 것은 당연한 일이다. 조합의 입장에서는 토지를 확보하기 위해 매도청구소송, 토지수용재결 신청에 따른 이의재결 등 당연히 해야 하는 소송들이 많기 때문에 민사소송이 다수 진행되고 있다고 해서 해당 지역주택조합의 주택사업 진행에 문제가 있다고 보기는 어렵다.

그러나, 지역주택조합의 임원진이 사기, 업무상 횡령·배임 등으로 형사재판을 받고 있다면 해당 지역주택조합은 제대로 운영되지 않을 가능성이 높다. 위와 같은 지역주택조합의 경우 임원진을 교체하지 않으면 주택사업이 제대로 진행되지 않을 가능성이 있다.

지역주택조합의 임원진과 관련해서 형사사건이 진행되는지는 해당 조합 측에 정보공개청구를 할 수도 있고, 간단하게 인터넷에서 해당 뉴스를 검색하는 것만으로도 충분히 알 수 있기 때문에 반드시 확인해 보는 것이 좋다.

다. 주택사업이 지나치게 지연이 되는 경우

지역주택조합은 사업단계마다 걸리는 시간이 조금씩 다르다. 물론 지역마다, 조합의 사정에 따라 일률적을 말하기 어렵지만, 추진위 단계에서 조합설립인가까지는 약 1~3년, 조합설립인가부터 사업계획승인까지 1~2년, 사업계획승인에서 일반분양 및 착공까지 약 1~2년의 시간이 걸리게 된다.

그런데, 가입하고자 하는 지역주택조합이 추진위원회 단계에서 3년 이상의 시간이 경과했는데도 조합설립인가조차 받지를 못하고 있다면 해당 지역주택조합의 경우 주택사업 진행에 어려움을 겪고 있을 가능성이 높다.

위에서 언급한 사업단계별 소요되는 시간보다 많이 걸린다면, 해당 조합에 정보공개를 청구해서 어떤 문제 때문에 주택사업이 지연되는지 확인해 보는 것이 좋다. 아마 정보공개를 청구하지 않더라도 해당 조합의 조합원 커뮤니티에 가입하시면 어떤 문제 때문에 주택사업이 지연되는지 확인할 수 있을 것이다. 해당 조합의 조합원 모임 커뮤니티 가입을 권해드리는 이유도 그와 같은 이유이다.

라. 제명되는 조합원이 많은 경우

지역주택조합에서 조합원을 제명하는 사유는 다양하지만 대개 경우는 해당 조합원이 조합가입계약서상의 분담금을 제대로 지급하지 않은 경우이다. 물론 조합원이 조합가입계약을 체결하고 경제 상황이 좋지 않아져서 분담금을 지급하지 못한 경우도 있다. 하지만 해당 조합의 주택사업 진행을 볼 때 더 많은 분담금을 지급했다가 이후 탈퇴하더라도 돌려받지 못할 정도라고 생각해서 분담금을 지급하지 않는 경우가 많다.

위와 같은 경우에 조합에서는 해당 조합원을 제명하게 되는데, 제명되는 조합원이 소수의 인원이 아니라 수십 명 이상이 된다면 반드시 해당 조합원의 제명사유를 확인할 필요가 있다.

위와 같은 제명사유를 확인하는 방법은 어렵지 않다. 지역주택조합의 조합원 제명은 총회를 통해 이뤄지는 것이 원칙이기 때문에 해당 총회 자료를 확인하면 알 수 있다. 특히 총회의 경우 안건을 미리 공고하거나 책자를 통해 조합원들에게 보내기 때문에 위 책자를 확인함으로써 조합원들의 제명사유를 간단하게 알아볼 수 있다.

지역주택조합은 조합원들에게 저렴한 비용으로 새 보금자리를 마련하기 위한 제도이고 주택사업이다. 지역주택조합은 조합원들의 관심과 애정으로 사업 성공에 이를 수 있고 주택사업의 성공은 모든 조합원이 원하는 결과일 것이다.

7.
지역주택조합 가입 시 알아야 할 사항

· · · · · ·

가. 입주예정일

입주예정일은 지역주택조합, 재개발, 재건축 등 아파트 건설사업에서 예측하기 어려운 것 중 하나이다. 특정 날을 입주예정일로 광고하거나 소개하더라도 충분히 늦춰질 수 있다는 사실을 알아야 한다. 기본적으로 당초 입주예정일보다 1~2년가량은 사업이 지연되는 경우가 많고, 심한 경우에는 5~10년가량이 지연되기도 한다.

나. 신탁사 및 사업의 안정성

지역주택조합에서 "신탁사에서 자금을 관리하기 때문에 사업이 안정적으로 운영될 것이다."라는 말을 한다. 신탁사에서 자금을 운영하기 때문에 상대적으로 그렇지 않은 경우보다 안정적인 자금집행이 되는 것은 사실이다. 다만, 신탁사에서는 조합의 자금인출 요청이 있다면 언제든지 인출해 줄 의무가 있고, 조합에 대한 채권자들은 신탁사에 대한 조합의 금전출급청구권을 (가)압류하는 경우도 있기 때문에 반드시 신탁사에서 자금 등을 관리한다고 사업이 100% 성공한다고 볼 수 없다.

지역주택조합에 가입하는 자들은 신탁사에서 조합의 자금을 관리하고 이로 인해 조합원이 지급한 분담금이 모두 100% 안전하고 탈퇴 등의 경우 분담금을 모두 돌려받을 수 있다는 착각은 하지 말아야 한다.

다. 동 · 호수의 지정

지역주택조합에 가입하면서 동과 호수를 지정받으신 조합원들이 많다. 동과 호수는 사업계획승인 이후에나 아파트 몇 동을 어디에 어떻게 지을 것인지 정해지기 때문에 조합설립인가도 받지 않은 조합에서 동과 호수를 지정하는 것은 이후 변동될 여지가 크다.

따라서, 조합가입 시에 동과 호수를 지정받았다고 해서 단순히 지정받은 호수대로 분양받는다고 생각하지 말고 추후 변동될 여지가 크다는 것을 알고 있어야 한다. 경우에 따라서는 해당 동과 호수가 없어져 조합규약 등에서 정하고 있는 추첨 등의 방법으로 다른 동과 호수가 배정되는 경우도 있다. 위와 같이 동과 호수가 변경되는 경우 이를 이유로 조합가입계약을 해제하거나 탈퇴하는 것은 쉽지 않다.

대법원은 최근 아래 〈표〉와 같은 내용의 판단을 하며 동과 호수의 변경으로 인한 조합가입계약해제를 쉽게 인정하고 있지 않다.

-대법원 2019. 12. 12. 선고 2019다259234 판결 [계약금반환등청구의소]-

1. 주택법상 지역주택조합 사업은 통상 지역주택조합 설립 전에 미리 조합원을 모집하면서 그 분담금 등으로 사업부지를 매수하거나 사용승낙을 얻고, 그 이후 조합설립인가를 받아 추가적으로 소유권을 확보하고 사업승인을 얻어 아파트 등 주택을 건축하는 방식으로 진행되므로, 그 진행과정에서 조합원의 모집, 재정의 확보, 토지매입작업 등 사업의 성패를 좌우하는 여러 변수들에 따라 최초 사업계획이 변경되는 등의 사정이 발생할 수 있다(대법원 2014. 6. 12. 선고 2013다75892 판결 참조).

따라서 지역주택조합의 조합원이 된 사람이, 사업 추진 과정에서 조합규약이나 사업계획 등에 따라 당초 체결한 조합가입계약의 내용과 다르게 조합원으로서의 권리 · 의무가 변경될 수 있음을 전제로 조합가입계약을 체결한 경우에는 그러한 권리 · 의무의 변경이 당사자가 예측가능한 범위를 초과하였다는 등의 특별한 사정이 없는 한 이를 조합가입계약의 불이행으로 보아 조합가입계약을 해제할 수는 없다(대법원 2019. 11. 14. 선고 2018다212467 판결 참조).

2. 가. 원심이 인용한 제1심판결의 이유와 원심이 적법하게 채택한 증거들에 의하면, 다음과 같은 사정들을 알 수 있다.
   1) 피고는 화성시 Z 일원에서 공동주택 신축을 목적으로 2015. 2.경 설립된 지역주택조합이다. 원고 U를 제외한 나머지 원고들과 AA은 피고의 조합원이 되어 화성 AB 아파트(이하 '이 사건 아파트'라고 한다) 중 AC동, AD동에 속한 이

사건 지정호수를 공급받기로 하는 내용의 조합가입계약을 체결하였다(이하 '이 사건 조합가입계약'이라고 한다).

2) 원고 U를 제외한 나머지 원고들과 AA은 이 사건 조합가입계약에 따라 계약금과 업무추진비를 지급하였다. 그 후 AA이 2017. 11. 2. 사망하여 남편인 원고 S와 아들인 원고 U가 AA의 이 사건 조합가입계약에 따른 지위를 승계하게 되었다.

3) 이 사건 아파트는 당초 1,121세대 규모로 신축될 계획이었으나 사업부지 중 일부가 확보되지 못함에 따라, 2016. 1.경 1,014세대만이 신축되는 것으로 사업계획이 변경되었고, 그 결과 AC동, AD동의 신축은 무산되었다.

4) 피고는 원고들에게 다른 동·호수의 아파트로 변경할 수 있다고 안내하였지만, 원고들은 이 사건 소장부본의 송달로써 이 사건 조합가입계약의 해제를 통지하였다.

5) 원고 U를 제외한 나머지 원고들과 AA이 이 사건 조합가입계약 체결 당시 작성하여 제출한 각서(이하 '이 사건 각서'라고 한다)에는 "본인은 (가칭) 화성시 Y 지역주택조합에 가입함에 있어 후일 아파트 단지 배치 및 입주 시 면적과 대지지분이 다소 차이가 있어도 이에 이의를 제기하지 아니한다."(제6조), "본인은 (가칭) 화성시 Y 지역주택조합 및 조합업무대행 용역사가 결정 추진한 조합업무에 대하여 추인하며, 향후 사업계획 승인 시 사업계획(설계, 자금계획, 사업규모 등)이 변경, 조정될 수 있음을 인지하고 이에 이의를 제기하지 아니하기로 한다."(제10조)라고 기재되어 있다.

나. 위와 같은 사실관계에 기초하여 앞서 본 법리에 따라 판단한다.

1) 변경된 사업계획에 의하더라도 신축되는 이 사건 아파트의 규모가 1,014세대에 이르러 원고들은 피고로부터 당초 공급받기로 한 이 사건 지정호수 대신 그와 비슷한 위치와 면적의 다른 아파트를 공급받을 가능성이 있으므로, 특별한 사정이 없는 한 이와 같은 정도의 변경은 이 사건 각서에서 예정한 범위 내의 아파트 단지 배치 및 사업계획의 변경에 해당한다고 볼 수 있다.

2) 지역주택조합사업의 특성상 사업추진 과정에서 최초 사업계획이 변경되는 등의 사정이 발생할 수 있으므로 원고들 또한 이러한 점을 고려하여 이 사건 조합가입계약을 체결하면서 후일 아파트 단지 배치 등에 일부 차이가 발생하거나 사업계획이 변경되더라도 이의를 제기하지 않겠다는 취지의 이 사건 각서를 작성하여 교부한 것으로 보인다.

3) 따라서 원고들이 당초 지정한 동·호수의 아파트를 공급받지 못하게 되었다는 사정만으로 이 사건 조합가입계약의 위반이라거나 원고들에 대한 피고의 아파트 공급이 불가능하게 되었다고 단정할 수 없다.

다. 그럼에도 원심은, 이 사건 조합가입계약에 따른 피고의 원고들에 대한 채무가 피고의 귀책사유로 인하여 이행불능이 되었고 이 사건 조합가입계약이 적법하게 해제되었다고 판단하였다. 이러한 원심 판단에는 지역주택조합 가입계약의 해제에 관한 법리 등을 오해하여 판결에 영향을 미친 잘못이 있다. 이 점을 지적하는 상고이유 주장은 이유 있다.

3. 그러므로 나머지 상고이유에 대한 판단을 생략한 채, 원심판결을 파기하고, 사건을 다시 심리 · 판단하게 하기 위하여 원심법원에 환송하기로 하여, 관여 대법관의 일치된 의견으로 주문과 같이 판결한다.

라. 토지사용권 및 소유권 확보율

지역주택조합 사업에서 토지사용권 확보율은 매우 중요한 문제이기에 조합 측에서 이에 대해서 기망한다면 민·형사상 문제가 될 수 있다. 실제 지역주택조합 광고 등에서 토지를 100% 매입했다, 100% 사용권원을 확보했다고 광고하다 조합원들이 소송을 제기하여 조합원 가입계약을 취소하는 경우가 발생하고 있다. 따라서, 조합에서 토지를 100% 매입했다고 한다면 조합가입계약을 체결하기 전에 관련 자료를 반드시 확인할 필요가 있다.

마. 안심보장증서상의 분담금 반환

조합 측에서 주택사업이 실패한다면 조합원이 지급한 분담금 모두를 반환한다고 기재하는 경우가 있다. 그러나, 지역주택조합에서 사업이 실패된다면 조합원들의 분담금을 대부분 소진한 경우가 많아 이를 조합원에게 반환하는 것은 매우 어렵다고 할 것이다. 말 그대로 해당 증서를 보는 순간 심리적인 안심만 시켜주는 안심보장증서이지, 실제 위 안심보장증서대로 실현될 가능성은 낮다고 판단하는 것이 타당하다.

또한, 안심보장증서는 조합에서 채무를 부담하는 것으로 민법상 비법인 사단의 재산을 관리 · 처분하는 행위에는 총회의 결의가 필요하다고 할 것이므로 위 안심보장증서에는 원칙적으로 총회의 결의가 필요하다고 할 것이다. 따라서, 조합에서 안심보장증서를 발급해 주었고 위 증서에 조합장의 직인이 날인되어 있다고 하여 그대로 효력이 있을 것이라고 기대하기는 어렵다.

바. 추가분담금

(1) 추가분담금은 왜 발생할까?

지역주택조합의 경우 여러 가지 원인으로 조합원들이 추가분담금을 부담하는 경우가 많다. 추가분담금이 발생하는 주요 원인으로 토지매입 과정에서의 당초 예상한 금액보다 매매대금을 많이 지출하는 경우, 조합 내부 사정으로 각종 민·형사상의 분쟁이 발생한 경우, 예상한 공사 기간이 예상보다 늘어나 추가적인 공사대금이 발생하는 경우 등이 있다.

특히, 지역주택조합의 주택사업 특성상 외부 투자자들이 새 아파트를 건설할 토지를 매입하는 과정으로 진행하기 때문에, 지역주택조합이 조합설립, 조합원 모집 등을 홍보하게 되면 지주들은 더 높은 가격으로 토지 등을 매도하고자 하고 이에 위 주택사업지의 지가는 자연스레 계속해서 오르게 된다.

조합의 입장에서도 지가가 상승하기 전에 토지 등을 매입하려고 해도 주택사업의 초기에 사업자금이 부족하기 때문에 쉽지 않다. 이에 조합에서는 주택사업을 진행하면서 사업 초기보다 상승된 가격으로 토지 등을 매입하게 되는데 이는 곧 조합원들의 추가분담금으로 이어지게 된다.

나아가, 조합이 별도의 소송 등으로 채무를 부담하게 되고 이후 해산 및 청산절차에서 이를 정산해야 할 상황이 발생한다면 조합원들은 아파트가 준공되었고 조합원 개개인이 자신의 중도금 및 잔금을 지급했다고 하더라도 조합원으로서의 의무가 모두 완료된 것은 아니며 또다시 추가분담금을 부담할 여지가 있다.

(2) 추가분담금의 액수는 어느 정도일까?

각자의 지역주택조합마다 자금 사정이 다를 것이고, 향후 사업이 어떻게 진행되느냐에 따라 추가분담금의 액수가 정해지기 때문에 일률적으로 얼마가 나올 것이라고 말하기 어렵다. 다만, 필자가 지역주택조합을 자문하고 소송을 하며 경험했던 것들을 기초로 하여 대략적인 것만 알려드리고자 한다.

우선, 지역주택조합에서 추가분담금이 나오지 않는 경우는 잘 없는 것 같다. 필자의 경험에 의하면 지역주택조합의 분양 평수를 30평대 기준으로 3,000~5,000만 원 정도 나오는 곳은 적게 나오는 것이고, 5,000만 원에서 1억 원 정도가 가장 많이 발생하는 추가분담금 액수인 것 같다. 최근에는 추가분담금이 많이 나오는 곳은 4~5억 원가량이 나오는 곳도 있다.

지역주택조합에 가입하고자 하는 분들은 위와 같이 추가분담금이 발생할 수 있다는 사정을 꼭 고려해서 조합에 가입해야 한다. 추후 추가분담금을 납입할 자력이 없다면 경우에 따라 제명 등의 불이익을 당할 수도 있기 때문이다. 만약, 조합 측에서 당 조합은 추가분담금이 없다고 설명한다면 추가분담금이 발생하지 않는다는 조합의 확인서를 반드시 받아 놓는 것이 좋다.

(3) 추가분담금은 반드시 발생하는 걸까?

추가분담금이 반드시 발생한다고 볼 수는 없다. 다만, 대부분의 지역주택조합에서 추가분담금이 발생하고 있다. 추가분담금이 없는 지역주택조합은 잘 없다고 생각하면 된다. 지역주택조합 조합원이 되었거나 되고자 한다면 조합가입계약서에 기재된 분담금 외에 추가적인 분담금이 발생할 수 있다고 생각하고 이에 대한 자금 마련 계획을 세워 두는 것이 좋다.

-지역주택조합의 포인트-

- 지역주택조합의 주택사업은 아파트를 건설한 토지를 확보하면서 진행하는 것이 특징이다.
- 지역주택조합의 주택사업을 위해 토지확보를 하는 것이 쉽지 않으며, 토지확보 과정에서 토지가격이 올라 조합원들이 추가분담금을 부담할 가능성이 높다.
- 지역주택조합의 주택사업의 성공률은 재개발·재건축 정비사업에 비해서 상대적으로 낮다

제11장

글을 마치며

필자는 감사하게도 부동산 전문 변호사로서 부동산에 관한 다수의 자문과 소송을 경험할 수 있었고 현재에도 많은 자문 및 사건을 처리하고 있다. 부동산 전문 변호사로서 부동산과 관련한 많은 사건을 처리할 수 있는 것이 너무나 감사한 일이면서도 한편으로는 대부분 고액의 부동산 사건을 처리하면서 무거운 책임감을 느낀다.

　인간이 살아가는데 생활필수품이나 마찬가지인 부동산의 투자·거래는 피할 수 없다. 상대적으로 작은 영토와 많은 인구수를 가진 대한민국에서는 더더욱 그러할 것이다. 어쩌면 대한민국에서 부동산 투자·거래는 단순한 투자가 아닌 생존과도 관련된 일이라 할 것이다. 위와 같이 중요한 부동산 투자·거래에 관해 아무런 지식이 없이 진행한다면 큰 손해를 면하기 어렵다.

　더욱이 국내 부동산 시장 상황이 계속해서 변화하고 이에 따라 정부의 정책이 계속해서 변경되고 있기 때문에 제아무리 부동산 전문가라고 하더라도 계속해서 변동된 내용을 확인하고 연구해야 해야 할 것이다. 부동산 전문가가 아닌 일반인이라면 더더욱 부동산에 관해 관심을 가지고 공부해야 할 것이다.

본서를 만들면서 더 보충하고 싶은 부분이 많았지만, 원고를 마감해야 하는 기한이 있고 언제까지나 그 시일을 늦출 수 없어 부족한 상태로 책을 발간하게 되었다. 필자가 아무리 바쁘더라도 추후 더 보완되고 변경된 내용을 담은 개정판을 출간할 것을 약속하며 글을 마친다. 본서가 독자들께 부동산 투자 · 거래에 있어서 조금이나마 도움이 되기를 바란다.

2022. 6.
부동산 전문
변호사 조현기

제12장

참고자료

부동산 매매계약서

부동산매매계약서

매도인과 매수인 쌍방은 아래 표시 부동산에 관하여 다음 계약 내용과 같이 매매계약을 체결한다.

1. 부동산의 표시

소재지						
토지	지목		대지권		면적	㎡
건물	구조 · 용도		면적			㎡

2. 계약내용

제1조 (목적) 위 부동산의 매매에 대하여 매도인과 매수인은 합의에 의하여 매매대금을 아래와 같이 지불하기로 한다.

매매 대금	금			원정(₩	)		
계약금	금		원정은 계약 시에 지불하고 영수함.	영수자(	인)		
융자금	금	원정(	은행)을 승계키로 한다.	임대 보증금	총		원정을 승계키로 한다.
중도금	금		원정은	년	월	일에 지불하며	
	금		원정은	년	월	일에 지불한다.	
잔금	금		원정은	년	월	일에 지불한다.	

제 2 조 **(소유권 이전 등)** 매도인은 매매대금의 잔금 수령과 동시에 매수인에게 소유권이전등기에 필요한 모든 서류를 교부하고 등기절차에 협력하며, 위 부동산의 인도일은   년 월   일로 한다.

제 3 조 **(제한물권 등의 소멸)** 매도인은 위의 부동산에 설정된 저당권, 지상권, 임차권 등 소유권의 행사를 제한하는 사유가 있거나, 제세공과 기타 부담금의 미납금 등이 있을 때에는 잔금 수수일까지 그 권리의 하자 및 부담 등을 제거하여 완전한 소유권을 매수인에게 이전한다. 다만, 승계하기로 합의하는 권리 및 금액은 그러하지 아니하다.

제 4 조 **(지방세 등)** 위 부동산에 관하여 발생한 수익의 귀속과 제세공과금 등의 부담은 위 부동산의 인도일을 기준으로 하되, 지방세의 납부의무 및 납부책임은 지방세법의 규정에 의한다.

제 5 조 (**계약의 해제**) 매수인이 매도인에게 중도금(중도금이 없을 때에는 잔금)을 지불하기 전까지 매
          도인은 계약금의 배액을 상환하고, 매수인은 계약금을 포기하고 본 계약을 해제할 수 있다.

제 6 조 (**채무불이행과 손해배상**) 매도인 또는 매수인이 본 계약상의 내용에 대하여 불이행이 있을
          경우 그 상대방은 불이행한 자에 대하여 서면으로 최고하고 계약을 해제할 수 있다. 그리고
          계약당사자는 계약해제에 따른 손해배상을 각각 상대방에게 청구할 수 있으며, 손해배상에
          대하여 별도의 약정이 없는 한 계약금을 손해배상의 기준으로 본다.

제 7 조 (**중개보수**) 개업공인중개사는 매도인 또는 매수인의 본 계약 불이행에 대하여 책임을 지지
          않는다. 또한, 중개보수는 본 계약체결과 동시에 계약 당사자 쌍방이 각각 지불하며, 개업
          공인중개사의 고의나 과실 없이 본 계약이 무효 · 취소 또는 해제되어도 중개보수는 지급한
          다. 공동 중개인 경우에 매도인과 매수인은 자신이 중개 의뢰한 개업공인중개사에게 각각
          중개보수를 지급한다.(중개보수는 거래가액의   %로 한다.)

제 8 조 (**중개보수 외**) 매도인 또는 매수인이 본 계약 이외의 업무를 의뢰한 경우 이에 관한 보수는
          중개보수와는 별도로 지급하며 그 금액은 합의에 의한다.

제 9 조 (**중개대상물확인 · 설명서 교부 등**) 개업공인중개사는 중개대상물 확인 · 설명서를 작성하고
          업무보증관계증서(공제증서 등) 사본을 첨부하여 계약체결과 동시에 거래당사자 쌍방에게
          교부한다.

특약사항

_____

_____

_____

_____

본 계약을 증명하기 위하여 계약 당사자가 이의 없음을 확인하고 각각 서명 · 날인 후 매도인, 매수인
및 개업공인중개사는 매장마다 간인하여야 하며, 각각 1통씩 보관한다.

                                                                    년   월   일

매도인	주소								인
	주민등록번호				전화		성명		
	대리인	주소			주민등록번호		성명		
매수인	주소								인
	주민등록번호				전화		성명		
	대리인	주소			주민등록번호		성명		
개인공인중개사	사무소소재지				사무소소재지				
	사무소명칭				사무소명칭				
	대표	서명 및 날인		인	대표	서명 및 날인		인	
	등록번호		전화		등록번호		전화		
	소속공인중개사	서명 및 날인		인	소속공인중개사	서명 및 날인		인	

금전 변제공탁서(금전)

금전 공탁서(변제 등)

공 탁 번 호	년금제 호	년 월 일 신청	법령 조항	

공 탁 자	성 명 (상호, 명칭)		피 공 탁 자	성 명 (상호, 명칭)	
	주민등록번호 (법인등록번호)			주민등록번호 (법인등록번호)	
	주 소 (본점, 주사무소)			주 소 (본점, 주사무소)	
	전화번호				

공 탁 금 액	한글	보 관 은 행	은행	지점
	숫자			

공탁원인사실	
비고(첨부서류 등)	□ 계좌납입신청 □ 공탁통지 우편료 원

1. 공탁으로 인하여 소멸하는 질권, 전세권 또는 저당권 2. 반대급부 내용	

위와 같이 신청합니다.   대리인 주소
                                              전화번호
공탁자 성명   인(서명)   성명   인(서명)

위 공탁을 수리합니다.
공탁금을   년   월   일까지 위 보관은행의 공탁관 계좌에 납입하시기 바랍니다.
위 납입기일까지 공탁금을 납입하지 않을 때는 이 공탁 수리결정의 효력이 상실됩니다.

년   월   일

법원   지원 공탁관   (인)

(영수증) 위 공탁금이 납입되었음을 증명합니다.

년   월   일

공탁금 보관은행(공탁관)   (인)

건축법 시행령 [별표1]

용도별 건축물의 종류
(제3조의5 관련)

1. **단독주택[단독주택의 형태를 갖춘 가정어린이집·공동생활가정·지역아동센터·공동육아나눔터**(「아이돌봄 지원법」 제19조에 따른 공동육아나눔터를 말한다. 이하 같다) · **작은도서관**(「도서관법」 제2조 제4호가목에 따른 작은도서관을 말하며, 해당 주택의 1층에 설치한 경우만 해당한다. 이하 같다) **및 노인복지시설**(노인복지주택은 제외한다)**을 포함한다]**

    가. 단독주택

    나. 다중주택: 다음의 요건을 모두 갖춘 주택을 말한다.

    　　1) 학생 또는 직장인 등 여러 사람이 장기간 거주할 수 있는 구조로 되어 있는 것

    　　2) 독립된 주거의 형태를 갖추지 않은 것(각 실별로 욕실은 설치할 수 있으나, 취사시설은 설치하지 않은 것을 말한다)

    　　3) 1개 동의 주택으로 쓰이는 바닥면적(부설 주차장 면적은 제외한다. 이하 같다)의 합계가 660제곱미터 이하이고 주택으로 쓰는 층수(지하층은 제외한다)가 3개 층 이하일 것. 다만, 1층의 전부 또는 일부를 필로티 구조로 하여 주차장으로 사용하고 나머지 부분을 주택(주거 목적으로 한정한다) 외의 용도로 쓰는 경우에는 해당 층을 주택의 층수에서 제외한다.

    　　4) 적정한 주거환경을 조성하기 위하여 건축조례로 정하는 실별 최소 면적, 창문의 설치 및 크기 등의 기준에 적합할 것

    다. 다가구주택: 다음의 요건을 모두 갖춘 주택으로서 공동주택에 해당하지 아니하는 것을 말한다.

1) 주택으로 쓰는 층수(지하층은 제외한다)가 3개 층 이하일 것. 다만, 1층의 전부 또는 일부를 필로티 구조로 하여 주차장으로 사용하고 나머지 부분을 주택(주거 목적으로 한정한다) 외의 용도로 쓰는 경우에는 해당 층을 주택의 층수에서 제외한다.

2) 1개 동의 주택으로 쓰이는 바닥면적의 합계가 660제곱미터 이하일 것

3) 19세대(대지 내 동별 세대수를 합한 세대를 말한다) 이하가 거주할 수 있을 것

라. 공관(公館)

2. **공동주택[공동주택의 형태를 갖춘 가정어린이집 · 공동생활가정 · 지역아동센터 · 공동육아나눔터 · 작은도서관 · 노인복지시설**(노인복지주택은 제외한다) **및 「주택법 시행령」 제10조제 1항 제1호에 따른 소형 주택을 포함한다]. 다만, 가목이나 나목에서 층수를 산정할 때 1층 전부를 필로티 구조로 하여 주차장으로 사용하는 경우에는 필로티 부분을 층수에서 제외하고, 다목에서 층수를 산정할 때 1층의 전부 또는 일부를 필로티 구조로 하여 주차장으로 사용하고 나머지 부분을 주택**(주거 목적으로 한정한다) **외의 용도로 쓰는 경우에는 해당 층을 주택의 층수에서 제외하며, 가목부터 라목까지의 규정에서 층수를 산정할 때 지하층을 주택의 층수에서 제외한다.**

가. 아파트: 주택으로 쓰는 층수가 5개 층 이상인 주택

나. 연립주택: 주택으로 쓰는 1개 동의 바닥면적(2개 이상의 동을 지하주차장으로 연결하는 경우에는 각각의 동으로 본다) 합계가 660제곱미터를 초과하고, 층수가 4개 층 이하인 주택

다. 다세대주택: 주택으로 쓰는 1개 동의 바닥면적 합계가 660제곱미터 이하이고, 층수가 4개 층 이하인 주택(2개 이상의 동을 지하주차장으로 연결하는 경우에는 각각의 동으로 본다)

라. 기숙사: 학교 또는 공장 등의 학생 또는 종업원 등을 위하여 쓰는 것으로서 1개 동의 공동취사시설 이용 세대 수가 전체의 50퍼센트 이상인 것(「교육기본법」 제27조 제2항에 따른 학생복지주택 및 「공공주택 특별법」 제2조 제1호의3에 따른 공공매입임대주택 중 독립된 주거의 형태를 갖추지 않은 것을 포함한다)

3. 제1종 근린생활시설

가. 식품 · 잡화 · 의류 · 완구 · 서적 · 건축자재 · 의약품 · 의료기기 등 일용품을 판매하는 소매점으로서 같은 건축물(하나의 대지에 두 동 이상의 건축물이 있는 경우에는 이를 같은 건축물로 본다. 이하 같다)에 해당 용도로 쓰는 바닥면적의 합계가 1천 제곱미터 미만인 것

나. 휴게음식점, 제과점 등 음료 · 차(茶) · 음식 · 빵 · 떡 · 과자 등을 조리하거나 제조하여 판매하는 시설(제4호너목 또는 제17호에 해당하는 것은 제외한다)로서 같은 건축물에 해당 용도로 쓰는 바닥면적의 합계가 300제곱미터 미만인 것

다. 이용원, 미용원, 목욕장, 세탁소 등 사람의 위생관리나 의류 등을 세탁 · 수선 하는 시설(세탁소의 경우 공장에 부설되는 것과 「대기환경보전법」, 「물환경보전법」 또는 「소음 · 진동관리법」에 따른 배출시설의 설치 허가 또는 신고의 대상인 것은 제외한다)

라. 의원, 치과의원, 한의원, 침술원, 접골원(接骨院), 조산원, 안마원, 산후조리원 등 주민의 진료 · 치료 등을 위한 시설

마. 탁구장, 체육도장으로서 같은 건축물에 해당 용도로 쓰는 바닥면적의 합계가 500제곱미터 미만인 것

바. 지역자치센터, 파출소, 지구대, 소방서, 우체국, 방송국, 보건소, 공공도서관, 건강보험공단 사무소 등 주민의 편의를 위하여 공공업무를 수행하는 시설로서 같은 건축물에 해당 용도로 쓰는 바닥면적의 합계가 1천 제곱미터 미만인 것

사. 마을회관, 마을공동작업소, 마을공동구판장, 공중화장실, 대피소, 지역아동센터(단독주택과 공동주택에 해당하는 것은 제외한다) 등 주민이 공동으로 이용하는 시설

아. 변전소, 도시가스배관시설, 통신용 시설(해당 용도로 쓰는 바닥면적의 합계가 1천제곱미터 미만인 것에 한정한다), 정수장, 양수장 등 주민의 생활에 필요한 에너지공급 · 통신서비스제공이나 급수 · 배수와 관련된 시설

자. 금융업소, 사무소, 부동산중개사무소, 결혼상담소 등 소개업소, 출판사 등 일반업무시설로서 같은 건축물에 해당 용도로 쓰는 바닥면적의 합계가 30제곱미터 미만인 것

차. 전기자동차 충전소(해당 용도로 쓰는 바닥면적의 합계가 1천제곱미터 미만인 것
으로 한정한다)

4. 제2종 근린생활시설

가. 공연장(극장, 영화관, 연예장, 음악당, 서커스장, 비디오물감상실, 비디오물소극
장, 그 밖에 이와 비슷한 것을 말한다. 이하 같다)으로서 같은 건축물에 해당 용
도로 쓰는 바닥면적의 합계가 500제곱미터 미만인 것

나. 종교집회장[교회, 성당, 사찰, 기도원, 수도원, 수녀원, 제실(祭室), 사당, 그 밖
에 이와 비슷한 것을 말한다. 이하 같다]으로서 같은 건축물에 해당 용도로 쓰
는 바닥면적의 합계가 500제곱미터 미만인 것

다. 자동차영업소로서 같은 건축물에 해당 용도로 쓰는 바닥면적의 합계가 1천제
곱미터 미만인 것

라. 서점(제1종 근린생활시설에 해당하지 않는 것)

마. 총포판매소

바. 사진관, 표구점

사. 청소년게임제공업소, 복합유통게임제공업소, 인터넷컴퓨터게임시설제공업
소, 가상현실체험 제공업소, 그 밖에 이와 비슷한 게임 및 체험 관련 시설로서
같은 건축물에 해당 용도로 쓰는 바닥면적의 합계가 500제곱미터 미만인 것

아. 휴게음식점, 제과점 등 음료 · 차(茶) · 음식 · 빵 · 떡 · 과자 등을 조리하거나
제조하여 판매하는 시설(너목 또는 제17호에 해당하는 것은 제외한다)로서 같은
건축물에 해당 용도로 쓰는 바닥면적의 합계가 300제곱미터 이상인 것

자. 일반음식점

차. 장의사, 동물병원, 동물미용실, 「동물보호법」 제32 조제1항 제6호에 따른 동물
위탁관리업을 위한 시설, 그 밖에 이와 유사한 것

카. 학원(자동차학원·무도학원 및 정보통신기술을 활용하여 원격으로 교습하는 것은
제외한다), 교습소(자동차교습·무도교습 및 정보통신기술을 활용하여 원격으로 교
습하는 것은 제외한다), 직업훈련소(운전·정비 관련 직업훈련소는 제외한다)로서
같은 건축물에 해당 용도로 쓰는 바닥면적의 합계가 500제곱미터 미만인 것

타. 독서실, 기원

파. 테니스장, 체력단련장, 에어로빅장, 볼링장, 당구장, 실내낚시터, 골프연습장, 놀이형시설(「관광진흥법」에 따른 기타유원시설업의 시설을 말한다. 이하 같다) 등 주민의 체육 활동을 위한 시설(제3호마목의 시설은 제외한다)로서 같은 건축물에 해당 용도로 쓰는 바닥면적의 합계가 500제곱미터 미만인 것

하. 금융업소, 사무소, 부동산중개사무소, 결혼상담소 등 소개업소, 출판사 등 일반업무시설로서 같은 건축물에 해당 용도로 쓰는 바닥면적의 합계가 500제곱미터 미만인 것(제1종 근린생활시설에 해당하는 것은 제외한다)

거. 다중생활시설(「다중이용업소의 안전관리에 관한 특별법」에 따른 다중이용업 중 고시원업의 시설로서 국토교통부장관이 고시하는 기준과 그 기준에 위배되지 않는 범위에서 적정한 주거환경을 조성하기 위하여 건축조례로 정하는 실별 최소 면적, 창문의 설치 및 크기 등의 기준에 적합한 것을 말한다. 이하 같다)로서 같은 건축물에 해당 용도로 쓰는 바닥면적의 합계가 500제곱미터 미만인 것

너. 제조업소, 수리점 등 물품의 제조·가공·수리 등을 위한 시설로서 같은 건축물에 해당 용도로 쓰는 바닥면적의 합계가 500제곱미터 미만이고, 다음 요건 중 어느 하나에 해당하는 것

   1) 「대기환경보전법」, 「물환경보전법」 또는 「소음·진동관리법」에 따른 배출시설의 설치 허가 또는 신고의 대상이 아닌 것

   2) 「물환경보전법」 제33조 제1항 본문에 따라 폐수배출시설의 설치 허가를 받거나 신고해야 하는 시설로서 발생되는 폐수를 전량 위탁처리하는 것

더. 단란주점으로서 같은 건축물에 해당 용도로 쓰는 바닥면적의 합계가 150제곱미터 미만인 것

러. 안마시술소, 노래연습장

5. 문화 및 집회시설

가. 공연장으로서 제2종 근린생활시설에 해당하지 아니하는 것

나. 집회장[예식장, 공회당, 회의장, 마권(馬券) 장외 발매소, 마권 전화투표소, 그 밖에 이와 비슷한 것을 말한다]으로서 제2종 근린생활시설에 해당하지 아니

하는 것

다. **관람장**(경마장, 경륜장, 경정장, 자동차 경기장, 그 밖에 이와 비슷한 것과 체육관 및 운동장으로서 관람석의 바닥면적의 합계가 1천 제곱미터 이상인 것을 말한다)

라. **전시장**(박물관, 미술관, 과학관, 문화관, 체험관, 기념관, 산업전시장, 박람회장, 그 밖에 이와 비슷한 것을 말한다)

마. **동 · 식물원**(동물원, 식물원, 수족관, 그 밖에 이와 비슷한 것을 말한다)

6. 종교시설

가. 종교집회장으로서 제2종 근린생활시설에 해당하지 아니하는 것

나. 종교집회장(제2종 근린생활시설에 해당하지 아니하는 것을 말한다)에 설치하는 봉안당(奉安堂)

7. 판매시설

가. **도매시장**(「농수산물유통 및 가격안정에 관한 법률」에 따른 농수산물도매시장, 농수산물공판장, 그 밖에 이와 비슷한 것을 말하며, 그 안에 있는 근린생활시설을 포함한다)

나. **소매시장**(「유통산업발전법」 제2조 제3호에 따른 대규모 점포, 그 밖에 이와 비슷한 것을 말하며, 그 안에 있는 근린생활시설을 포함한다)

다. **상점**(그 안에 있는 근린생활시설을 포함한다)으로서 다음의 요건 중 어느 하나에 해당하는 것

1) 제3호가목에 해당하는 용도(서점은 제외한다)로서 제1종 근린생활시설에 해당하지 아니하는 것

2) 「게임산업진흥에 관한 법률」 제2조 제6호의2가목에 따른 청소년게임제공업의 시설, 같은 호 나목에 따른 일반게임제공업의 시설, 같은 조 제7호에 따른 인터넷컴퓨터게임시설제공업의 시설 및 같은 조 제8호에 따른 복합유통게임제공업의 시설로서 제2종 근린생활시설에 해당하지 아니하는 것

8. 운수시설

가. 여객자동차터미널

나. 철도시설

다. 공항시설

라. 항만시설

마. 그 밖에 가목부터 라목까지의 규정에 따른 시설과 비슷한 시설

9. 의료시설

가. **병원**(종합병원, 병원, 치과병원, 한방병원, 정신병원 및 요양병원을 말한다)

나. **격리병원**(전염병원, 마약진료소, 그 밖에 이와 비슷한 것을 말한다)

10. 교육연구시설(제2종 근린생활시설에 해당하는 것은 제외한다)

가. **학교**(유치원, 초등학교, 중학교, 고등학교, 전문대학, 대학, 대학교, 그 밖에 이에 준하는 각종 학교를 말한다)

나. **교육원**(연수원, 그 밖에 이와 비슷한 것을 포함한다)

다. **직업훈련소**(운전 및 정비 관련 직업훈련소는 제외한다)

라. **학원**(자동차학원·무도학원 및 정보통신기술을 활용하여 원격으로 교습하는 것은 제외한다), **교습소**(자동차교습·무도교습 및 정보통신기술을 활용하여 원격으로 교습하는 것은 제외한다)

마. **연구소**(연구소에 준하는 시험소와 계측계량소를 포함한다)

바. 도서관

11. 노유자시설

가. **아동 관련 시설**(어린이집, 아동복지시설, 그 밖에 이와 비슷한 것으로서 단독주택, 공동주택 및 제1종 근린생활시설에 해당하지 아니하는 것을 말한다)

나. **노인복지시설**(단독주택과 공동주택에 해당하지 아니하는 것을 말한다)

다. 그 밖에 다른 용도로 분류되지 아니한 사회복지시설 및 근로복지시설

12. 수련시설

가. 생활권 수련시설(「청소년활동진흥법」에 따른 청소년수련관, 청소년문화의집, 청소년특화시설, 그 밖에 이와 비슷한 것을 말한다)

나. 자연권 수련시설(「청소년활동진흥법」에 따른 청소년수련원, 청소년야영장, 그 밖에 이와 비슷한 것을 말한다)

다. 「청소년활동진흥법」에 따른 유스호스텔

라. 「관광진흥법」에 따른 야영장 시설로서 제29호에 해당하지 아니하는 시설

13. 운동시설

가. 탁구장, 체육도장, 테니스장, 체력단련장, 에어로빅장, 볼링장, 당구장, 실내낚시터, 골프연습장, 놀이형시설, 그 밖에 이와 비슷한 것으로서 제1종 근린생활시설 및 제2종 근린생활시설에 해당하지 아니하는 것

나. 체육관으로서 관람석이 없거나 관람석의 바닥면적이 1천제곱미터 미만인 것

다. 운동장(육상장, 구기장, 볼링장, 수영장, 스케이트장, 롤러스케이트장, 승마장, 사격장, 궁도장, 골프장 등과 이에 딸린 건축물을 말한다)으로서 관람석이 없거나 관람석의 바닥면적이 1천 제곱미터 미만인 것

14. 업무시설

가. 공공업무시설: 국가 또는 지방자치단체의 청사와 외국공관의 건축물로서 제1종 근린생활시설에 해당하지 아니하는 것

나. 일반업무시설: 다음 요건을 갖춘 업무시설을 말한다.

1) 금융업소, 사무소, 결혼상담소 등 소개업소, 출판사, 신문사, 그 밖에 이와 비슷한 것으로서 제1종 근린생활시설 및 제2종 근린생활시설에 해당하지 않는 것

2) 오피스텔(업무를 주로 하며, 분양하거나 임대하는 구획 중 일부 구획에서 숙식을 할 수 있도록 한 건축물로서 국토교통부장관이 고시하는 기준에 적합한 것을 말한다)

15. 숙박시설

  가. 일반숙박시설 및 생활숙박시설(「공중위생관리법」 제3조 제1항 전단에 따라 숙박업 신고를 해야 하는 시설로서 국토교통부장관이 정하여 고시하는 요건을 갖춘 시설을 말한다)

  나. 관광숙박시설(관광호텔, 수상관광호텔, 한국전통호텔, 가족호텔, 호스텔, 소형호텔, 의료관광호텔 및 휴양 콘도미니엄)

  다. 다중생활시설(제2종 근린생활시설에 해당하지 아니하는 것을 말한다)

  라. 그 밖에 가목부터 다목까지의 시설과 비슷한 것

16. 위락시설

  가. 단란주점으로서 제2종 근린생활시설에 해당하지 아니하는 것

  나. 유흥주점이나 그 밖에 이와 비슷한 것

  다. 「관광진흥법」에 따른 유원시설업의 시설, 그 밖에 이와 비슷한 시설(제2종 근린생활시설과 운동시설에 해당하는 것은 제외한다)

  라. 삭제 〈2010.2.18〉

  마. 무도장, 무도학원

  바. 카지노영업소

17. 공장

  물품의 제조 · 가공[염색 · 도장(塗裝) · 표백 · 재봉 · 건조 · 인쇄 등을 포함한다] 또는 수리에 계속적으로 이용되는 건축물로서 제1종 근린생활시설, 제2종 근린생활시설, 위험물저장 및 처리시설, 자동차 관련 시설, 자원순환 관련 시설 등으로 따로 분류되지 아니한 것

18. 창고시설(위험물 저장 및 처리 시설 또는 그 부속용도에 해당하는 것은 제외한다)

  가. 창고(물품저장시설로서 「물류정책기본법」에 따른 일반창고와 냉장 및 냉동 창고를 포함한다)

  나. 하역장

다. 「물류시설의 개발 및 운영에 관한 법률」에 따른 물류터미널

라. 집배송 시설

19. 위험물 저장 및 처리 시설

「위험물안전관리법」, 「석유 및 석유대체연료 사업법」, 「도시가스사업법」, 「고압가스 안전관리법」, 「액화석유가스의 안전관리 및 사업법」, 「총포ㆍ도검ㆍ화약류 등 단속법」, 「화학물질 관리법」 등에 따라 설치 또는 영업의 허가를 받아야 하는 건축물로서 다음 각 목의 어느 하나에 해당하는 것. 다만, 자가난방, 자가발전, 그 밖에 이와 비슷한 목적으로 쓰는 저장시설은 제외한다.

가. 주유소(기계식 세차설비를 포함한다) 및 석유 판매소

나. 액화석유가스 충전소ㆍ판매소ㆍ저장소(기계식 세차설비를 포함한다)

다. 위험물 제조소ㆍ저장소ㆍ취급소

라. 액화가스 취급소ㆍ판매소

마. 유독물 보관ㆍ저장ㆍ판매시설

바. 고압가스 충전소ㆍ판매소ㆍ저장소

사. 도료류 판매소

아. 도시가스 제조시설

자. 화약류 저장소

차. 그 밖에 가목부터 자목까지의 시설과 비슷한 것

20. 자동차 관련 시설(건설기계 관련 시설을 포함한다)

가. 주차장

나. 세차장

다. 폐차장

라. 검사장

마. 매매장

바. 정비공장

사. 운전학원 및 정비학원(운전 및 정비 관련 직업훈련시설을 포함한다)

아. 「여객자동차 운수사업법」,「화물자동차 운수사업법」 및 「건설기계관리법」에 따른 차고 및 주기장(駐機場)

자. 전기자동차 충전소로서 제1종 근린생활시설에 해당하지 않는 것

21. 동물 및 식물 관련 시설

가. 축사(양잠 · 양봉 · 양어 · 양돈 · 양계 · 곤충사육 시설 및 부화장 등을 포함한다)

나. 가축시설[가축용 운동시설, 인공수정센터, 관리사(管理舍), 가축용 창고, 가축시장, 동물검역소, 실험동물 사육시설, 그 밖에 이와 비슷한 것을 말한다]

다. 도축장

라. 도계장

마. 작물 재배사

바. 종묘배양시설

사. 화초 및 분재 등의 온실

아. 동물 또는 식물과 관련된 가목부터 사목까지의 시설과 비슷한 것(동 · 식물원은 제외한다)

22. 자원순환 관련 시설

가. 하수 등 처리시설

나. 고물상

다. 폐기물재활용시설

라. 폐기물 처분시설

마. 폐기물감량화시설

23. 교정 및 군사 시설(제1종 근린생활시설에 해당하는 것은 제외한다)

가. 교정시설(보호감호소, 구치소 및 교도소를 말한다)

나. 갱생보호시설, 그 밖에 범죄자의 갱생 · 보육 · 교육 · 보건 등의 용도로 쓰는 시설

다. 소년원 및 소년분류심사원

라. 국방 · 군사시설

24. **방송통신시설**(제1종 근린생활시설에 해당하는 것은 제외한다)

　가. 방송국(방송프로그램 제작시설 및 송신 · 수신 · 중계시설을 포함한다)

　나. 전신전화국

　다. 촬영소

　라. 통신용 시설

　마. 데이터센터

　바. 그 밖에 가목부터 마목까지의 시설과 비슷한 것

25. **발전시설**

발전소(집단에너지 공급시설을 포함한다)로 사용되는 건축물로서 제1종 근린생활
시설에 해당하지 아니하는 것

26. **묘지 관련 시설**

　가. 화장시설

　나. 봉안당(종교시설에 해당하는 것은 제외한다)

　다. 묘지와 자연장지에 부수되는 건축물

　라. 동물화장시설, 동물건조장(乾燥葬)시설 및 동물 전용의 납골시설

27. **관광 휴게시설**

　가. 야외음악당

　나. 야외극장

　다. 어린이회관

　라. 관망탑

　마. 휴게소

　바. 공원 · 유원지 또는 관광지에 부수되는 시설

28. 장례시설

가. 장례식장[의료시설의 부수시설(『의료법』제36조 제1호에 따른 의료기관의 종류에 따른 시설을 말한다)에 해당하는 것은 제외한다]

나. 동물 전용의 장례식장

29. 야영장 시설

『관광진흥법』에 따른 야영장 시설로서 관리동, 화장실, 샤워실, 대피소, 취사시설 등의 용도로 쓰는 바닥면적의 합계가 300제곱미터 미만인 것

비고

1. 제3호 및 제4호에서 "해당 용도로 쓰는 바닥면적"이란 부설 주차장 면적을 제외한 실(實) 사용면적에 공용부분 면적(복도, 계단, 화장실 등의 면적을 말한다)을 비례 배분한 면적을 합한 면적을 말한다.

2. 비고 제1호에 따라 "해당 용도로 쓰는 바닥면적"을 산정할 때 건축물의 내부를 여러 개의 부분으로 구분하여 독립한 건축물로 사용하는 경우에는 그 구분된 면적 단위로 바닥면적을 산정한다. 다만, 다음 각 목에 해당하는 경우에는 각 목에서 정한 기준에 따른다.

   가. 제4호더목에 해당하는 건축물의 경우에는 내부가 여러 개의 부분으로 구분되어 있더라도 해당 용도로 쓰는 바닥면적을 모두 합산하여 산정한다.

   나. 동일인이 둘 이상의 구분된 건축물을 같은 세부 용도로 사용하는 경우에는 연접되어 있지 않더라도 이를 모두 합산하여 산정한다.

   다. 구분 소유자(임차인을 포함한다)가 다른 경우에도 구분된 건축물을 같은 세부 용도로 연계하여 함께 사용하는 경우(통로, 창고 등을 공동으로 활용하는 경우 또는 명칭의 일부를 동일하게 사용하여 홍보하거나 관리하는 경우 등을 말한다)에는 연접되어 있지 않더라도 연계하여 함께 사용하는 바닥면적을 모두 합산하여 산정한다.

3. 『청소년 보호법』제2조 제5호가목8) 및 9)에 따라 여성가족부장관이 고시하는 청소년 출입·고용금지업의 영업을 위한 시설은 제1종 근린생활시설 및 제2종

근린생활시설에서 제외하되, 위 표에 따른 다른 용도의 시설로 분류되지 않는 경우에는 제16호에 따른 위락시설로 분류한다.

4. 국토교통부장관은 별표 1 각 호의 용도별 건축물의 종류에 관한 구체적인 범위를 정하여 고시할 수 있다.

주택 임대차계약 신고서

■ 부동산 거래신고 등에 관한 법률 시행규칙 [별지 제5호의2서식] 〈신설 2021. 6. 1.〉

부동산거래관리시스템(rtms.molit.go.kr)에서도 신청할 수 있습니다.

주택 임대차 계약 신고서

※ 뒤쪽의 유의사항 · 작성방법을 읽고 작성하시기 바라며, [ ]에는 해당하는 곳에 √표를 합니다.		(앞쪽)
접수번호	접수일시	처리기간

① 임대인	성명(법인 · 단체명)	주민등록번호(법인 · 외국인등록 · 고유번호)
	주소(법인 · 단체 소재지)	
	전화번호	휴대전화번호

② 임차인	성명(법인 · 단체명)	주민등록번호(법인 · 외국인등록 · 고유번호)
	주소(법인 · 단체 소재지)	
	전화번호	휴대전화번호

③ 임대 목적물 현황	종류	아파트[ ] 연립[ ] 다세대[ ] 단독[ ] 다가구[ ] 오피스텔[ ] 고시원[ ] 그 밖의 주거용[ ]	
	④소재지(주소)		
	건물명( ) 동 층 호		
	⑤임대 면적(㎡)	방의 수(칸)	칸

임대 계약 내용	⑥ 신규 계약 [ ]	임대료	보증금	원
			월 차임	원
		계약 기간	년 월 일 ~ 년 월 일	
		체결일	년 월 일	
	⑦ 갱신 계약 [ ]	종전 임대료	보증금	원
			월 차임	원
		갱신 임대료	보증금	원
			월 차임	원
		계약 기간	년 월 일 ~ 년 월 일	
		체결일	년 월 일	
		⑧「주택임대차보호법」제6조의3에 따른 계약갱 신요구권 행사 여부	[ ] 행사 [ ] 미행사	

「부동산 거래신고 등에 관한 법률」제6조의2 및 같은 법 시행규칙 제6조의2에 따라 위와 같이 주택
임대차 계약 내용을 신고합니다.

년   월   일

| 신고인 | 임대인:
임차인:
제출인:
(제출 대행시) | (서명 또는 인)
(서명 또는 인)
(서명 또는 인) |

시장 · 군수 · 구청장 (읍 · 면 · 동장 · 출장소장) 귀하

첨부서류	1. 주택 임대차 계약서(「부동산 거래신고 등에 관한 법률」 제6조의5 제3항에 따른 확정일자를 부여 받으려는 경우 및 「부동산 거래신고 등에 관한 법률 시행규칙」 제6조의2 제3항 · 제5항 · 제9항에 따른 경우만 해당합니다) 2. 입금표 · 통장사본 등 주택 임대차 계약 체결 사실을 입증할 수 있는 서류 등(주택 임대차 계약서 를 작성하지 않은 경우만 해당합니다) 및 계약갱신요구권 행사 여부를 확인할 수 있는 서류 등 3. 단독신고사유서(「부동산 거래신고 등에 관한 법률」 제6조의2 제3항 및 같은 법 시행규칙 제6조의 2 제5항에 따라 단독으로 주택 임대차 신고서를 제출하는 경우만 해당합니다)

유의사항

1. 「부동산 거래신고 등에 관한 법률」 제6조의2 제1항 및 같은 법 시행규칙 제6조의2 제1항에 따라 주택 임대차 계약 당사 자는 이 신고서에 공동으로 서명 또는 날인해 계약 당사자 중 일방이 신고서를 제출해야 하고, 계약 당사자 중 일방이 국가, 지방자치단체, 공공기관, 지방직영기업, 지방공사 또는 지방공단인 경우(국가등)에는 국가등이 신고해야 합니다.

2. 주택 임대차 계약의 당사자가 다수의 임대인 또는 임차인인 경우 계약서에 서명 또는 날인한 임대인 및 임차인 1명의 인적사항을 적어 제출할 수 있습니다.

3. 「부동산 거래신고 등에 관한 법률 시행규칙」 제6조의2 제3항에 따라 주택 임대차 계약 당사자 일방이 이 신고서에 주택 임대차 계약서 또는 입금증, 주택 임대차 계약과 관련된 금전거래내역이 적힌 통장사본 등 주택 임대차 계약 체결 사실 을 입증할 수 있는 서류 등(주택 임대차 계약서를 작성하지 않은 경우만 해당합니다), 「주택임대차보호법」제6조의3에 따른 계약갱신요구권 행사 여부를 확인할 수 있는 서류 등을 제출하는 경우에는 계약 당사자가 공동으로 신고한 것으 로 봅니다.

4. 「부동산 거래신고 등에 관한 법률 시행규칙」 제6조의2 제9항에 따라 신고인이 같은 조 제1항 각 호의 사항이 모두 적힌 주택 임대차 계약서를 신고관청에 제출하면 주택 임대차 계약 신고서를 제출하지 않아도 됩니다. 이 경우 신고관청에 서 주택 임대차 계약서로 주택 임대차 신고서 작성 항목 모두를 확인할 수 없으면 주택 임대차 계약 신고서의 제출을 요구할 수 있습니다.

5. 「부동산 거래신고 등에 관한 법률 시행규칙」 제6조의5에 따라 주택 임대차 계약 당사자로부터 신고서의 작성 및 제출을 위임받은 자는 제출인란에 서명 또는 날인해 제출해야 합니다.

6. 주택 임대차 계약의 내용을 계약 체결일부터 30일 이내에 신고하지 않거나, 거짓으로 신고하는 경우 「부동산 거래신고 등에 관한 법률」 제28조 제5항 제3호에 따라 100만 원 이하의 과태료가 부과됩니다.

7. 신고한 주택 임대차 계약의 보증금, 차임 등 임대차 가격이 변경되거나 임대차 계약이 해제된 경우에도 변경 또는 해제 가 확정된 날부터 30일 이내에 「부동산 거래신고 등에 관한 법률」 제6조의3에 따라 신고해야 합니다.

작성방법

①·② 임대인 및 임차인의 성명·주민등록번호 등 인적사항을 적으며, 주택 임대차 계약의 당사자가 다수의 임대인 또는 임차인인 경우 계약서에 서명 또는 날인한 임대인 및 임차인 1명의 인적사항을 적어 제출할 수 있습니다.

③ 임대 목적물 현황의 종류란에는 임대차 대상인 주택의 종류에 √표시를 하고, 주택의 종류를 모를 경우 건축물대장(인터넷 건축행정시스템 세움터에서 무료 열람 가능)에 적힌 해당 주택의 용도를 참고합니다.

④ 소재지(주소)란에는 임대차 대상 주택의 소재지(주소)를 적고, 건물명이 있는 경우 건물명(예: OO아파트, OO빌라, 다가구건물명 등)을 적으며, 동·층·호가 있는 경우 이를 적고, 구분 등기가 되어 있지 않은 다가구주택 및 고시원 등의 일부를 임대한 경우에도 동·층·호를 적습니다.

⑤ 임대 면적란에는 해당 주택의 건축물 전체에 대해 임대차 계약을 체결한 경우 집합건축물은 전용면적을 적고, 그 밖의 건축물은 연면적을 적습니다. 건축물 전체가 아닌 일부를 임대한 경우에는 임대차 계약 대상 면적만 적고 해당 면적을 모르는 경우에는 방의 수(칸)를 적습니다.

⑥·⑦ 신고하는 주택 임대차 계약이 신규 계약 또는 갱신 계약 중 해당하는 하나에 √표시를 하고, 보증금 또는 월 차임(월세) 금액을 각각의 란에 적으며, 임대차 계약 기간과 계약 체결일도 각각의 란에 적습니다.

⑧ 갱신 계약란에 √표시를 한 경우 임차인이 「주택임대차보호법」 제6조의3에 따른 계약갱신요구권을 행사했는지를 "행사" 또는 "미행사"에 √표시를 합니다.

※ 같은 임대인과 임차인이 소재지(주소)가 다른 다수의 주택에 대한 임대차 계약을 일괄하여 체결한 경우에도 임대 목적물별로 각각 주택 임대차 신고서를 작성해 제출해야 합니다.

처리절차

신고서 작성 (인터넷, 방문신고)	→	접수	→	신고처리	→	주택 임대차 계약 신고필증 발급

신고인   처리기관: 시·군·구(읍·면·동장·출장소) 담당부서

210mm×297mm[백상지(80g/㎡) 또는 중질지(80g/㎡)]

[별지5]

주택임차권등기명령신청서

주택임차권등기명령신청서

신 청 인 (임차인)   ○ ○ ○(111111-1111111)

　　　　　　　　　　　○○시 ○○구 ○○로 ○○(우편번호 : ○○○-○○○)

피신청인(임대인)   ○ ○ ○(111111-1111111)

　　　　　　　　　　　○○시 ○○구 ○○로 ○○(우편번호 : ○○○-○○○)

신 청 취 지

별지목록 기재 건물에 관하여 아래와 같은 주택임차권등기를 명한다.

라는 결정을 구합니다.

아　　　　　　래

1. 임대차계약일자 :　　　　　20○○년 ○월 ○○일
2. 임차보증금액　 :　　　　　금　　　원, 차임 : 금　　　원
3. 주민등록일자　 :　　　　　20○○년 ○월 ○○일
4. 점유개시일자　 :　　　　　20○○년 ○월 ○○일
5. 확 정 일 자　　 :　　　　　20○○년 ○월 ○○일

신 청 이 유

신청인은 피신청인 소유 별지목록 기재 건물에 대하여 신청취지 기재와 같이 임차한 후 임차기한이 만료하였으나 피신청인이 임차보증금을 반환하지 않아 부득이 임차권 등기명령을 구함

첨 부 서 류

1. 건물등기사항증명서   1통
1. 주민등록등본   1통
1. 임대차계약증서 사본   1통

20○○년 ○월 ○일

신청인 ○ ○ ○ (인)

○ ○ 지 방 법 원 귀중

부동산의 표시

1동 건물의 표시 ○○시 ○○구 ○○동 ○○ (우편번호 ○○○ - ○○○)

[도로명주소] ○○시 ○○구 ○○로 ○○

철근콘크리트조 슬래브지붕 6층 아파트
제3층 제302호

1층 201㎡	4층 260㎡
2층 260㎡	5층 260㎡
3층 260㎡	6층 260㎡
	지층 238㎡

전유부분의 건물표시
제3층 제302호
철근콘크리트조
59㎡

대지권의 목적인 토지의 표시
○○시 ○○구 ○○동 ○○ (우편번호 ○○○ - ○○○)
대 1861.5㎡, 대 1909.9㎡

대지권의 표시
소유대지권
대지권비율 3771.4분의 37.67. 끝.

[별지6]

토지보상법 시행규칙
별표4 이사비 기준

■ 공익사업을 위한 토지 등의 취득 및 보상에 관한 법률 시행규칙 [별표 4] 〈개정 2021. 8. 27.〉

이사비 기준(제55조제2항 관련)

주택연면적기준	이사비		
	임금	차량운임	포장비
1. 33제곱미터 미만	3명분	1대분	(임금 + 차량운임) × 0.15
2. 33제곱미터 이상 49.5제곱미터 미만	4명분	2대분	(임금 + 차량운임) × 0.15
3. 49.5제곱미터 이상 66제곱미터 미만	5명분	2.5대분	(임금 + 차량운임) × 0.15
4. 66제곱미터 이상 99제곱미터 미만	6명분	3대분	(임금 + 차량운임) × 0.15
5. 99제곱미터 이상	8명분	4대분	(임금 + 차량운임) × 0.15

비고

1. 임금은 「통계법」 제3조 제3호에 따른 통계작성기관이 같은 법 제18조에 따른 승인을 받아 작성·공표한 공사부문 보통 인부의 임금을 기준으로 한다.

2. 차량운임은 한국교통연구원이 발표하는 최대적재량이 5톤인 화물자동차의 1일 8시간 운임을 기준으로 한다.

3. 한 주택에서 여러 세대가 거주하는 경우 주택연면적기준은 세대별 점유면적에 따라 각 세대별로 계산·적용한다.

[별지7]

상가건물
임대차권리금 표준계약서

□ 보증금 있는 월세 □ 전세 □ 월세

상가건물 임대차 표준계약서

임대인(이름 또는 법인명 기재)과 임차인(이름 또는 법인명 기재)은 아래와 같이 임대차 계약을 체결한다

[임차 상가건물의 표시]

소 재 지				
토 지	지목		면적	㎡
건 물	구조 · 용도		면적	㎡
임차할부분			면적	㎡

유의사항: 임차할 부분을 특정하기 위해서 도면을 첨부하는 것이 좋습니다.

[계약내용]

제 1 조 (보증금과 차임) 위 상가건물의 임대차에 관하여 임대인과 임차인은 합의에 의하여 보증금 및 차임을 아래와 같이 지급하기로 한다.

소 재 지	금	원정(₩)		
토 지	금	원정(₩	)은 계약시에 지급하고 수령함. 수령인 (인)	
건 물	금	원정(₩	)은 _____년_____월 _____일에 지급하며	
임차할부분	금	원정(₩	)은 _____년_____월 _____일에 지급한다	
차임(월세)	금 (입금계좌:	원정(₩	)은 매월 일에 지급한다. 부가세 □ 불포함 □ 포함)	
환산보증금	금	원정(₩	)	

유의사항: ① 당해 계약이 환산보증금을 초과하는 임차인 경우 확정일자를 부여받을 수 없고, 전세권 등을 설정할 수 있습니다 ② 보증금 보호를 위해 등기사항증명서, 미납국세, 상가건물 확정일자 현황 등을 확인하는 것이 좋습니다 ※ 미납국세 · 선순위확정일자 현황 확인방법은 "별지"참조

제 2 조 **(임대차기간)** 임대인은 임차 상가건물을 임대차 목적대로 사용·수익할 수 있는 상태
로   년   월   일까지 임차인에게 인도하고, 임대차기간은 인도일로부터   년
월   일까지로 한다.

제 3 조 **(임차목적)** 임차인은 임차 상가건물을   (업종)을 위한 용도로 사용한다.

제 4 조 **(사용·관리·수선)** ① 임차인은 임대인의 동의 없이 임차 상가건물의 구조·용도 변경 및
전대나 임차권 양도를 할 수 없다.
② 임대인은 계약 존속 중 임차 상가건물을 사용·수익에 필요한 상태로 유지하여야 하고,
임차인은 임대인이 임차 상가건물의 보존에 필요한 행위를 하는 때 이를 거절하지 못한다.
③ 임차인이 임대인의 부담에 속하는 수선비용을 지출한 때에는 임대인에게 그 상환을 청
구할 수 있다.

제 5 조 **(계약의 해제)** 임차인이 임대인에게 중도금(중도금이 없을 때는 잔금)을 지급하기 전까지,
임대인은 계약금의 배액을 상환하고, 임차인은 계약금을 포기하고 계약을 해제할 수 있다.

제 6 조 **(채무불이행과 손해배상)** 당사자 일방이 채무를 이행하지 아니하는 때에는 상대방은 상당한
기간을 정하여 그 이행을 최고하고 계약을 해제할 수 있으며, 그로 인한 손해배상을 청구할
수 있다. 다만, 채무자가 미리 이행하지 아니할 의사를 표시한 경우의 계약해제는 최고를
요하지 아니한다.

제 7 조 **(계약의 해지)** ① 임차인은 본인의 과실 없이 임차 상가건물의 일부가 멸실 기타 사유로 인
하여 임대차의 목적대로 사용, 수익할 수 없는 때에는 임차인은 그 부분의 비율에 의한 차
임의 감액을 청구할 수 있다. 이 경우에 그 잔존부분만으로 임차의 목적을 달성할 수 없는
때에는 임차인은 계약을 해지할 수 있다.
② 임대인은 임차인이 3기의 차임액에 달하도록 차임을 연체하거나, 제4조 제1항을 위반한
경우 계약을 해지할 수 있다.

제 8 조 **(계약의 종료와 권리금회수기회 보호)** ① 계약이 종료된 경우에 임차인은 임차 상가건물을
원상회복하여 임대인에게 반환하고, 이와 동시에 임대인은 보증금을 임차인에게 반환하여
야 한다.
② 임대인은 임대차기간이 끝나기 6개월 전부터 임대차 종료 시까지 「상가건물임대차보호
법」제10조의4 제1항 각 호의 어느 하나에 해당하는 행위를 함으로써 권리금 계약에 따라
임차인이 주선한 신규임차인이 되려는 자로부터 권리금을 지급받는 것을 방해하여서는 아
니 된다. 다만, 「상가건물임대차보호법」제10조 제1항 각 호의 어느 하나에 해당하는 사유가
있는 경우에는 그러하지 아니하다.
③ 임대인이 제2항을 위반하여 임차인에게 손해를 발생하게 한 때에는 그 손해를 배상할 책
임이 있다. 이 경우 그 손해배상액은 신규임차인이 임차인에게 지급하기로 한 권리금과 임
대차 종료 당시의 권리금 중 낮은 금액을 넘지 못한다.
④ 임차인은 임대인에게 신규임차인이 되려는 자의 보증금 및 차임을 지급할 자력 또는 그
밖에 임차인으로서의 의무를 이행할 의사 및 능력에 관하여 자신이 알고 있는 정보를 제공

하여야 한다.

제 9 조 **(재건축 등 계획과 갱신거절)** 임대인이 계약 체결 당시 공사시기 및 소요기간 등을 포함한 철거 또는 재건축 계획을 임차인에게 구체적으로 고지하고 그 계획에 따르는 경우, 임대인은 임차인이 상가건물임대차보호법 제10조 제1항 제7호에 따라 계약갱신을 요구하더라도 계약갱신의 요구를 거절할 수 있다.

제 10 조 **(비용의 정산)** ① 임차인은 계약이 종료된 경우 공과금과 관리비를 정산하여야 한다.
② 임차인은 이미 납부한 관리비 중 장기수선충당금을 소유자에게 반환 청구할 수 있다. 다만, 임차 상가건물에 관한 장기수선충당금을 정산하는 주체가 소유자가 아닌 경우에는 그 자에게 청구할 수 있다.

제 11 조 **(중개보수 등)** 중개보수는 거래 가액의   % 인   원(부가세 · 불포함 · 포함) 으로 임대인과 임차인이 각각 부담한다. 다만, 개업공인중개사의 고의 또는 과실로 인하여 중개의뢰인간의 거래행위가 무효 · 취소 또는 해제된 경우에는 그러하지 아니하다.

제 12 조 **(중개대상물 확인 · 설명서 교부)** 개업공인중개사는 중개대상물 확인 · 설명서를 작성하고 업무보증관계증서(공제증서 등) 사본을 첨부하여 임대인과 임차인에게 각각 교부한다.

특약사항
① 입주전 수리 및 개량, ②임대차기간 중 수리 및 개량, ③임차 상가건물 인테리어, ④ 관리비의 지급 주체, 시기 및 범위, ⑤귀책사유 있는 채무불이행 시 손해배상액예정 등에 관하여 임대인과 임차인은 특약할 수 있습니다

본 계약을 증명하기 위하여 계약 당사자가 이의 없음을 확인하고 각각 서명 · 날인 후 임대인, 임차인, 개업공인중개사는 매 장마다 간인하여, 각각 1통씩 보관한다.

년   월   일

법의 보호를 받기 위한 중요사항! 반드시 확인하세요

	주소							서명 및 날인 ㉑
임대인	주민등록번호 (법인등록번호)			전화		성명 (회사명)		서명 및 날인 ㉑
	대리인	주소		주민 등록번호		성명		
임차인	주소							서명 및 날인 ㉑
	주민등록번호 (법인등록번호)			전화		성명 (회사명)		서명 및 날인 ㉑
	대리인	주소		주민 등록번호		성명		
개인공인중개사	사무소 소재지			사무소 소재지				
	사무소 명칭			사무소 명칭				
	대표	서명 및 날인	㉑	대표	서명 및 날인			㉑
	등록 번호		전화	등록 번호		전화		
	소속공인 중개사	서명 및 날인	㉑	소속공인 중개사	서명 및 날인			㉑

〈 계약 체결 시 꼭 확인하세요 〉

【당사자 확인 / 권리순위관계 확인 / 중개대상물 확인 · 설명서 확인】
① 신분증 · 등기사항증명서 등을 통해 당사자 본인이 맞는지, 적법한 임대 · 임차권한이 있는지 확인합니다.
② 대리인과 계약 체결 시 위임장 · 대리인 신분증을 확인하고, 임대인(또는 임차인)과 직접 통화하여 확인하여야 하며, 보증금은 가급적 임대인 명의 계좌로 직접 송금합니다.
③ 중개대상물 확인 · 설명서에 누락된 것은 없는지, 그 내용은 어떤지 꼼꼼히 확인하고 서명하여야 합니다.

【대항력 및 우선변제권 확보】
① 임차인이 상가건물의 인도와 사업자등록을 마친 때에는 그 다음날부터 제3자에게 임차권을 주장할 수 있고, 환산보증금을 초과하지 않는 임대차의 경우 계약서에 확정일자까지 받으면, 후순위권리자나 그 밖의 채권자에 우선하여 변제받을 수 있습니다.

※ 임차인은 최대한 신속히 ① 사업자등록과 ② 확정일자를 받아야 하고, 상가건물의 점유와 사업자등록은 임대차 기간 중 계속 유지하고 있어야 합니다.
② 미납국세와 확정일자 현황은 임대인의 동의를 받아 임차인이 관할 세무서에서 확인할 수 있습니다.

〈 계약기간 중 꼭 확인하세요 〉

【계약갱신요구】
① 임차인이 임대차기간이 만료되기 6개월 전부터 1개월 전까지 사이에 계약갱신을 요구할 경우 임대인은 정당한 사유(3기의 차임액 연체 등, 상가건물 임대차보호법 제10조 제1항 참조) 없이 거절하지 못합니다.
② 임차인의 계약갱신요구권은 최초의 임대차기간을 포함한 전체 임대차기간이 10년을 초과하지 아니하는 범위에서만 행사할 수 있습니다.
③ 갱신되는 임대차는 전 임대차와 동일한 조건으로 다시 계약된 것으로 봅니다. 다만, 차임과 보증금은 청구당시의 차임 또는 보증금의 100분의 5의 금액을 초과하지 아니하는 범위에서 증감할 수 있습니다.
　　※ 환산보증금을 초과하는 임대차의 계약갱신의 경우 상가건물에 관한 조세, 공과금, 주변 상가건물의 차임 및 보증금, 그 밖의 부담이나 경제사정의 변동 등을 고려하여 차임과 보증금의 증감을 청구할 수 있습니다.

【묵시적 갱신 등】
① 임대인이 임대차기간이 만료되기 6개월 전부터 1개월 전까지 사이에 임차인에게 갱신 거절의 통지 또는 조건 변경의 통지를 하지 않으면 종전 임대차와 동일한 조건으로 자동 갱신됩니다.
　　※ 환산보증금을 초과하는 임대차의 경우 임대차기간이 만료한 후 임차인이 임차물의 사용, 수익을 계속하는 경우에 임대인이 상당한 기간내에 이의를 하지 아니한 때에는 종전 임대차와 동일한 조건으로 자동 갱신됩니다. 다만, 당사자는 언제든지 해지통고가 가능합니다.
② 제1항에 따라 갱신된 임대차의 존속기간은 1년입니다. 이 경우, 임차인은 언제든지 계약을 해지할 수 있지만 임대인은 계약서 제8조의 사유 또는 임차인과의 합의가 있어야 계약을 해지할 수 있습니다.

〈 계약종료 시 꼭 확인하세요 〉

【보증금액 변경 시 확정일자 날인】
계약기간 중 보증금을 증액하거나, 재계약을 하면서 보증금을 증액한 경우에는 증액된 보증금액에 대한 우선변제권을 확보하기 위하여 반드시 다시 확정일자를 받아야 합니다.

【임차권등기명령 신청】
임대차가 종료된 후에도 보증금이 반환되지 아니한 경우 임차인은 임대인의 동의 없이 임차건물 소재지 관할 법원에서 임차권등기명령을 받아, 등기부에 등재된 것을 확인하고 이사해야 우선변제 순위를 유지할 수 있습니다. 이때, 임차인은 임차권등기명령 관련 비용을 임대인에게 청구할 수 있습니다.

【임대인의 권리금 회수방해금지】

임차인이 신규임차인으로부터 권리금을 지급받는 것을 임대인이 방해하는 것으로 금지되는 행위는 ① 임차인이 주선한 신규임차인이 되려는 자에게 권리금을 요구하거나, 임차인이 주선한 신규임차인이 되려는 자로부터 권리금을 수수하는 행위, ② 임차인이 주선한 신규임차인이 되려는 자로 하여금 임차인에게 권리금을 지급하지 못하게 하는 행위, ③ 임차인이 주선한 신규임차인이 되려는 자에게 상가건물에 관한 조세, 공과금, 주변 상가건물의 차임 및 보증금, 그 밖의 부담에 따른 금액에 비추어 현저히 고액의 차임 또는 보증금을 요구하는 행위, ④ 그 밖에 정당한 이유 없이 임차인이 주선한 신규임차인이 되려는 자와 임대차계약의 체결을 거절하는 행위입니다.

임대인이 임차인이 주선한 신규임차인과 임대차계약의 체결을 거절할 수 있는 정당한 이유로는 예를 들어 ① 신규임차인이 되려는 자가 보증금 또는 차임을 지급할 자력이 없는 경우, ② 신규임차인이 되려는 자가 임차인으로서의 의무를 위반할 우려가 있거나, 그 밖에 임대차를 유지하기 어려운 상당한 사유가 있는 경우, ③ 임대차목적물인 상가건물을 1년 6개월 이상 영리목적으로 사용하지 않는 경우, ④ 임대인이 선택한 신규임차인이 임차인과 권리금 계약을 체결하고 그 권리금을 지급한 경우입니다.

임대차정보제공요청서

■ 상가건물 임대차계약서상의 확정일자 부여 및 임대차 정보제공에 관한 규칙 [별지 제4호서식]

임대차 정보제공 요청서

※색상이 어두운 난은 신청인이 적지 않습니다. (앞쪽)

접수번호		접수일시	발급일	처 리 기간	즉시

요청인	성명(법인명)		주민등록번호 (법인 · 외국인등록 · 고유번호)		사업자등록번호
	주소 또는 본점(주사무소) 소재지			휴대전화번호: 주소지 전화번호: 사업장 전화번호	
	▶ **이해관계인**(해당 번호에 체크) 1. 해당 상가건물의 임대인, 2. 해당 상가건물의 임차인, 3. 해당 상가건물의 소유자 4. 해당 상가건물 또는 그 대지의 등기부에 기록된 권리자 　(환매권자, 지상권자, 전세권자, 질권자, 저당권자, 근저당권자, 임차권자, 신탁등기의 수탁자, 가등 　기권리자, 압류채권자 및 경매개시결정의 채권자 중 기재) 5. 「상가건물 임대차보호법」 제5조 제7항에 따라 우선변제권을 승계한 금융기관 6. 임대차 정보의 제공에 관하여 법원의 판결을 받은 자 ▶ **임대차계약을 체결하려는 자**				

정보 제공 대상	상가건물 소재지(임대차 목적물) 상가건물명, 동, 호수 등 임대차계약의 대상이 되는 상가의 범위를 구체적으로 기재합니다.	
	상가건물 중 해당 임대차 대상 부분을 특정할 수 있는 표지 '출입문에서 오른쪽 ○㎡' 등 임대차 대상을 특정할 수 있도록 구체적으로 기재합니다.	
	등기 기록상 소유자	주민(법인)등록번호
		사업자등록번호

제공 방법	1. 열람 (　)　　2. 출력물 교부 (　)

「상가건물 임대차보호법」 제4조에 따라 위 건물 임대차에 대한 정보제공을 요청합니다.

년　월　일

요청인 성명　　　　　　　　　(서명 또는 인)

○○○ 세무서의 장　　　귀하

210mm×297mm[백상지 80g/㎡]

아래 난은 대리인에게 임대차 정보제공 요청을 위임하는 경우 적습니다. (뒤쪽)

요청인은 아래 위임받은 자에게 「상가건물 임대차보호법」 제4조에 따른 임대차 정보제공 요청 및 열람, 출력물 수령에 관한 일체의 권리와 의무를 위임합니다.

년 월 일

위임자 (서명 또는 인)

위임 받은 자	성명	주민등록번호
	신청인과의 관계	전화번호

아래 난은 '임대차 계약을 체결하려는 자'가 임대차 정보제공을 요청할 경우 임대인이 동의를 해 주었음을 확인하는 난입니다(별도 서식으로도 가능합니다).

임대인은 아래 임대차계약을 체결하려는 자의 「상가건물 임대차보호법」 제4조에 따른 임대차 정보제공 요청 및 열람, 출력물 수령에 관하여 동의합니다.

년 월 일

임대인 (서명 또는 인)

임대인	성명	주민(법인)등록번호
		전화번호
임대차계약을 체결하려는 자	성명	주민(법인)등록번호
		전화번호

〈 첨부서류 〉

1. 주민등록증, 운전면허증, 여권 또는 외국인등록증 등 요청인(대리인 포함)의 신분을 확인할 수 있는 서류
2. 이해관계인임을 증명할 수 있는 서류
3. 임대차계약을 체결하려는 자의 경우 임대인의 동의서 및 임대인의 신분을 확인할 수 있는 신분증 사본 등

〈 유의사항 〉

1. 임대차 정보제공은 「상가건물 임대차보호법」 제4조에 따라 요청자가 이해관계인이거나 임대차계약을 체결하려는 자로서 임대인의 동의를 받은 경우에만 허용됩니다.
2. 관할 세무서 아닌 세무서에 임대차 정보제공 요청서를 제출하더라도 관할 세무서장으로부터 임대차정보를 제공받을 수 있습니다.
3. 정보제공 요청은 「상가건물 임대차보호법」 제2조 제1항 단서에 따른 보증금액을 초과하지 않는 임대차의 경우에 가능합니다.

제소전화해신청서

제소전 화해 신청서

신 청 인   ○   ○   ○

서울 강남구 서초동 ○○○ ○○○

피신청인   ○   ○   ○

서울 강남구 서초동 ○○○ ○○○

신 청 취 지

신청인과 피신청인 사이에 화해조항과 같은 화해의 성립을 구합니다.

신 청 원 인

별지 기재 부동산은 신청인의 소유이며, ○○○○년 ○○월 ○○일 피신청인과 임대차 보증금 금○○○원, 월임차료 금 ○○○원, 임대기간 ○○○○년 ○○월 ○○일부터 ○○○○년 ○○월 ○○일까지로 하는 임대차계약을 체결하였습니다. 신청인은 임대기간 만료 후 발생할 분쟁의 소지를 방지하기 위해 아래의 화해조항과 같이 화해신청을 구합니다.

화 해 조 항

1. 피신청인은 0000. 00. 00.에 임대차보증금 금 000원을 반환받음과 동시에 별지 기재 부동산을 신청인에게 명도한다.

··· 중략 ···

첨 부 서 류

1. 부동산 임대차계약서
2. 건물등기사항전부증명서
3. 신청서 부본
4. 기타 관련서류

○○○○년 ○월 ○일

신청인 ○ ○ ○ (인)

서울중앙지방법원 귀중

[별지10]

화해조서

화 해 조 서

사　　건	2022자OOO 건물명도등		
신 청 인	○　○　○		
	서울 강남구 서초동 OOO OOO		
피신청인	○　○　○		
	서울 강남구 서초동 OOO OOO		

판　　사	OOO	기　　일 :	2022. O. OO. 10:00
		장　　소 :	제OOO호 법정
		공개여부 :	공개

법원주사	OOO	
신 청 인	OOO	출석
피신청인	OOO	출석

위 당사자는 다음과 같이 화해 하였다.

화 해 조 항

1. 피신청인은 신청인에게 임대차 보증금을 전부를 반환받음과 동시에 별지목록 기재 부동산을 OOOO. OO. OO.에 명도한다.

··· 중략 ···